工业和信息化普通高等教育
“十三五”规划教材立项项目

全国跨境电商“十三五”规划教材

跨境电商运营实务

刘瑶◎主编

PRACTICE AND OPERATION on Cross-Border E-Business

微课版

人民邮电出版社
北京

图书在版编目（CIP）数据

跨境电商运营实务 : 微课版 / 刘瑶主编. -- 北京 : 人民邮电出版社, 2021.2（2024.8重印）
全国跨境电商“十三五”规划教材
ISBN 978-7-115-55223-5

Ⅰ. ①跨… Ⅱ. ①刘… Ⅲ. ①电子商务－运营管理－高等学校－教材 Ⅳ. ①F713.365.1

中国版本图书馆CIP数据核字(2020)第217030号

内容提要

本书全面介绍了跨境电商运营实务的相关内容，不仅包括实操展示，还纳入了跨境电商的经营理念和典型案例。具体来看，本书分为3大部分共12章，第1部分（第1章～第4章）跨境电商导论，介绍了全球主要跨境电商平台和新兴市场跨境电商平台的发展与特点。第2部分（第5章～第9章）跨境电商实操，以亚马逊平台的操作界面为例，详细介绍了跨境电商运营的全过程，包括选品分析、开店注册与创建商品页面、物流、网络营销与推广、收款与售后等内容。第3部分（第10章～第12章）跨境电商运营策略，主要介绍了跨境电商的新品发布策略、产品页面优化策略、品牌管理策略等内容。

本书可作为高等院校电子商务、跨境电子商务、国际贸易等专业相关课程的教材，也可作为跨境电商从业人员的参考书。

◆ 主　　编　刘　瑶
　责任编辑　刘向荣
　责任印制　杨林杰
◆ 人民邮电出版社出版发行　　北京市丰台区成寿寺路11号
　邮编　100164　　电子邮件　315@ptpress.com.cn
　网址　https://www.ptpress.com.cn
　山东华立印务有限公司印刷
◆ 开本：787×1092　1/16
　印张：14.25　　2021年2月第1版
　字数：310千字　　2024年8月山东第9次印刷

定价：46.00元

读者服务热线：(010)81055256　印装质量热线：(010)81055316
反盗版热线：(010)81055315
广告经营许可证：京东市监广登字20170147号

前言

党的二十大报告提出，“坚持高水平对外开放”“发展数字贸易，加快建设贸易强国”“加快构建以国内大循环为主体、国内国际双循环相互促进的新发展格局”。面对复杂多变的贸易环境，我国的跨境电商显示出巨大的市场活力和增长韧性，已成为我国外贸高质量发展的有生力量和新的重要抓手。

自 2015 年我国设立首个跨境电子商务综合试验区以来，我国的跨境电商业务蓬勃发展。根据《2022 年度中国跨境电商市场数据报告》的数据，2022 年中国跨境电商市场规模达 15.7 万亿元，较 2021 年同比增长 10.56%，已占我国货物贸易进出口总值 42.07 万亿元的 37.32%。其中，出口跨境电商市场规模达 12.3 万亿元，进口跨境电商市场规模达 3.4 万亿元；跨境电商 B2B 交易占比达 75.6%，跨境电商 B2C 交易占比 24.4%。小批量、碎片化的跨境电商在中国进出口贸易中的影响力正与日俱增，成为全球买卖的“新引擎”。以跨境电商为代表的贸易数字化转型趋势越发明显，EBay、速卖通、亚马逊、WISH、LAZADA 等平台吸引了众多中国卖家入驻，我国从事跨境电子商务的专业人才供不应求。

然而，在多年的跨境电商实训实验的教学过程中，我却发现该领域的教材数量稀少，同类教材要么以平台实操的手册形式为主，要么以行业发展的报告形式呈现，缺少一本从市场定位、发展战略、经营策略、账户实操等多角度打造成功跨境电商业务的综合类教材。因此，为丰富跨境电商类课程的教学资料，本书综合了平台规则、账户实操、经营策略与案例剖析，向读者真实还原跨境电商经营的整个流程，力求由浅入深的引导读者熟悉当前跨境电商市场的发展趋势、策略定位与平台对比，精通在欧美日市场畅销的亚马逊平台的账户操作，掌握选品、开店、定价、页面设计、物流、营销推广、收款、售后等业务环节，并通过延伸阅读、丰富的案例专栏和微课视频指导强化实践能力。本书还将多家电商企业的访谈加以整理，总结了决定跨境电商经营成败的新品发布策略、页面优化策略、品牌管理策略，以供读者继续提高运营能力。

本书由刘瑶副教授主编，高嘉阳、王孟竹、田尊慧参与了案例编写工作。作者感谢东北财经大学国际经济贸易学院的同事对本书编写的帮助；感谢东北财经大学创新创业中心对跨境电商实践平台的支持。由于跨境电子商务发展迅速，政策法规和平台规则的更新速度亦快，本书的内容仅以截稿时的信息为准。由于编者能力有限，如有疏漏和不足之处，敬请读者批评指正。

刘瑶

目　录

第1部分　跨境电商导论

目 录

目 录

第 1 部分
跨境电商导论

第1章

跨境电商简介

学习目标

掌握中国跨境电商的发展、现状与跨境电商平台分类。

理解传统国际贸易在互联网时代的变革。

了解跨境电商创业环境，掌握跨境电商创业特点。

认识跨境电商人才需求特点。

关键词

跨境电商　“互联网+”　国际贸易　创新创业　人才需求

随着信息技术的飞速发展和互联网技术的全面普及，跨境电子商务在世界范围内迅速发展，成为当前发展潜力巨大的新型贸易方式。它通过互联网和国际物流，实现买卖终端的直接对接。与境内电子商务相比，跨境电子商务涉及的工作更复杂。和传统国际贸易方式相比，跨境电子商务进入门槛和成本都相对较低，且节省了中间环节，便捷性更强，优势更明显。而随着跨境电子商务的发展，许多创新创业者都迎来了机会和挑战，行业内对跨境电子商务人才的需求也日益迫切。因此，如何培养跨境电子商务人才成为高校和企业关注的热点问题。

1.1 跨境电子商务概述

跨境电子商务（以下简称“跨境电商”）可以从狭义、广义以及标准式等层面来展开定义，其交易流程不同于单纯的境内贸易电商。目前，根据不同的标准，跨境电商平台可分为多种类型，而不同类型的跨境电商平台在全球化市场上的发展均十分迅速。

1.1.1 跨境电商的概念与交易流程

1. 跨境电商的概念

跨境电商的概念分为狭义、广义和标准式三个层面。根据国务院办公厅〔2013〕89号文，狭义的跨境电商是指我国出口企业通过互联网向境外零售商品，主要以邮寄、快递等形式送达的经营行为，即跨境电商的企业对消费者出口，也就是通常所讲的B2C。广义的跨境电商（Cross-border E-commerce，CBEC）是指不同国别或地区之间的交易双方通过互联网及相关信息平台开展交易，通过电子商务平台达成交易、进行支付结算，并通过跨境物流送达商品、完成交易的一种国际商业活动。实际上，它是把传统国际贸易网络化、电子化的新型贸易方式。标准式跨境电商是将互联网与外语外贸相结合的新型贸易方式。它特别强调外语，是因为当面向全球消费者时，会涉及多种语言。

跨境电商比单纯的境内贸易电商所涉及的工作环节或工作内容多很多，主要包括商品引入、线上平台、线下门店、境外物流、保税仓储、报关报险、订单配送、结算结汇、营销推广及售后服务等。具体来说，跨境电商的交易流程大体可由浏览检索、订单、订单及支付信息、传递支付信息、银行确认、通知商户、商户执行和清算组成（见图1-1）。

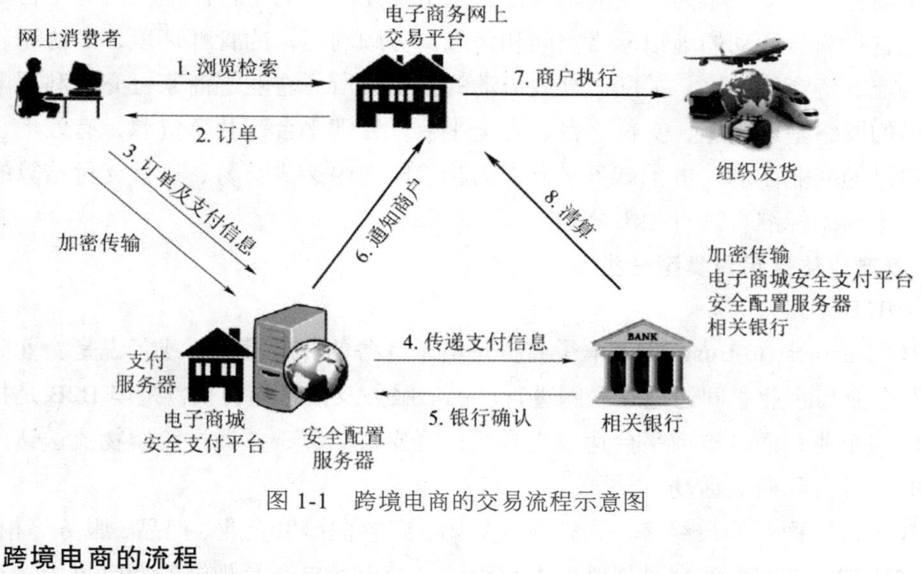

图1-1 跨境电商的交易流程示意图

2. 跨境电商的流程

跨境电商的基本流程为：首先卖家把产品上传到一个面向全球的互联网技术平台，其次全球的终端消费者通过互联网平台下单，最后卖家通过跨境物流把产品发送给境外的终端消费者。跨境电商需要解决三个“流”的问题，分别是信息流、物流和资金流。信息流，即卖家在网上发布所提供的产品和服务信息，消费者通过互联网搜寻需要的产品和服务信息。物流，即消费者在网上下单，卖家委托跨境物流服务公司将产品运送到境外的消费者手里。资金流，即消费者通过第三方支付方式及时安全地付汇，卖家收汇结汇。

跨境电商的基本工作过程包括六个步骤，依次是选品、刊登、销售、收款、发货、售后。

第一步：选品。卖家可以调研速卖通、Wish 等平台的产品品类，从 1688、淘宝、义乌购等平台上选择产品，或者通过对第三方提供的数据进行纵横对比来选品，或者从工厂自选产品。

第二步：刊登。卖家需要完成产品信息化处理、产品分类、产品标题拟定、产品上架价格制定、产品物流方案设计、详情页描述等工作。

第三步：销售。销售主要分为店铺内部的优化和店铺内外的推广操作两个方面。

第四步：收款。常见的收款工具有国际支付宝（Escrow）、派安盈（Payoneer）、易联支付（Payeco）等。

第五步：发货。主要使用的物流系统有邮政系统、商业快递、专线物流以及海外仓。

第六步：售后。售后的质量对后期的流量有着十分重要的影响，售后服务的评分是很多平台选择搜索排名算法的决定性因素之一。

1.1.2 跨境电商平台分类

电子商务平台即一个为企业或个人提供网上交易洽谈的平台。电子商务平台是建立在互联网上进行商务活动的虚拟网络空间和保障商务顺利运营的管理环境，是协调、整合信息流、物流、资金流有序、关联、高效流动的重要场所。企业、商家可充分利用电子商务平台提供的网络基础设施、支付平台、安全平台、管理平台等共享资源，有效地、低成本地开展自己的商业活动。电子商务平台作为跨境电商中达成交易、进行支付结算的重要平台，按照不同的标准可进行如下分类。

1. 以产业终端用户类型分类

（1）B2B 平台

B2B（Business to Business）电子商务是电子商务的一种模式，或者说是企业间的电子商务，即企业与企业之间通过互联网进行产品、服务及信息的交换。跨境 B2B 是指分属于不同关境的企业，通过电商平台达成交易、进行支付结算，并通过跨境物流送达产品、完成交易的一种国际商业活动。

B2B 平台所面对的最终客户为企业或集团，向它们提供企业、产品、服务等相关信息。目前，B2B 跨境电商市场交易规模占中国跨境电商市场总交易规模的 90%以上。在跨境电商市场中，企业级市场始终处于主导地位。

（2）B2C 平台

B2C（Business to Customer）电子商务是企业针对个人开展的电子商务活动的总称，如企业为个人提供在线医疗咨询、在线商品购买服务等。跨境 B2C 是指分属于不同关境的企业直接面向消费个人在线销售产品和服务，通过电商平台达成交易、进行支付结算，并通过跨境物流送达产品、完成交易的一种国际商业活动。

B2C平台所面对的最终客户为个人消费者，以网上零售的方式向他们售卖产品。B2C平台在垂直类目产品的销售上也有所侧重，如FocalPrice主营计算机、通信和消费类3C数码电子产品，兰亭集势则主营婚纱并在销售上占有绝对优势。B2C跨境电商市场正在逐渐发展，且在中国跨境电商市场总交易规模中的占比不断升高。未来，B2C跨境电商市场将会迎来大规模增长。

（3）C2C平台

C2C（Customer to Customer）电子商务是个人与个人之间的电子商务，主要通过第三方交易平台实现个人对个人的电子交易活动。跨境C2C是指分属于不同关境的个人卖家对个人买家在线销售产品和服务，由个人卖家通过第三方电商平台发布产品和服务的售卖信息、价格等内容，由个人买家进行筛选，最终通过电商平台达成交易、进行支付结算，并通过跨境物流送达产品、完成交易的一种国际商业活动。

2. 以服务类型分类

（1）信息服务平台

信息服务平台主要是为境内外会员商户提供网络营销平台，传递供应商或采购商等商家的商品或服务信息，促成双方完成交易。

（2）在线交易平台

在线交易平台不仅提供企业、产品、服务等多方面的信息展示，并且提供搜索、咨询、对比、下单、支付、物流、评价等全购物链各个环节的服务和体验。当前，在线交易平台模式正逐渐成为跨境电商中的主流模式。

3. 以平台运营方分类

（1）第三方开放平台

平台型电商通过在线上搭建商城，并整合物流、支付、运营等服务资源，吸引卖家入驻，为其提供跨境电商交易服务。第三方开放平台以收取卖家佣金以及增值服务佣金作为主要盈利模式。

（2）自营型平台

自营型电商通过在线上搭建平台，整合供应商资源，以较低的进价采购商品，然后以较高的售价出售商品。自营型平台主要以获取商品差价作为盈利模式。

（3）代运营服务商平台

在这类平台中，服务提供商不直接参与任何电子商务的买卖，为从事跨境电商的中小企业提供不同的服务模块，如市场研究模块、营销商务平台建设模块、境外营销解决方案模块等。这些服务提供商以电子商务服务商的身份帮助外贸企业建设独立的电子商务网站平台，并提供一站式、全方位的电子商务解决方案，使其能直接把商品销售给境外零售商或消费者。服务提供商能帮助外贸企业建立定制的个性化电子商务平台，其盈利模式是赚取企业支付的服务费用。

1.1.3 中国跨境电商的发展与现状

1. 中国跨境电商的发展

虽然我国跨境电商起步相对较晚，但发展速度却非常快，其规模和成就令世界瞩目。跨境电商是从传统外贸、外贸电商衍生而来的，其经历了十几年发展，目前继续朝着新的方向发展。自 1999 年阿里巴巴开始用互联网连接中国供应商与境外买家后，中国的对外出口贸易就实现了互联网化。此后共经历了三个阶段，实现了从信息服务到在线交易、全产业链服务的跨境电商产业转型。

（1）跨境电商 1.0 阶段（1999—2003 年）

跨境电商 1.0 阶段采用的主要商业模式是网上展示、线下交易的外贸信息服务模式。跨境电商 1.0 阶段第三方平台的主要功能是为企业信息以及产品提供网络展示平台，并没有在网络上涉及任何交易环节。该阶段的盈利模式主要是向在网上进行信息展示的企业收取会员费（如年服务费）。跨境电商 1.0 阶段逐渐衍生出竞价推广、咨询服务等，为供应商提供一条龙的信息流增值服务。

在跨境电商 1.0 阶段，阿里巴巴国际站以及环球资源网为典型代表平台。其中，阿里巴巴国际站成立于 1999 年，以网络信息服务为主、线下会议交易为辅，是中国最大的外贸信息黄页平台之一；环球资源网成立于 1971 年，前身为亚洲资源（Asian Source），是亚洲较早的提供贸易市场资信者，于 2000 年 4 月 28 日在纳斯达克证券交易所上市，股权代码为 GSOL。

在此期间，还出现了中国制造网、韩国 EC21 网等大量以供需信息交易为主的跨境电商平台。跨境电商 1.0 阶段虽然通过互联网解决了中国贸易信息如何面向世界买家的难题，但是依然没能实现在线交易，对外贸电商产业链的整合仅完成了信息流的整合环节。

（2）跨境电商 2.0 阶段（2004—2012 年）

2004 年，随着敦煌网的上线，跨境电商进入 2.0 阶段。在这个阶段，跨境电商平台开始摆脱展示纯信息黄页的行为，将线下交易、支付、物流等流程搬到网上，逐步实现了在线交易。

相比于跨境电商 1.0 阶段，跨境电商 2.0 阶段更能体现电子商务的本质，借助电子商务平台，通过整合服务、资源有效打通上下游供应链，包括 B2B（平台对企业小额交易），以及 B2C（平台对用户）两种平台模式。在跨境电商 2.0 阶段，B2B 平台模式为跨境电商主流模式，通过直接对接中小企业商户进一步缩短产业链，提高商品销售利润。2011 年敦煌网宣布实现盈利，2012 年持续盈利。

在跨境电商 2.0 阶段，第三方平台实现了营收的多元化，形成了后向收费模式，将“会员收费”改为以收取交易佣金为主，即按成交效果来收取百分点佣金。同时，还通过平台上的营销推广、支付服务、物流服务等获得增值收益。

（3）跨境电商 3.0 阶段（2013 年至今）

2013 年是跨境电商的重要转型年，这一年跨境电商全产业链的商业模式发生了变化。

随着跨境电商的转型，跨境电商进入 3.0 阶段。

跨境电商 3.0 阶段具有大型工厂上线、B 类买家成规模、中大额订单比例提升、大型服务商加入和移动用户量爆发 5 个方面的特征。与此同时，跨境电商 3.0 服务全面升级，平台承载能力更强，全产业链服务在线化也成为其重要特征。在跨境电商 3.0 阶段，用户群体由草根创业者向工厂、外贸公司转变，且具有极强的生产设计管理能力。同时，平台销售产品由网商货源、二手货源向一手货源好产品转变。

跨境电商 3.0 阶段的主要卖家群体正处于从传统外贸业务向跨境电商业务的艰难转型期，生产模式由大生产线向柔性制造转变，对代运营和产业链配套服务需求较高。另外，跨境电商 3.0 阶段的主要平台模式也由 C2C、B2C 向 B2B、M2B 转变，批发商买家的中大额交易订单成为平台的主要订单。

2. 中国跨境电商的现状

中国“互联网+产业”智库、国内知名电子商务研究机构——中国电子商务研究中心发布的《2018 年度中国跨境电商市场数据监测报告》对我国 2013—2018 年跨境电商相关检测数据分析如下。

（1）交易规模不断增长

2018 年，中国跨境电商交易规模为 9 万亿元，同比增长 11.6%（见图 1-2）。2018 年，国家不仅在跨境电商行业政策方向上做出指引，更是逐步针对行业涉及的各个环节给出了具体措施和政策调整。随着跨境电商领域政策的逐步明晰以及规范，行业会向更深更广的方向发展。近年来，随着国际贸易条件的恶化以及欧洲各国家、日本需求的持续疲弱，中国出口贸易增速出现下台阶式的减缓。而以跨境电商为代表的新型贸易的发展速度正在逐渐加快，并有望成为中国贸易乃至整个经济的全新增长引擎。

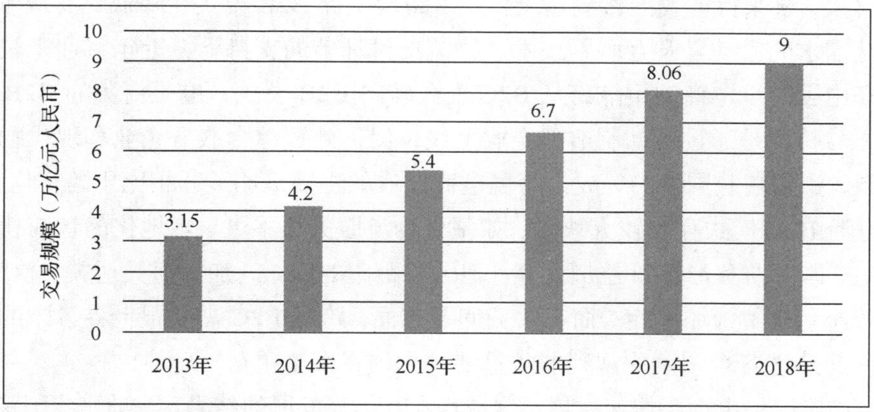

图 1-2 2013—2018 年中国跨境电商市场交易规模

数据来源：中国电子商务研究中心

（2）以出口电商为主，但进口电商增速较快

2018 年，在中国跨境电商进出口结构上，出口占比 78.9%，进口占比 21.1%（见图 1-3）。从结构上看，跨境出口电商的比例将长期高于跨境进口电商的比例，中国跨境电商的发展

将始终以出口为主、进口为辅。随着近年来国内消费者对跨境网购认识的深入，进口跨境电商规模呈现迅速扩大态势，但在现阶段仍处于培育期。在国家鼓励性政策下，进口跨境电商发展如火如荼，各电商巨头纷纷入局，发力进口商品业务，迎来全产业链竞争时代。由此，进口跨境电商市场竞争日趋激烈。

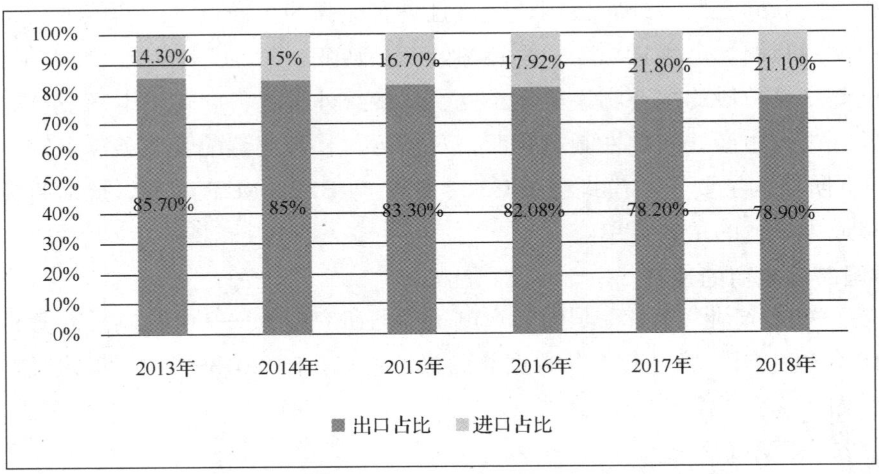

图 1-3　2013—2018 年中国跨境电商交易规模进出口结构

数据来源：中国电子商务研究中心

（3）以 B2B 模式为主，B2C 模式呈扩展趋势

2018 年，中国跨境电商交易模式中跨境电商 B2B 交易占比 83.2%，跨境电商 B2C 交易占比 16.8%（见图 1-4）。此前，中国电子商务研究中心 B2B 与跨境电商部主任、高级分析师张周平分析认为：①从商业模式上看，跨境电商 B2B 模式将长期占据主流，并且已经处于成熟阶段，未来行业发展格局趋于稳定。跨境电商 B2C 模式在降低交易成本、满足消费者个性化需求的驱动以及互联网技术、物流支付环节的支持下，近年将迎来较大成长空间。②未来中国跨境电商的重点将从 B2C 模式转向 B2B 模式，电子商务的 B2B 具有更大的发展潜力。特别是通过推动制造型企业上线，促进外贸综合服务企业和现代物流企业转型，从生产、销售端共同发力，成为跨境电商发展的主要策略。③相比于跨境电商 B2B 模式，跨境电商 B2C 模式存在较大缺陷，如基础物流服务跟不上、本地化的售前售后服务需求难以满足、国际法务摩擦日益加大等。地区和距离的因素，加上海关通关、检验检疫等，可能会导致小包裹物流不稳定，而在法务问题方面，跨境 B2C 需要跟世界各国的法务系统打交道，因此熟悉各个国家的规则非常重要，否则将困难重重。

目前，中国跨境电商正快速发展，这是其十几年来发展的结果。当前，我国跨境电商行业呈现三个特征：跨境电商交易规模持续扩大，在我国进出口贸易中所占比重越来越高；跨境电商以出口业务为主，出口跨境电商有望延续快速发展态势；跨境电商以 B2B 模式为主，B2C 模式逐渐兴起且呈扩展趋势。同时，国家政策对跨境电商的扶持力度大幅增加，发挥了其作为发展催化剂的重要作用，这为跨境电商未来的发展提供了必要的内生动力。

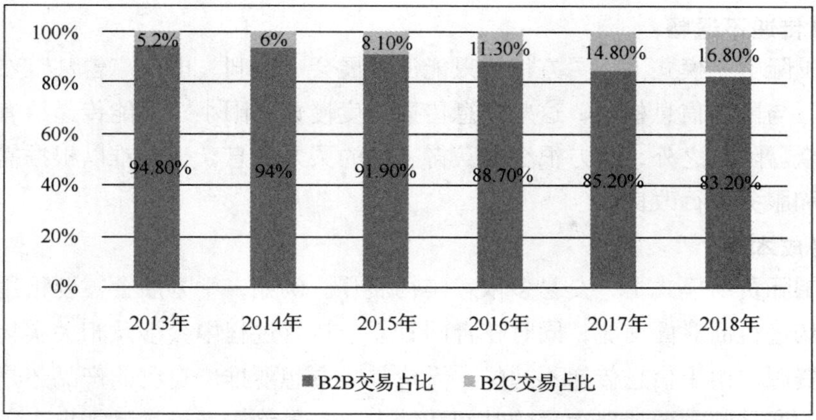

图 1-4　2013—2018 年中国跨境电商交易规模 B2B 与 B2C 结构

数据来源：中国电子商务研究中心

1.2 国际贸易与跨境电商

随着互联网时代的到来和互联网技术的进步，“互联网+”的概念对国际贸易产生了深远影响，使其不断向低成本、高效率方向发展。互联网与国际贸易的融合，让传统国际贸易的缺陷暴露出来，但同时也给国际贸易带来了变革，其中最重要的当属通过跨境电商进行贸易。

1.2.1　传统国际贸易存在的问题

传统国际贸易存在着一些明显的缺陷，如运作周期长、信息传递不通畅、贸易成本高等。

1. 运作周期长

传统国际贸易完成一笔订单，通常需要经过较长的运作周期。传统国际贸易主要是由一国的进出口商通过另一国的进出口商，进出口大批量的货物，然后通过境内流通企业经过多级分销（至少要经过 5 个渠道，包括出口国国内工厂、出口国贸易商、目的国进口商、目的国分销商、目的国零售商），最终到达有需求的企业或消费者。因此，进出口环节多，耗费时间长，成本高。

传统国际贸易的运作过程包括交易前的准备、贸易磋商、合同订立与执行、支付与清算等。其中，交易前的准备是指买方通过展会等渠道接触到卖方产品，双方就产品或服务的有关信息进行交流；贸易磋商这一环节，是双方进行口头协商或书面单据传递的过程，书面单据包括询价单、订购合同、发货单、运输单、发票等；在合同订立与执行过程中，双方必须以书面形式签订具有法律效力的合同，以确定磋商的结果和监督执行，并在产生纠纷时由相关机构按照合同进行仲裁，在处理物流等相关事宜时则需要到各个部门办理手续，获得审批；最后就是完成支付与清算。

2. 信息传递不通畅

在传统国际贸易模式下，买方往往只能通过展会、报刊、电视广告甚至熟人推荐来获取有效信息。与网络信息相比，这些信息传播速度慢、范围小，只能传递给有限的、一定范围内的受众。除此之外，卖方很少能获得有效的买方信息，也就难以根据需求及意见对自己的产品和服务进行改良。

3. 贸易成本高

在传统国际贸易模式下，交易多依赖实物展开。例如，举办展会需要租用场地，需要买卖双方到场进行面对面交流，同时在合同订立与执行过程中会涉及相关实物单据、纸质文件合同等资源。由于信息传递不通畅，无论是卖方想要推广自己的产品还是买方想要找到物美价廉的产品都需要耗费大量的时间和精力，且最终未必能满足需求。正因为有如此高的时间、人力、物力成本，因此只有具备一定实力的大企业才能走进国际贸易市场。对于一些中小型企业来说，参与传统国际贸易的风险和成本过高，它们只能避开竞争。如此，传统国际贸易市场就会出现垄断价格。

1.2.2 国际贸易在互联网时代的变化

国际贸易在互联网时代发生了日新月异的变化，主要体现在销售渠道、外贸订单、信息传递与思维模式、政府审批等方面。

1. 销售渠道变化

国际贸易在互联网时代的销售渠道变化过程主要可以分为三个阶段。

（1）1.0 阶段（贴牌生产）

在这一阶段，国际贸易的主要流程是：厂家生产制造、本国出口商与目的地进口商联系、完成商品跨境操作、当地批发商以批发价购入商品、当地零售商进货、终端客户购买。这一流程是传统外贸企业的常规流程。

（2）2.0 阶段（“互联网+外贸”）

在这一阶段国际贸易引入互联网概念，但互联网最主要的作用是传递信息、牵线搭桥。其主要流程是：在线上传递信息，撮合买卖双方，待双方决定进行交易后，转到线下支付，完成供应商供货、零售商付款，终端客户通过零售商购买商品。这一阶段的代表企业包括中国制造网、阿里巴巴国际站等。

（3）3.0 阶段（跨境电商）

在这一阶段，有了跨境电商平台的介入，供应商可以直接在平台上发布商品信息，通过网络推广直接接触终端客户，客户也可以在一个平台上通过货比三家进行快速选择，从而完成订单。这一阶段的代表企业包括亚马逊、易贝（eBay）、速卖通、Wish 等。

2. 外贸订单变化

在互联网的影响下，外贸供应链缩短，卖方能够轻松获取买方反馈信息，进一步细化商品类别，甚至提供定制化商品，因此，外贸商品类型从以前的标品、大众化商品转变为碎片化、定制化、个性化的商品。外贸订单的特点由大量少次变为少量多次，外贸订单完成周期由长变短、由缓变急，外贸订单趋于无形化、无纸化。贸易对象不只涉及有形商品，无形服务。贸易中涉及的文件资料通过互联网存储管理，从而降低了成本，提高了效率。

3. 信息传递与思维模式变化

在互联网的影响下，国际贸易中信息传递的速度和广度的提高极为明显。传统国际贸易大多通过实物进行信息传递，耗时耗力。而在互联网时代，卖方可以通过跨境电商平台或者搜索引擎发布信息进行推广，快速高效地将商品信息送到目标客户面前，大大提高了成单率。而互联网信息的及时性，也让贸易中双向信息传递更方便、快捷。卖方的思维模式从产品模式转向客户思维，通过客户反馈，改进细分产品，提高客户满意度。

4. 政府审批变化

由于国际贸易需要跨越国境完成交易，因此买卖双方需要在进口国和出口国内各个政府部门、管理部门获得审批和许可。这些手续烦琐复杂，需要到多窗口办理，拉长了交易周期。而互联网使政府部门能够通过简化手续，设立单一窗口将各项业务连接起来，即一个窗口就能完成一系列办理流程，大大提高了工作效率。

1.2.3　传统国际贸易与跨境电商的区别与联系

传统国际贸易在 21 世纪互联网时代逐渐产生的不适应性催生了跨境电商的崛起，二者既有区别又有联系。

1. 传统国际贸易与跨境电商的区别

传统国际贸易有三个特征：第一是线下国际贸易，线下国际贸易主要通过展销会获得客户。第二是货物贸易，不涉及服务贸易，主要采用批发模式。第三是从海关监管方式看，传统国际贸易的海关监管代码主要包括“0110”一般贸易、“0130”易货贸易和“0214”加工贸易等，而不包括“9610”电子商务、“1210”保税电商贸易。

因此，传统国际贸易与跨境电商的区别表现在以下五个方面。

（1）合同与订单的区别。传统国际贸易要签署书面合同，如采购、销售合同等，并且每一单的金额都比较大；跨境电商中订单的产生源于消费者在互联网上的点击购买、付款，卖方按照约定的条件发货，买方收到货后汇款交易即完成。

（2）象征性交货与实际交货。传统国际贸易在签订贸易合同的时候，一般会使用到贸易术语，这些贸易术语在实践当中被叫作象征性交货；而跨境电商是典型的实际交货的贸易行为。

（3）物流方式不一样。传统国际贸易使用的运输方式主要包括传统的海运、空运、铁路运输、多式联运等；跨境电商则更多选择邮政小包、商业快递、专线物流以及海外仓等运输方式。

（4）单据的要求不一样。传统国际贸易在交易履行的过程中会使用到商业单据，如提单、运输单据、金融单据、报关单等；跨境电商则不需要这些单据，而主要使用跨境物流面单（含报关单）。

（5）税收。传统国际贸易是货物贸易，无论是进口还是出口都要向相关的税务部门缴纳增值税、关税和消费税；而按照 2016 年的政策，跨境电商受监督的货物目前只缴纳综合税。

2. 传统国际贸易与跨境电商的联系

传统国际贸易与跨境电商也具有一定程度的联系：第一，两者在合约履行过程中均需要按照要求办理进出口商检手续、报关手续。第二，在结汇方面，传统国际贸易已经实现了贸易项下的结汇自由，跨境电商也基本实现了贸易项下的结汇自由。第三，在符合政策的情况下，两者均可退税，跨境电商甚至允许不征不退。第四，两者都需要建立良好的售后服务体系。另外，两者均需要抓住“互联网+”的机遇实现转型升级。可以说，跨境电商是对传统国际贸易的补充，是一种新型的外贸业态。

1.3 创新创业与跨境电商

跨境电商是时代与技术的产物，作为商业发展的一个新领域，它需要更多创新创业者的加入，同时也为有创业理想的人提供了新机遇，带来了新挑战。本节将介绍跨境电商创新创业的优劣势、跨境电商创业的要求与准备。

1.3.1 跨境电商创新创业的优劣势、机遇与挑战

1. 跨境电商创新创业的优势

（1）无须实体店铺

在电商平台开店最大的优势之一就是不需要实体店铺，只需在网上商城建立一个虚拟商店即可。这样，就能帮创业者节省高昂的场地租金。

（2）库存成本低

在网上开店，商家不需要先进货再售卖。商家可以先在店铺上传商品图片，待有实际订单后再联系供应商开始进货、发货，这样就节约了库存成本、降低了商品库存积压的风险。

（3）进入门槛低

与传统行业的创业相比，跨境电商创新创业的资金投入少、技术门槛低。在资金方面，在网上开店可以节约实体店铺租金以及库存成本，总体投入较少。在技术方面，开店与运营维护流程简单、易于操作，比进入传统行业的技术门槛低，因而适合创业。

2. 跨境电商创新创业的劣势

（1）商品体验效果差

通过网上平台购买商品，消费者只能根据图片信息与商家描述了解商品，且只有在收到商品后才能获得真实的商品体验，实际了解商品质量。购买时间与体验时间的不同步，容易导致消费者产生购买顾虑，进而影响销售。

（2）商家与消费者交流不及时

通过网上平台购物，买卖双方缺少实际的交流。消费者在购物中遇到问题时，普遍希望能马上得到解决。但是网上店铺的客服无法像实体店导购那样对消费者提出的问题做出

及时回复，双方交流的不及时容易导致店铺错失订单、流失消费者。

（3）商品配送时间较长

境内普通配送时间在1～3日，但是跨境电商的商品配送时间较长。若有海外仓，则配送速度快，但成本也较高。若商家选择境外直邮，则跨境运输需要较长时间，而且退换货非常麻烦，极易增加消费者购物时的顾虑。

3. 跨境电商创新创业的机遇

（1）市场无边界

不同于实体店铺，网上店铺不受店铺地理位置的限制，其市场是面向所有具备网络的、登录平台的消费者。这种无边界的特点，为创业者提供了广阔的市场空间。

（2）原创创意商品

随着市场竞争日趋激烈，大量抄袭模仿的山寨品、仿制品涌入市场，导致商品同质化现象越来越严重，价格竞争越来越激烈。在这样严峻的市场竞争环境下，商家只有提高商品内在价值，做出独一无二的原创或有创意内涵的商品才能突出重围，长久发展。

4. 跨境电商创新创业的挑战

（1）行业竞争激烈

电商行业进入门槛低、创业成本低，吸引了许多创业者。国内市场竞争非常激烈，对于相同的商品，不同的商家为了提高销量会刻意压低价格；产品模仿抄袭严重，质量参差不齐；境内电商平台的商家会利用各种营销手段获得订单，如好评返现、包邮等。境外电商平台审查较严格，如亚马逊平台始终坚持“重商品轻店铺，重顾客轻商家”，所以不当竞争较少，但是因为商品同质性强，竞争同样激烈。

（2）虚假交易众多

不管是境内的电商平台还是境外的电商平台，店铺商品的交易额、好评率、退货率、配送方式、点击率等都是影响商品排名的重要衡量指标，也是影响消费者购买的重要因素。于是，许多商家为了提高竞争力会做出“刷单”“刷好评”等虚假行为，致使虚假交易增多。

1.3.2　跨境电商创业的要求与准备

1. 对创业准备工作的要求

（1）确定行业，进行选品

要想创业，首先就要仔细选择项目。创业者要具有敏锐的商业嗅觉，准确识别创业商机，锁定合适的行业并寻找合适的时机进入市场。跨境电商创业者应当选择自己了解的行业，并确定该行业的产品适合通过互联网售卖。进行选品时，一定要了解境外对进出口产品的要求与各类限制条件。产品尽量轻便小巧，这样不仅有利于运输，还有利于降低高昂的跨境运输成本。如果缺少精通产品性能的人员，则尽量避免选择操作复杂的产品，以便简化售后服务，降低遭遇差评风险。除此之外，考虑到长途运输，应尽量选择不易破损的产品。

（2）创业计划书

创业计划书是一份全面说明创业构想以及如何实施创业构想的文件。如果把创业比作一次不了解且充满不确定性的旅程，那么创业计划书就是一幅行动路线图，能帮助创业者走好每一步。

每一个创业者在创业过程中都会面临以下问题：成本多少、能否盈利、利润空间有多大、什么时候能赚钱、怎样赚钱等。创业计划书可以帮助创业者梳理分析这些问题，提高创业的可行性。创业者将创业初期粗略的想法落实到一个详细规范的计划书上，能够事半功倍。创业计划书一般包括目标产业描述、产品（服务）介绍、市场预测、竞争分析、企业管理、营销策略等要素。创业者要明确目标市场，提供顾客真实存在的证据，秉持理性客观的态度分析编写创业计划书，切忌主观臆想。一份优秀的创业计划书能帮助创业者梳理自己的思路，系统思考新创企业的各要素，使创业团队的行动与创业计划相符合；能帮助创业者更加了解产品成本、利润空间、预期回报率、目标市场现状与发展前景等，从而制订合适的销售计划、实施策略和公司长远发展战略。除此之外，还能吸引优秀的合作伙伴，从而获得投资。

（3）资金运作规划

资金运作规划是创业中不可忽视的一部分。创业初期，创业者因没有足够的信用往往不容易通过银行获得贷款；而且收益可能会非常少，甚至面临亏损。这就需要创业者规划好公司的资金运作，节约开支，充分考虑产品成本、仓库成本、运输费用、产品推广宣传费用、坏账准备、人力成本等因素。创业者还要考虑开业后可能面临的难题，如产品滞销、费用增加等不确定因素，以便根据实际情况进行调整。除此之外，初创企业既需要流动资金，又需要非流动资金。其中，要重点关注企业的现金流状况。健康的现金流对于企业就像血液对于人，一个企业不一定会因亏损而倒闭，但会由于现金流断裂而失败。所以创业者在规划创业资金需求时，要考虑流动资金能否持续投入。

（4）组建团队

创业团队成员的选择将会影响日后团队的工作氛围与效率。首先，团队所有成员要有一个共同的方向与目标，对企业的发展与规划基本达成共识。团队的目标设定是创业团队内部价值的认定，团队成员只有目标方向一致，在创业过程中才会汇聚力量共同克服困难。其次，要确保成员间分工明确，赏罚分明。激励机制是企业将远大理想转化为具体事实的连接手段，一个成功的企业一定具有清晰合理的考核与奖惩机制。这是因为在企业组织中，个体行为可能会朝向各个方向，不一定都是指向企业目标的，个人的价值观也不一定与企业的价值观相一致。这就要求企业根据员工的现实表现和工作实际对其进行物质或精神上的鼓励，以调动其工作潜能和工作积极性。最后，初创企业常常采用扁平化的管理方式。扁平化的管理方式是精炼了的管理层次，可以很好地解决级式管理的“层次重叠、冗员多、组织机构运转效率低下”等问题，使企业快速地将决策权延至企业生产、营销的最前线，从而加快了信息流的速率，提高创业企业的决策效率。

2. 对客户运营的要求

在跨境电商领域，合格的创业者完成创业准备工作后就要进入日常经营。与传统国际贸易相比，跨境电商创业者不仅要运营好自己的商品，更要运营好自己的客户。要借助互联网做好客户运营，可以从以下几个方面入手。

（1）以客户为中心，注重客户体验

全球著名的跨境电商平台亚马逊，以“最以客户为中心的企业”作为其发展目标，以“重客户，轻卖家”作为其始终坚持的宗旨之一。因为客户体验将直接影响商品的评价，进而影响商品销量与品牌口碑。以客户为中心，注重消费细节，提供最舒适的客户体验，及时提高商品与服务质量，是企业在创业初期推广品牌形象、扩大品牌影响范围的有效途径，也是贯穿整个创业过程的经营理念。

（2）关注客户需求，及时更新商品

客户的需求常常会随着科技的发展、市场的更新、潮流趋势的变化而变化。商家要想在竞争激烈的市场上占有一席之地，就必须实时关注市场与客户需求的变化，以便及时更新改进商品，更好地做出反应。只有商品符合客户的购买需求，才可以拥有销量。除此之外，商家还应具有敏锐的市场洞察力，挖掘客户的内在需求，发现新的机遇。

（3）培养忠实客户，增加客户黏性

客户评价是最有力、最简单、成本最低的宣传方式。忠实客户不同于一般客户，他们对店铺有着一定的忠诚度，比较相信店铺的商品，即使在商品面临一些争议时，也愿意进行消费。一个企业主要的收入和利润大多来自老客户，这正对应了客户的二八原则：保持一个老客户所需的成本，仅是开拓一个新客户所需成本的 20%左右。所以，商家要注重对客户的培养。忠实客户除了作为消费者外，还是重要的宣传者，能够帮助店铺树立品牌口碑。

（4）运用大数据，开展有针对性、个性化的营销

在互联网时代，对大数据的充分应用显得十分必要。通过大数据收集用户与其他店铺的信息、行为等数据，分析用户的偏好，有利于本店铺面向不同消费者制订有针对性、个性化的精准营销方案。除此之外，商家还可以根据收集到的数据，及时更换商品、调整店铺结构，更好地适应市场变化。成功的创业项目离不开优秀的营销，包括营销品牌和商品。打造优秀的品牌与商品形象，有利于企业的长足发展。

（5）发挥流量的作用

在互联网时代，流量对商品浏览量、销量、曝光度都有非常重要的影响。如果没有曝光度，商品就不能被客户看到，那么质量再好也是没有用的。商家可以使用一些方法把握流量，如购买广告位、参与平台的营销活动、利用社交软件营销口碑等。

1.4 跨境电商人才需求

当前，跨境电商已逐渐成为助力我国外贸供给侧结构性改革的新引擎，为此我国建立起一套适应跨境电商发展的政策体系。如此，对跨境电商人才的需求明显增加。

1.4.1 跨境电商人才需求概况

随着“互联网+国际贸易”的不断发展和广大消费者日益增长的跨境消费需求，我国跨境电商行业发展迅猛。但与此同时，跨境电商企业不得不面对的一个难题——人才紧缺也出现了。2015 年，对外经济贸易大学国际商务研究中心联合阿里研究院共同发布的《中国跨境电商人才研究报告》显示：85.9%的企业认为跨境电商人才供应存在严重的缺口。

其中紧缺人才以运营、营销策划、客服管理、物流等基础性商务岗位为主，占到总岗位需求的 61%，其次是研发岗位和管理岗位。而学历要求则以本科和专科为主，分别占 53% 和 36%。具体如图 1-5 和图 1-6 所示。

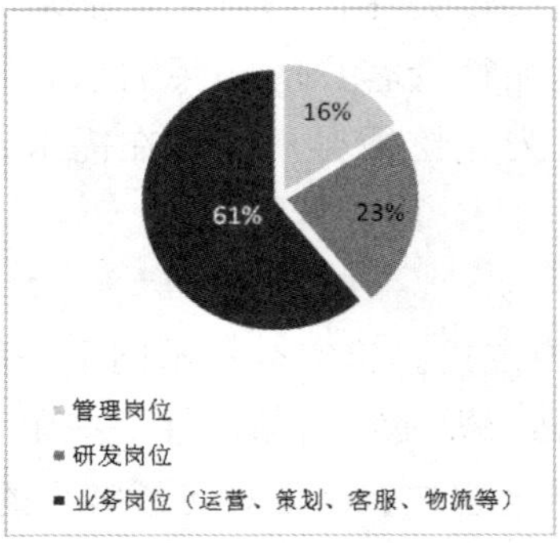

图 1-5 跨境电商人才的岗位需求

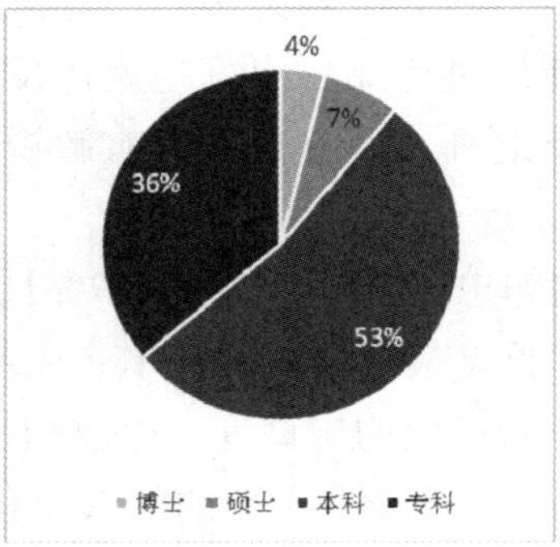

图 1-6 跨境电商人才层次需求

数据来源：阿里研究院

导致跨境电商人才缺乏的原因有多个。首先，跨境电商行业发展迅速。跨境电商的迅速崛起及迅猛发展使网络基础设施和相关法律法规都变得落后，同时也使人才问题凸显。少数行业精英的努力使跨境电商行业萌芽并加速发展，但要想让跨境电商更平稳、高效地进行扩张，就需要尽快为各个岗位培养大量的人才。其次，人才培养者缺乏对跨境电商人才的正确认知。由于跨境电商行业是从传统国际贸易发展而来的，因此许多企业和高校都秉着改良传统贸易人才的态度培养跨境电商人才。事实上，跨境电商人才需要掌握的技能与传统贸易人才需要掌握的技能有较大差异。例如，跨境电商行业并不需要设立传统的报关报检、跟单员等岗位。在高校中，大多数老师并没有跨境电商的实战经验，而对于这样一门实操性很强的课程，如果只是讲授理论知识，培养出来的人才必定不能满足行业需求。最后，跨境电商创业门槛较低。由于跨境电商行业的人才都需要有一定的实操经验，而这些人才在实际操作的过程中会发现，跨境电商平台可以帮助自己创立企业当老板。随着这类企业的不断诞生，人才缺口也在逐渐扩大。

1.4.2 跨境电商人才的岗位需求

一个优秀的跨境电商人才应既懂互联网技术，也拥有国际贸易、国际物流、电子商务平台运营、品类管理、跨境营销等知识储备，同时具备跨文化交际等能力。表 1-1 分别展示了不同岗位类别包括的具体岗位以及该岗位人才的能力需求。

表 1-1　　跨境电商人才的岗位及能力需求

岗位类别	相关岗位	能力需求
跨境电商运营类	跨境运营专员、境外业务运营专员、平台运营专员、店铺运营专员、App 运营专员等	了解境外市场、对市场敏感、准确把握店铺定位与产品定位
跨境电商营销类	社交网站推广专员、搜索引擎推广专员、视频网站推广专员、文案策划内容运营专员等	跨文化交际能力、文字编辑能力、语言能力、产品营销推广能力
跨境电商客服类	境外客户维护专员、境外订单纠纷调解员、跨境客服主管等	跨文化沟通能力、语言能力、一定的法律法规知识储备
跨境电商设计类	跨境电商美工、平面设计师、页面美容编辑等	美术功底、设计能力、计算机绘画制图能力、创新能力
跨境电商物流类	跨境物流助理、国际采购专员、仓储专员、质控专员	物流知识储备、分析能力、预测能力、沟通协调能力、物流方案设计能力、实施和优化的综合能力
跨境电商数据分析类	数据分析专员、数据运营专员	统计分析能力、数据处理能力
跨境电商平台研发类	IOS 研发工程师、HTML5 前端开发工程师、支付系统产品经理、Java 工程师等	专业的计算机能力

1. 跨境电商运营类

跨境电商运营类的职位包括跨境运营专员、境外业务运营专员、平台运营专员、店铺运营专员、App 运营专员等。其工作可能包括对市场信息进行搜集整理和分析，及时跟踪行业竞争对手的最新动态，为决策提供依据；策划销售渠道；负责跨境综合平台的跟进等。因此，这类岗位的人才需要具备了解境外市场、对市场敏感、准确把握店铺定位与产品定位等方面的能力。

2. 跨境电商营销类

跨境电商营销类的岗位包括社交网站推广专员、搜索引擎推广专员、视频网站推广专员、文案策划内容运营专员等。其工作可能包括策划跨境电商各渠道营销推广的方案；利用社交媒体对产品进行站外推广等。因此，这类岗位的人才需要具备跨文化交际能力、文字编辑能力、语言能力、产品营销推广能力等。

3. 跨境电商客服类

跨境电商客服类的岗位包括境外客户维护专员、境外订单纠纷调解员、跨境客服主管等。其工作可能包括处理境外客户投诉；与客户沟通退换货相关事宜等。因此，这类岗位的人才需要具备跨文化沟通能力、语言能力、一定的法律法规知识储备。

4. 跨境电商设计类

跨境电商设计类的岗位包括跨境电商美工、平面设计师、页面美容编辑等。其工作可能包括设计平面产品广告；美化图片等。因此，这类岗位的人才需要有美术功底、设计能力、计算机绘画制图能力、创新能力等。

5. 跨境电商物流类

跨境电商物流类的岗位包括跨境物流助理、国际采购专员、仓储专员、质控专员等。其工作可能包括维护现有物流渠道，制订并持续优化物流方案；合理调配境内、境外仓库资源；对接客服、销售等部门，处理物流投诉，优化方案，提升客户体验等。因此，这类岗位的人才需要具备物流知识储备、分析能力、预测能力、沟通协调能力、物流方案设计能力、实施和优化的综合能力等。

6. 跨境电商数据分析类

跨境电商数据分析类的岗位包括数据分析专员、数据运营专员等。其工作可能包括对销售数据进行处理分析并提出改进方案；处理分析库存数据等。因此，这类岗位的人才需要具备统计分析能力、数据处理能力等。

7. 跨境电商平台研发类

跨境电商平台研发类的岗位包括 IOS 研发工程师、HTML5 前端开发工程师、支付系统产品经理、Java 工程师等。其工作可能包括对平台网站进行优化等。因此，这类岗位的人才需要具备专业的计算机能力。

复习思考题

1. 请简述跨境电商的交易流程。
2. 中国跨境电商的发展经历了哪几个阶段？
3. 与传统国际贸易相比，跨境电商有哪些优势与劣势？
4. 跨境电商人才需要具备哪些能力？结合自己的专业和能力谈谈未来从事跨境电商工作的岗位情况。

小组活动

你听说过订阅式电商模式和定制式电商模式吗？请扫描下方二维码观看视频，结合本章所学内容，展开小组讨论，说说你觉得未来跨境电商的发展突破口在哪儿？

订阅式跨境电商

定制式跨境电商

练习题

第 1 章

第2章

全球主要跨境电商平台

学习目标

了解亚马逊、eBay、Wish、速卖通平台的发展历程。

掌握亚马逊、eBay、Wish、速卖通平台的特点。

认识各地区新兴市场的数字化平台。

关键词

亚马逊　eBay　Wish　速卖通　新兴市场　数字化平台

目前，全球主要跨境电商平台包括亚马逊、eBay、Wish以及速卖通。本章我们将从成熟的发达国家电商平台和新兴的发展中国家电商平台两个角度为大家介绍一些主要平台的发展历程及界面特点。

2.1 全球主要跨境电商平台

2.1.1 亚马逊

1. 亚马逊的发展历程

杰夫·贝佐斯于1995年创立了面向全球的跨境电商平台亚马逊（Amazon）。亚马逊是美国最大的一家电子商务公司，总部位于华盛顿州的西雅图。2017年，亚马逊App下载量就已经达到 2 500 万次，2018 年的交易额达到 2 329 亿美元，至 2020 年 8 月，亚马逊的全球开店平台拓展至 18 个站点，覆盖全球六大洲的电子商务市场。在亚马逊的发展历程中，公司始终秉持“客户第一”的理念，为客户提供最便利的购物体验，亚马逊在发展过程中主要经历了三次转变。

（1）第一次转变：成为“地球上最大的书店”（1994—1997 年）

1994 年，从金融服务公司辞职的杰夫·贝佐斯决定创立一家网上书店。贝佐斯认为书籍是最常见的商品，标准化程度高；而且美国的书籍市场规模大，十分适合创业。亚马逊公司起初叫作 Cadabra（卡达布拉），其性质是基本的网络书店。但贝佐斯看到了网络的发展潜力和特色，当大型的实体书店提供 20 万本书时，网络书店能够提供比 20 万本书更多的选择给读者。随后，贝佐斯以地球上孕育最多种生物的亚马逊河重新命名 Cadabra，并于 1995 年 7 月重新开张。为了和线下图书巨头巴诺书店（Barnes & Noble）、美国连锁书店（Borders）展开竞争，贝佐斯把亚马逊定位成“地球上最大的书店”。为实现此目标，亚马逊采取了扩张策略，以巨额亏损换取营业规模。经过快跑，亚马逊从网站上线到公司上市仅用了不到两年时间。当 1997 年 5 月 Barnes & Noble 开启线上购物时，亚马逊已经在图书网络零售方面占据巨大优势。此后，亚马逊和 Barnes & Noble 经历了几次交锋，最终完全确立了自己最大书店的地位。

（2）第二次转变：成为最大的综合网络零售商（1997—2001 年）

贝佐斯认为，和实体店销售相比，网络零售很重要的一个优势就是能给消费者提供更为丰富的商品选择。因此，扩充网站品类、打造综合电商以形成规模效益成为亚马逊的战略考虑。1997 年 5 月上市后，尚未完全在图书网络零售市场中占据绝对优势地位的亚马逊就开始布局商品品类扩张。经过前期的市场宣传和维护，1998 年 6 月亚马逊的音乐商店正式上线。仅一个季度，亚马逊音乐商店的销售额就已经超过音乐书店（CDNow），成为最大的网上音乐产品零售商。此后，亚马逊不断进行品类扩张和国际扩张。到 2000 年，亚马逊的宣传口号已经改为“最大的网络零售商”。在此期间，亚马逊于 1998 年 4 月，收购了 IMDb（互联网电影资料库公司）；于 1998 年 8 月，以 1.86 亿美元收购了 Junglee（数据挖掘公司）；于 1998 年 8 月，以 9 300 万美元收购了 PlanetAll（社交网络公司），完成了综合网络零售商的战略布局。

（3）第三次转变：成为“最以客户为中心的企业”（2001 年至今）

从 2001 年开始，除了宣传自己是最大的网络零售商外，亚马逊还把“最以客户为中心的企业”确立为自己努力的目标。此后，打造以客户为中心的服务型企业成为亚马逊的发展方向。为此，亚马逊从 2001 年开始大规模推广第三方开放平台（Marketplace）；2002 年推出网络服务（AWS）；2005 年推出会员（Prime）服务；2007 年开始向第三方卖家提供外包物流服务（Fulfillment by Amazon，FBA）；2010 年推出 KDP 的前身自助数字出版平台（Digital Text Platform，DTP）；2014 年 8 月推出自己的信用卡刷卡器（Amazon Local Register），进一步向线下市场扩张；2018 年 6 月 20 日，亚马逊官网推出亚马逊全球收款服务，此服务无须外国银行卡或者第三方账户，卖家可以使用本地货币接收全球付款，并直接存入卖家的国内银行账户。亚马逊逐步推出这些服务，使其超越网络零售商的范畴，成为一家综合服务提供商。

纵观亚马逊的发展历程（见图 2-1），其通过收购的方式加快了国际扩张的步伐，并奠定了科技基础。2004 年 8 月，亚马逊以 7 500 万美元收购了中国的卓越网；2005 年 7 月，收购了 DVD 制作商 CustomFlix；2008 年 3 月，以 3 亿美元收购了有声读物网站 Audible；2010 年 6 月，以 1.1 亿美元收购了团购网站 Woot；2012 年 3 月，收购了自动化机器人公司 Kiva Systems。

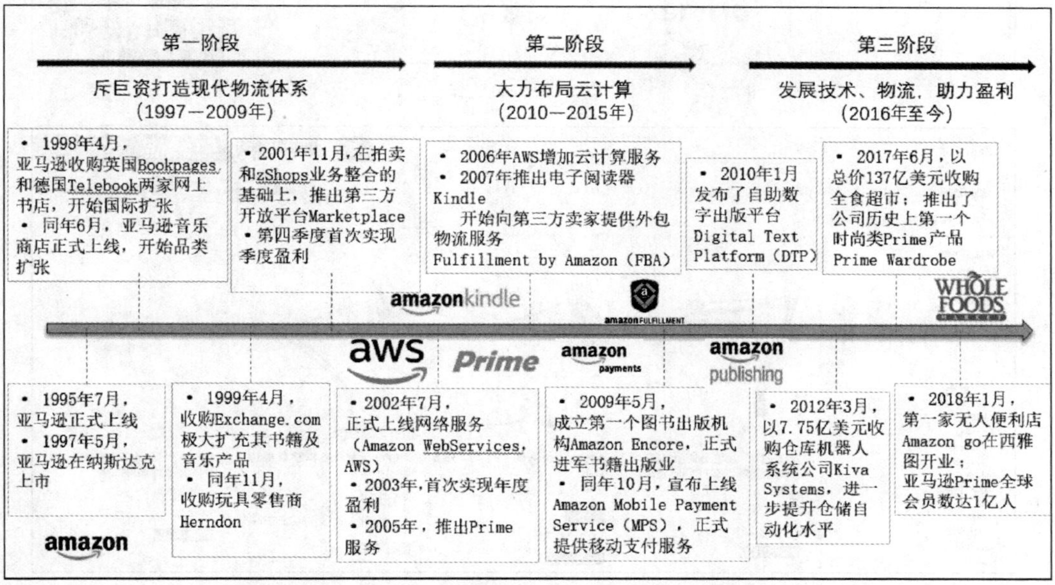

图 2-1　亚马逊实现从零售商向科技公司质变经历的三大阶段

图片来源：作者根据公开信息整理绘制

随后，亚马逊取得了许多成就。2013 年 3 月，亚马逊在欧洲超越了当地其他在线零售商，成为欧洲最受欢迎、访问量最大的网络零售商；2017 年 12 月 21 日，世界品牌实验室（World Brand Lab）编制的 2017 年度（第十四届）“世界品牌 500 强”在纽约揭晓，亚马逊继续保持“季军”位置；截至当地时间 2018 年 3 月 20 日，亚马逊的市值已经超越谷歌母公司 Alphabet，成为仅次于苹果公司的全球市值第二大公司；2018 年 5 月 21 日，2018 年《财富》美国 500 强排行榜发布，亚马逊位列第八；2018 年 5 月 29 日，《2018 年 BrandZ 全球最具价值品牌 100 强》发布，亚马逊名列第三；2018 年 9 月 4 日，亚马逊股价一度超过 2 050.5 美元，成为继苹果公司之后第二家市值破万亿美元的美国公司。

2. 亚马逊电商平台

（1）经营范围

如图 2-2 所示，亚马逊主要经营电子产品、服装箱包、家居食品、娱乐户外等多个品类。例如，在亚马逊搜索栏中输入“台灯”，会出现图 2-3 所示的商品搜索页，搜索结果仅显示主图、评论、价格信息。

图 2-2　亚马逊平台主页

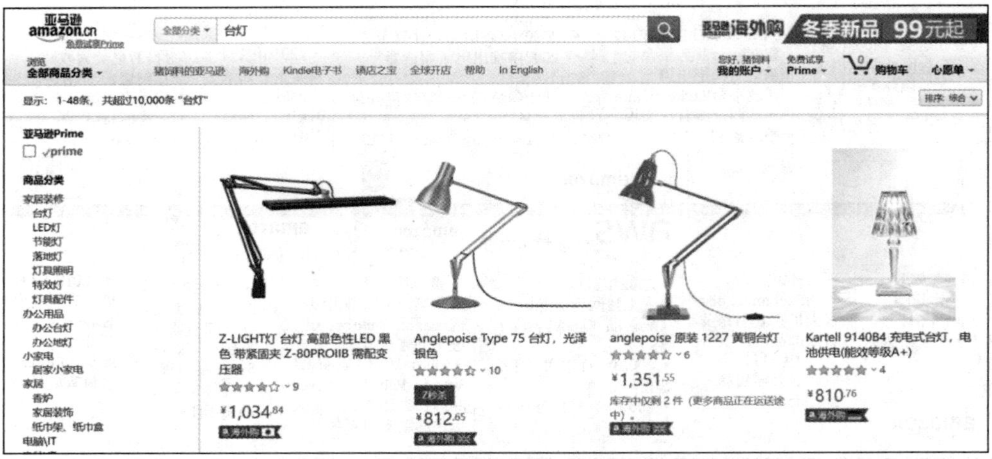

图 2-3　商品搜索页

（2）商品详情页

商品详情页包括基本信息、推荐商品、详细信息、商品评论四个部分。

亚马逊商品详情页的基本信息如图 2-4 所示，商品详情页左侧有大概四分之一篇幅显示的是该商品的高清图片。每个商品最多可以有 8 张高清图片，如果图片大于 1 000 像素×1 000 像素，将鼠标光标放在图上则可以放大图片，如图 2-5 所示。商品详情页右侧总结了这一商品的基本信息和购买情况。商品标题包括品牌（山田照明）、具体名称（Z-LIGHT 灯）、特性（高显色性 LED 黑色带紧固夹）和型号（Z-80PROIIB）。标题下方是基于消费者对该商品评价的评分等级，最高 5 颗星，本案例中商品的评分等级为 3.9 颗星。评分等级下方是商品价格、会员免运费，以及物流发货的相关信息。

商品详情页的基本信息下方为商品推荐，如图 2-6 所示。亚马逊为消费者推荐了几个和该商品非常相似的商品，以便消费者能够有更多的选择，同时也便于消费者进行比较，尽快做出购买决定。另外，亚马逊还给出了消费者经常一起购买的商品组合以及与其相关的商品。如对于本款商品，亚马逊就提供了屏幕保护器和手机壳。这种销售模式可以给消费者提供更加便捷的消费体验，让消费者省时、省心、省钱、省力。

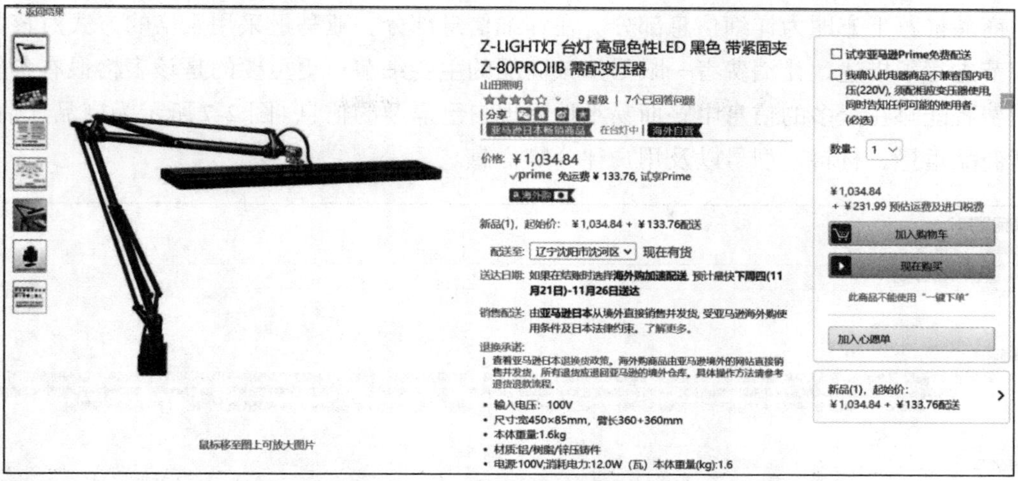

图 2-4　亚马逊商品详情页的基本信息

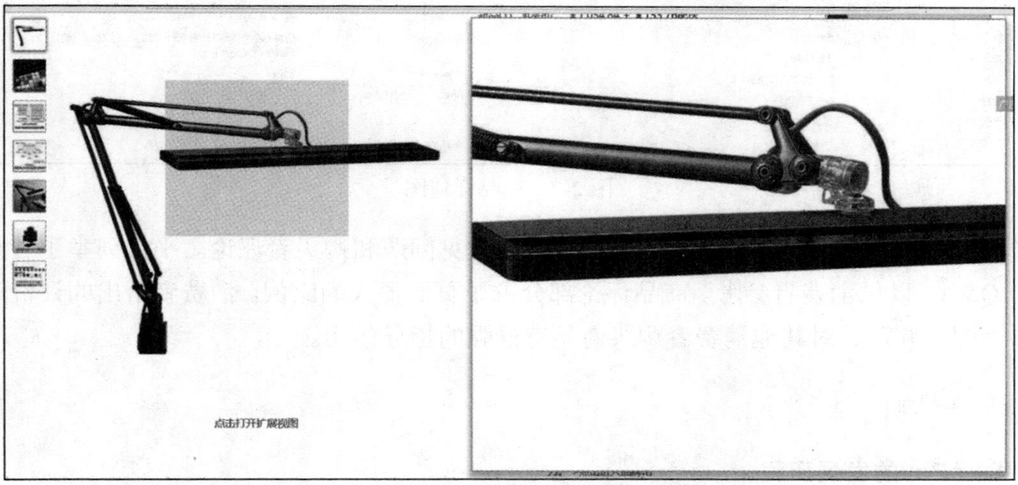

图 2-5　商品放大图

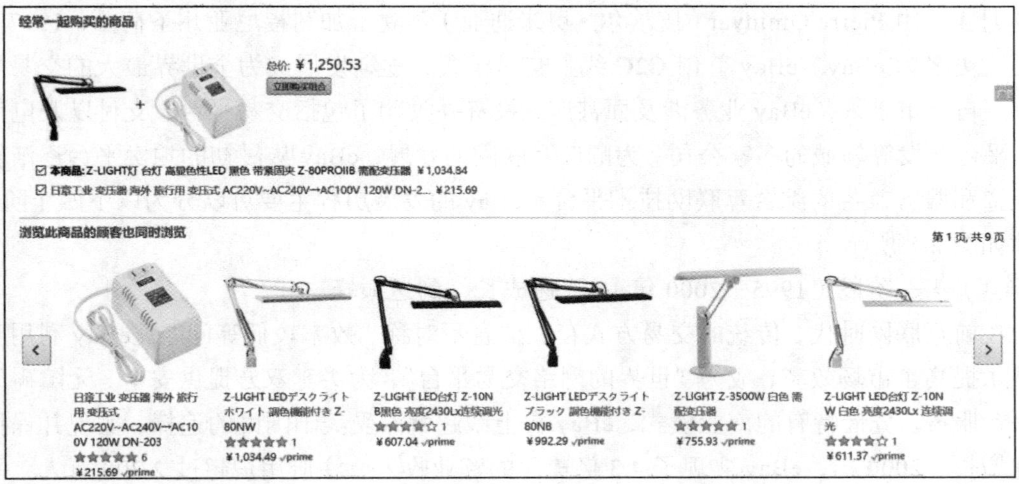

图 2-6　商品推荐

商品推荐下方即为详细信息部分。在详细信息部分，亚马逊采用表格的方式对该台灯的细节进行了描述，让消费者一眼尽知该商品的主要细节；更重要的是该表格很有条理，使消费者能够在众多的信息中轻而易举地发现自己需要的信息。图 2-7 所示为商品详情图，包括商品重量、材料、型号以及用户评分等信息。

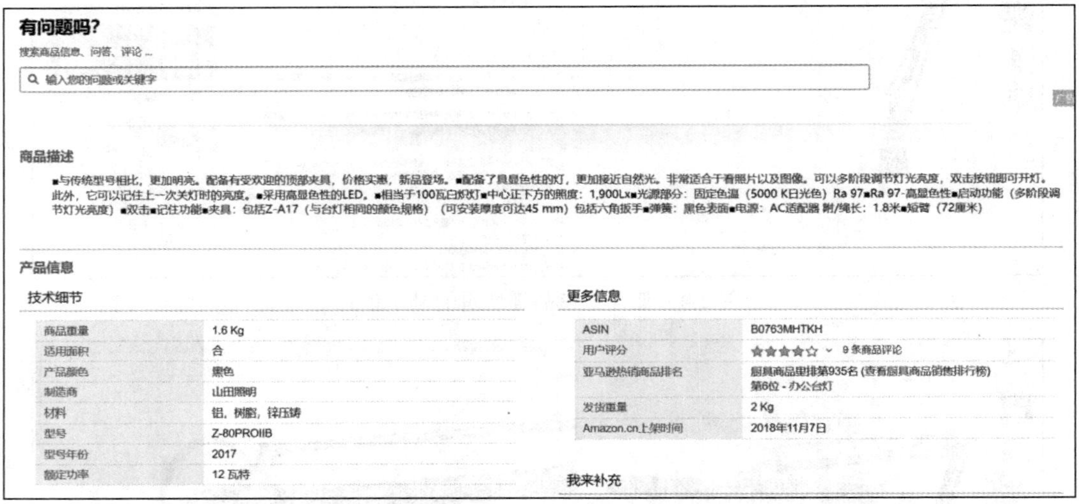

图 2-7　商品详情图

商品详情页最后显示的是商品评论，包括常见问题和购买者评论。平台列举了若干常见的 Q&A，以供消费者参考。商品评论部分占了页面很大的比例。消费者给出的评价丰富多彩，图文并茂，对其他消费者购买商品有很强的指导作用。

2.1.2 eBay

1. eBay的发展历程

eBay（易贝网）是一个可让全球用户上网买卖物品的线上拍卖及购物网站。其于 1995 年 9 月 4 日由 Pierre Omidyar（皮埃尔 • 奥米迪亚）创立于加利福尼亚州圣荷西，1997 年 9 月正式更名为 eBay。eBay 首创 C2C 线上交易模式，逐渐发展成为全世界最大的交易平台之一。自上市以来，eBay 业务涉及面甚广，投资并收购了包括交易平台、支付以及电商服务、平台开发等领域的多家公司。为顺应互联网的发展，eBay 从最初的拍卖平台逐渐转型为渠道和服务兼备的综合互联网技术平台。eBay 的发展历程主要可以分为以下四个阶段，具体如图 2-8 所示。

（1）第一阶段（1995—2000 年）：飞速成长，到达巅峰

在前互联网时代，传统的交易方式存在信息不对称、效率较低等问题，eBay 利用互联网技术提高了市场效率，成为“世界的网络交易平台”，为买卖双方提供安全、无障碍的电商平台服务。凭借特有的商业模式，eBay 自上线起就深受美国国民的追捧，实现并保持了高速增长。2000 年，eBay 实现了 4.3 亿美元的营业收入，注册用户超过 2 200 万人，平台拍卖商品数量超过 2 600 亿件。

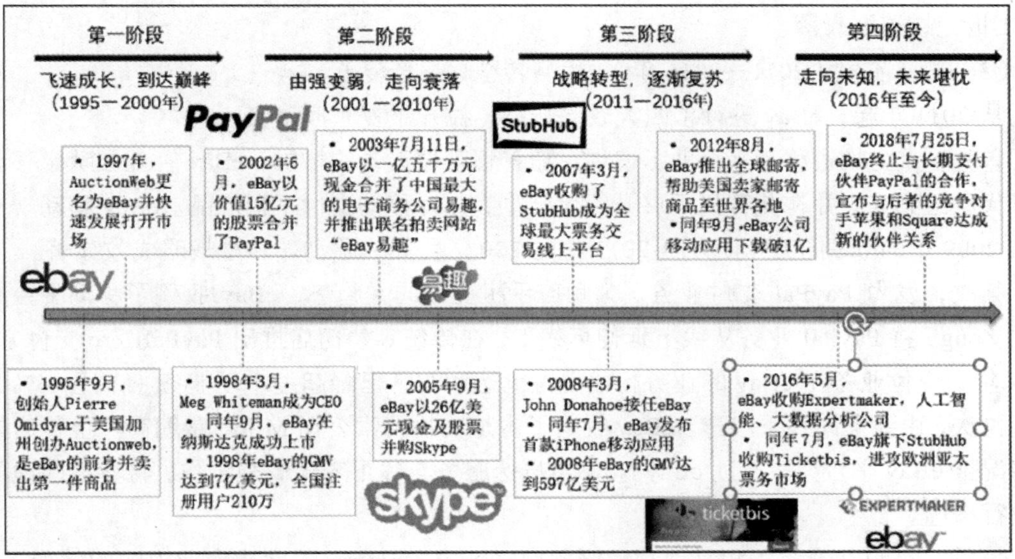

图 2-8　eBay 的发展历程

图片来源：作者根据公开信息整理绘制

eBay 在初创期能实现飞速成长的主要原因有：①符合美国社会背景下的消费习惯，把国民热衷的旧货买卖搬到线上进行，解决了信息不对称和效率低下的问题；②其是网上虚拟市场，无库存且固定交易成本低；③以收取佣金为盈利模式，收入随交易量增加而增加；④基于“网络效应”，可扩张性极强。

由于具备先发优势，eBay 通过品类扩张以及业务类型拓展，积累了数量庞大的活跃买家和卖家，并依托网络效应提高市场份额，不断巩固其竞争地位。eBay 采用拍卖模式，实现商品价值最大化，促使买卖双方达成交易。随着交易规模的不断扩大，eBay 的交易模式也在逐渐完善，形成拍卖、定价、拍卖与定价综合等三种交易模式，全面满足用户需求。

（2）第二阶段（2001—2010 年）：由强变弱，走向衰落

经历了高速成长之后，随着电商红利的耗尽，eBay 开始漠视市场环境变化和竞争带来的挑战，逐渐步入衰落期。eBay 走向衰落的原因主要包括：第一，2000 年亚马逊平台业务启动——亚马逊平台收费固定化、购物体验更优，加之行业竞争对手纷纷崛起，eBay 面临着更大的竞争压力；第二，谷歌不断完善的搜索功能和各类社交网站的出现，为用户寻找商品提供了更加精准和便利的渠道，买卖双方对 eBay 平台的依赖程度大幅降低；第三，用户偏好和行为发生变化——由于拍卖耗时较长，用户纷纷转向定价式网购，网拍的新鲜感消失，拍卖市场进入饱和期；第四，过度扩张及业务架构不明确——2005 年 eBay 斥巨资收购网络视频通话服务公司 Skype，却面临着业务整合失败的困局，最终在 2011 年将 Skype 转售给微软。

先发优势和网络红利带来的规模效应，曾支撑着 eBay 实现飞速成长。而随着电商行业竞争加剧，eBay 缺乏核心优势的商业模式弊端开始显现，平台持续被边缘化，无法形成有效壁垒。在亚马逊等电商的崛起和发展，以及网购服务行业标准持续提高的背景下，eBay

于 21 世纪初逐渐衰落。

（3）第三阶段（2011—2016 年）：战略转型，逐渐复苏

从 2011 年起，eBay 进行了四大战略转型，拉开了复兴序幕。

首先，大力推进移动平台业务发展。随着移动端设备的增加，eBay 管理层认定移动商务时代已经到来，并在此契机下展开深度转型，开发移动支付平台产品。eBay 移动端交易额从 2009 年的 6.2 亿美元提升至 2013 年的 220 亿美元，移动端转型战略成效显著。

其次，发力 PayPal 支付业务。为顺应手机支付的大趋势，eBay 收购了移动平台支付公司 Zong，将 PayPal 业务从线上延伸至线下，在传统零售门店推出 PayPalHere 支付方式。2014 年，支付业务在 eBay 的业务构成中占比达 48%，已经超过市场业务（占比 46%）。

再次，由线上向线下渗透。eBay 收购了本地购物搜索公司 Milo，帮助商户上传店内库存情况至 eBay 平台，并通过 eBay Now 当日达服务与线下零售商户合作，将业务向线下用户进行渗透。

最后，收购电子商务和互动营销服务商 GSI Commerce，完成商业模式的转型。GSI Commerce 本身已与阿迪达斯、Calvin Klein 和玩具反斗城等美国知名零售品牌及企业达成合作，提供电商技术平台、订单管理和物流等电商综合服务。经过本次收购，eBay 从拍卖零售企业转型为兼具渠道和服务的综合互联网技术型企业。

（4）第四阶段（2016 年至今）：走向未知，未来堪忧

2014 年，将支付业务拆分后的 eBay 在营收方面遭遇困难，增长动力消失，业务架构经历了多次剥离和调整。于是管理层执行“Back to Basics”（回归本源）计划，使业务重心回归到线上交易平台。尽管交易平台营收增速趋于稳定，但增长动力不足，eBay 由此陷入迷茫。

电商产业链日益完善，物流配送体系、IT 系统等基础设施的重要性日益凸显，而 eBay 在这些设施上有所欠缺，以致难以满足用户需求、优化购物体验，进而在与亚马逊等电商的竞争中逐渐落后，最终被亚马逊赶超。

2. eBay电商平台

（1）经营范围

eBay 的主要经营范围涵盖了电子产品、时尚、健康与美容、汽配、收藏品、家居与园艺、商业、工业等品类，如图 2-9 所示。

图 2-9　eBay 平台买家主页

在 eBay 搜索栏中输入"iPad"，将呈现图 2-10 所示的页面。由于 eBay 平台可以进行拍卖，因此有拍卖和立即购买选项。同时，用户还可以筛选几个区间以及产品性能。

图 2-10　商品搜索页

eBay 默认的搜索物品排序标准，可帮助用户找到自己真正需要的商品。这意味着卖家可将物品展示在买家面前，而向买家提供优质的产品和服务是决定卖家在"最佳匹配"中排名的关键。"最佳匹配"搜索排名的考量因素包括：最近销售记录、卖家评级（DSR）、物品"标题"相关度、即将结束时间、买家满意度、物品价格和运费。

（2）商品详情页

用户单击感兴趣的商品即可进入商品详情页，如图 2-11 所示。eBay 平台的商品详情页与亚马逊平台的商品详情页相似，而与其他平台商品详情页不同的地方是商品名称下有"物品状况"栏。在 eBay 平台上，卖家可以拍卖自己使用过或者不需要的商品，这就需要说明商品的使用情况。由于在 eBay 平台上经营注重卖家信誉的积累，因此有较高信誉的卖家会更容易出单。

图 2-11　商品详情页

2.1.3 Wish

1. Wish的发展历程

Wish 是一款能带给消费者最愉悦有趣、最精准有效的移动购物体验的 App，由在线电子商务公司 Context Logic 公司于 2011 年独立设计开发。Wish 运用数据策略、技术手段对消费者行为和偏好进行分析，以寻找、匹配和推送个性化商品。不同的用户因需求、习惯不同，在平台上看到的商品也不同。

Wish 要求卖家提供的商品定位准确、合法合规、有质量保证、售价及运费合理并且图片文字描述真实。在订单方面，Wish 会考察卖家及其商品的满足率、处理率、缺货率，从而帮助消费者找到感兴趣和心仪的商品。同时，卖家提供的服务也要满足平台规则，为消费者提供优质服务，提升店铺评分。Wish 的发展历程主要分为两个阶段。

（1）第一阶段（2011—2014 年）：快速成长

2011 年 9 月，Wish 的母公司 Context Logic 在美国硅谷注册成立。随后 Context Logic 推出 Wish，经营模式类似图片社交。2013 年 3 月，Wish 加入商品交易系统，正式涉足电商领域。此后，Wish 将业务转型到跨境电商，并取得非常大的成功。2013 年，转型不到一年的 Wish，其平台交易额就达到 1 亿美元。2014 年，为了进一步拓展中国供应商资源，Wish 在上海成立了办事处，并大举进行招商活动。

（2）第二阶段（2015 年至今）：飞速发展

2015 年，Wish 进行“自我革命”，先上线了科技电子产品类 Geek App 和母婴类 Mama App，后又推出了专门针对“女性经济”的化妆美容类商品的垂直应用 Cute App 以及针对居家产品的 Home App。这些 App 链接展示在 Wish 界面的下端，如图 2-12 所示。在 Wish 通过建立全品类的电商平台大获成功后，市场上出现了模仿者，如跨境移动女性购物平台（Bellabuy）。这些模仿者与 Wish 一样，拥有“移动端、跨境电商、智能推荐”等标签。因此，Wish 继续推出垂直类 App，一方面是为了对潜在竞争对手进行防御，另一方面则是进行自我革命，用竞争对手可能挑战自己的方法来挑战自己，以获得持续成功。

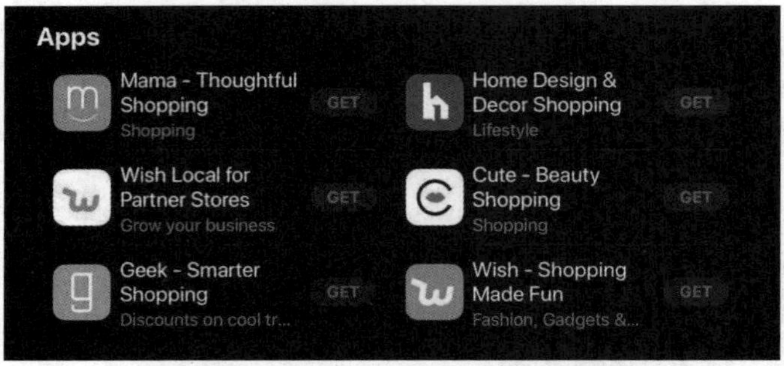

图 2-12 Wish 现有 App 平台

2014—2016 年是 Wish 飞速发展的 3 年，并且连续 3 年都被评为硅谷最佳创新平台，成为北美和欧洲最大的移动电商平台。同时，Wish 也荣列全球第六大互联网电商平台，成为全球第五家 4 年内总成交额达 30 亿美元规模的互联网公司。截至 2017 年 5 月，Wish 手机应用 App 在全球 27 个国家的购物类 App 中排名第一，在安卓应用商店全类别应用中排名第七，在美国 App Store 全类别应用中排名第十四。《2018 年度全球 App 下载量排行榜》显示，Wish App 荣登 2018 年全球购物类 App 下载量排行榜榜首，安装量超过 1.97 亿次。2018 年，Wish 累计向全球超过 3.5 亿的消费者供应了超 2 亿款商品，月活跃用户超过 9 000 万人，活跃商户有 12.5 万，日出货量峰值达到 200 万单，订单主要来自美国、加拿大、欧洲各国等。

2. Wish综合购物应用

（1）经营范围

Wish 综合购物应用是一款提供丰富多样商品的综合类商品购物应用，包括女装、男装、鞋子、时尚服饰、家居装饰、饰品、手机配件、电子产品、手表、婴儿及儿童用品、化妆美容用品、节假日礼品等。

（2）买家主页及商品详情页

Wish 综合购物应用支持在各类手机、平板电脑等设备上使用，并且具备较好的适用性和使用体验。Wish 综合购物应用买家主页通常只展示几个商品，如图 2-13 所示。这几个商品是 Wish 经过特殊算法计算后，更准确地推送给目标消费者的，因而更可能符合消费者需求。

消费者单击自己感兴趣的商品后即可进入商品详情页（见图 2-14）并看到商品图片、商品名称及商品评论。消费者向下滑动页面将依次看到商品最近评论、商品规格与描述、买家担保及配送信息，如图 2-15 所示。

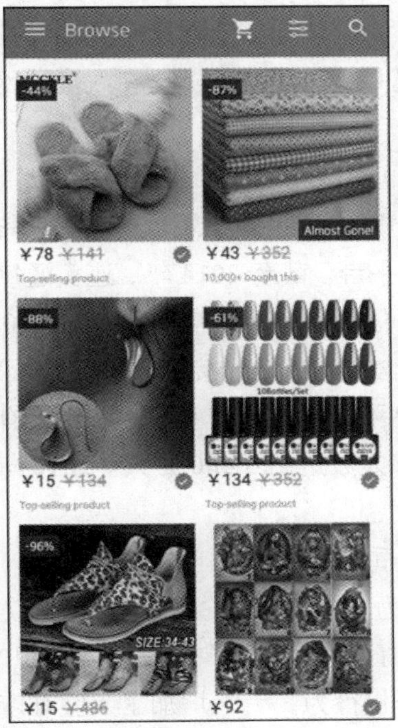

图 2-13　Wish 买家主页

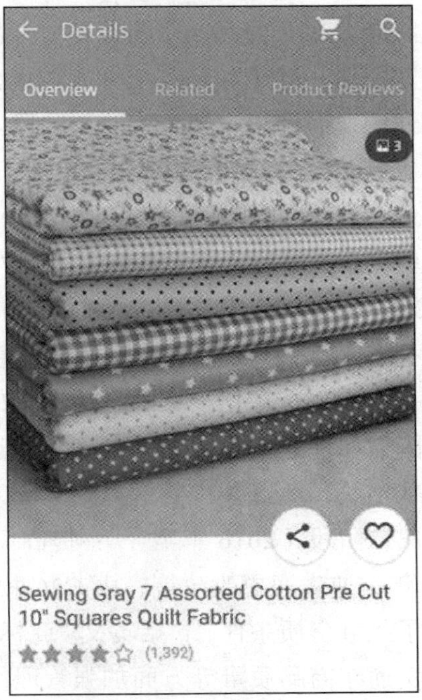

图 2-14　商品详情页

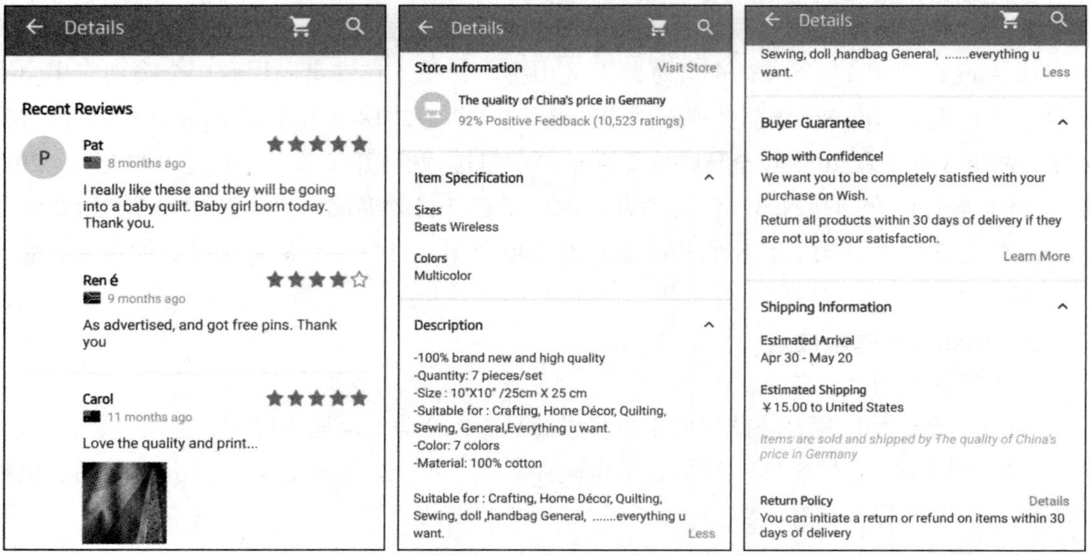

图 2-15　商品详情页的更多信息

2.1.4　速卖通

1. 速卖通的发展历程

全球速卖通（AliExpress）（以下简称“速卖通”）于 2010 年 4 月正式上线，是阿里巴巴旗下唯一面向全球市场的在线交易平台。该平台主要采用的业务模式是 B2C 模式，同时也涉及 B2B 模式，现已拥有 2 亿多境外流量，覆盖了 243 个国家和地区。速卖通覆盖了服装服饰、家居、3C、饰品、手机通信、假发配件、珠宝手表、家居园艺、运动户外、消费电子、汽摩配件、鞋子等几十个行业类目，目前已是全球第三大英文在线购物网站。

速卖通的发展历程主要分为两个阶段。

（1）第一阶段（2010—2015 年）：低门槛起步，快速壮大

速卖通 2010 年刚刚成立时，为推动平台发展，对卖家设置了较低的门槛。其通过让卖家免费入驻平台，鼓励卖家上新商品，大力推广该平台。截至 2014 年，速卖通每年成交额均保持 300%～500%的增长，在线商品数量已达到亿级，订单成功覆盖全球 220 多个国家和地区，拥有 20 多万卖家，注册的速卖通账号包含未开店的已接近 200 万个。2014 年，速卖通第一次参加全球化“双 11”活动，24 小时创下 684 万笔交易订单，当天有效订单覆盖 211 个国家和地区。2015 年，其来自全球的买家人数达到 3 400 万人。2016 年，买家人数呈几何状增长，活跃买家数量达到 1 亿人。

（2）第二阶段（2016 年至今）：提高门槛，注重质量

2016 年，速卖通更改政策，由 C2C 模式转型为 B2C 模式，并开始按商品类目收费，同时增加了入驻资质条件，包括英文“商标资质申请”“品牌属性”填写以及知识产权保护。同时，速卖通在商品质量等方面加强管理，严打侵权行为，大大增加了入驻难度，以此清退了一些达不到要求的中小型企业和个人企业。

2016 年间，为了更好地服务各国买家，速卖通对平台进行了政策调整，加强了对纠纷的管理，成功满足了 40%对不满意商品的买家要求，同时加强了网站平台给买家带来的体验。2016 年下半年，速卖通加强优化了一系列物流系统，并对卖家的备货时间等提出了更高的要求。

2. 速卖通跨境电商平台

（1）经营范围

速卖通的主要经营范围包括男装、女装、手机通信、珠宝配饰、玩具、母婴等多个品类，如图 2-16 所示。

图 2-16 速卖通主页

（2）商品详情页

在搜索栏中输入“iPad”，会呈现图 2-17 所示的页面。

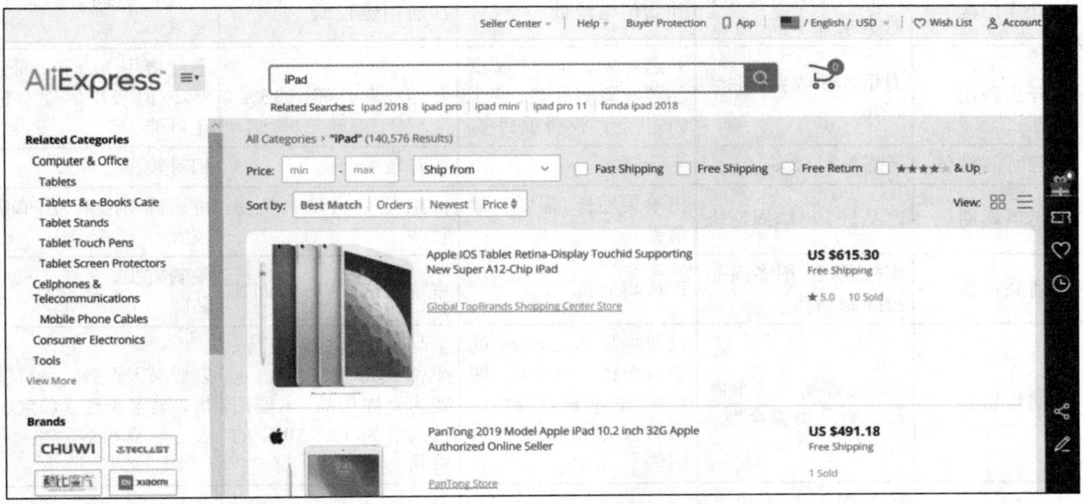

图 2-17 商品搜索页面

买家单击自己感兴趣的商品即可进入商品详情页，如图 2-18 所示。商品详情页左侧显示的是该商品的高清图片，通过单击图片可以将其放大。每款商品最多上传 6 张高清图片，且每种型号或颜色都有其相应图片展示。图片右侧为这一商品的基本信息和购买情况。详情页右侧也为买家推荐了相关商品，以便买家从中进行比较，尽快做出购买决定。

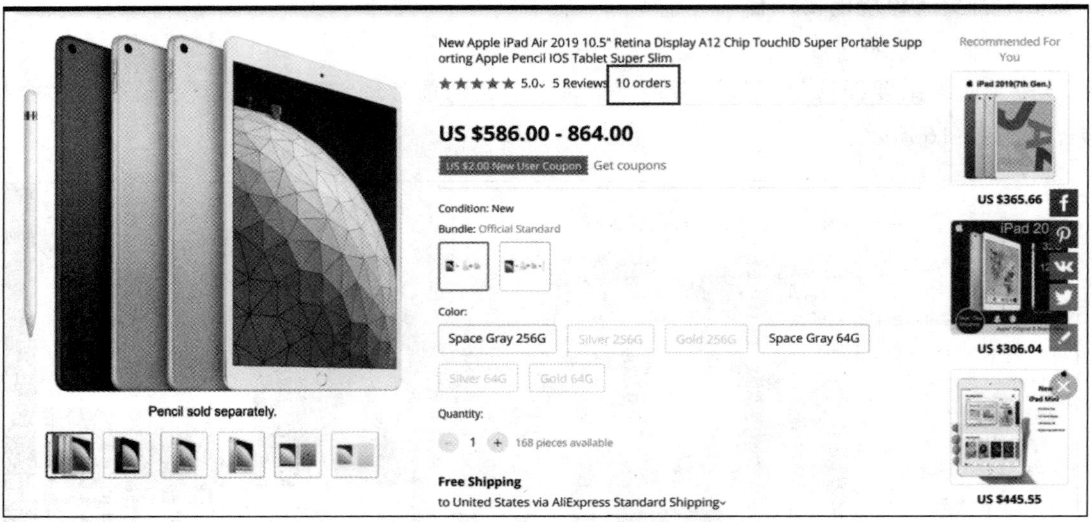

图 2-18　商品详情页

2.1.5　四大跨境电商平台的总结与对比

四大跨境电商平台特点的比较如表 2-1 所示。

表 2-1　　四大跨境电商平台特点的比较

	亚马逊	eBay	Wish	速卖通
开店门槛	开店难度大、复杂，对卖家要求高	开店门槛较低	注册门槛较低	入驻门槛高，有品牌要求
开店费用	月租性质收费，佣金 15%	开店免费，但是上架商品要收取刊登费，佣金 9%以上，收费项目多	开店免费，佣金 15%	平台费用 1 万元，佣金 8%，但费用后期有返还可能
开店所需材料	所需材料较多	手续较多	相对较少	相对较少
出单周期	产品好，出单周期快	出单周期长，需要积累信誉	价格低易出单，流量较少	价格低易出单，出单量较大
商品审核	审核严格，很多商品被限制销售	审核周期长	审核严格，审核时间长	限制较少，允许二三线品牌
销售品类	全新、翻新及二手商品，全品类综合型	只要物品不在 eBay 的禁止贩售清单之内，即可在 eBay 刊登贩售，服务及虚拟物品也可销售	全品类综合型、服装、配饰、母婴、3C，主要为女性用品，主要用户人群为 15～30 岁的白领	以服装及配饰、手机通信、美容护理、珠宝手表、计算机等为主
卖家操作难易度	操作简单，无语言门槛	操作界面以英文为主	操作门槛低	中英文操作页面

续表

	亚马逊	eBay	Wish	速卖通
针对市场	主攻北美（美国、加拿大、墨西哥），也包括欧洲（英国、德国、法国、意大利、荷兰、西班牙）、南美（巴西）、大洋洲（澳大利亚）、亚洲（日本、印度、新加坡）	主攻美国、欧洲，也包括澳大利亚、中国、阿根廷、巴西、加拿大、马来西亚、墨西哥、新西兰、新加坡、泰国等	主攻北美移动端	主攻新兴市场，如巴西、俄罗斯
物流	FBA，物流方便快捷	自发货	自发货，物流不成熟	自发货，收货需 1～2 个月
商品质量	品质要求高	注重选品	物美价廉	质量要求相对较低
商品价格	价格敏感度低	价格较低	物美价廉	对价格很敏感，低价竞争激烈
适合卖家	有较好的外贸资源和基础，有一定经验的贸易商、B2C 企业、品牌经销商	具有一定经验的贸易商、B2C 企业、品牌经销商	具有一定经验的贸易商、B2C 企业、品牌经销商	适合工厂转型 B2C 企业、传统批发商企业、垂直类贸易商、传统电商公司等
客户体验	平台致力于向消费者提供高品质产品和服务，如 FBA；站内促销活动丰富，给予买家优惠	购物页面简洁，买家可以选择拍卖和直接购买两种形式；平台规则偏向买家	客户定位精准，智能推送内容符合客户心意，物流服务质量较低	商家竞价激烈，买家获得商品价格低；商品种类丰富
其他特点	注重流量；需要大量资金投入	需要进行铺货	移动端经营，符合未来发展趋势	初始入驻某类目商品，后续只能上该种类目；依托阿里国际站，资源流量较大；重视营销推广

2.2　其他新兴市场的数字化平台

电商行业的不断壮大，使发展中国家的创业者看到了商机，许多新兴的数字化平台通过模仿成熟的电商平台来开创本地市场，地理、文化等方面的优势使其占领了一定的市场份额。本节将对其他新兴经济体市场的电商平台进行介绍及总结。

新兴市场的数字化平台

2.2.1　印度Flipkart

Flipkart 由亚马逊的两名前员工萨钦·班萨尔和比尼·班萨尔于 2007 年创建，是印度最大的电子商务零售商、全球十大电商巨头之一。其通过快速实现收支平衡并积极融资迎战亚马逊，力争独占鳌头。截至 2016 年，Flipkart 已融资 31.5 亿美元。

Flipkart 最初与亚马逊一样，只是一个销售图书的网站。目前除了销售图书和电子产品，Flipkart 还运营着一个在线市场，允许第三方厂商入驻，自建物流和支付体系，销售其产品；同时，它还开始了对其他领域的探索，如数字音乐。现在的 Flipkart 已经是拥有 9 000 多名员工、2 200 多万用户，年销售额突破 10 亿美元的电商巨头。2018 年，印度反垄断监管机构批准沃尔玛以 160 亿美元收购 Flipkart77%的股份。Flipkart 购物主页面如图 2-19 所示。

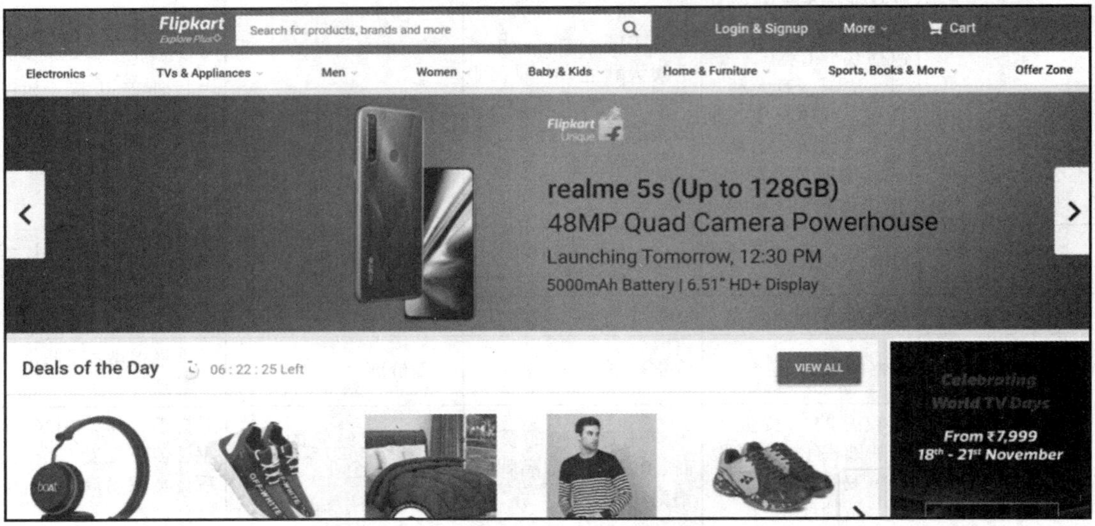

图 2-19　Flipkart 购物主页面

2.2.2　巴西Mercadolivre

美客多（Mercadolivre）是巴西本土最大的 C2C 平台，可以称为“巴西的淘宝”，其购物主页面如图 2-20 所示。该平台聚集了超过 52 000 的卖家，注册用户达到 5 020 万人，访问量位列全球 TOP50。其经营范围覆盖了 13 个国家和地区（巴西、阿根廷、智利、哥伦比亚、哥斯达黎加、厄瓜多尔、墨西哥、巴拿马、秘鲁、多米尼加、巴拉圭、委内瑞拉和葡萄牙），产品类别包含电子、书籍、娱乐、美容和个人护理、家居用品汽车、摩托车以及房产、服务、玩具和游戏等。

图 2-20　Mercadolivre 购物主页面

Mercadolivre 由一个拍卖网站发展到如今拥有庞大用户量的网络销售平台，与平台突出的特点密不可分。其特点主要包括以下几个。

第一，自有在线销售支付平台。在 Mercadolivre 的电子交易平台之外，它还有类似于支付宝的支付平台 MercadoPago（南美洲最大的电子支付平台之一），支付选项多样化。

第二，自有广告公司 MercadoPublicado。

第三，经营名为 MercadoLibreClassificados 的房地产和汽车部门，经纪人每月支付给平台费用在 MercadoLibre 商城上售卖房产和汽车。

第四，自有金融体系公司。MercadoCrédito 的信用流程适用于买家和卖家，信用额度的费率类型根据借款人资料确定。

2.2.3　俄罗斯Ulmart

Ulmart 是俄罗斯最大的电商平台，成立于 2008 年，公司总部位于圣彼得堡。起初，Ulmart 平台主要销售计算机及电子产品，被称为“俄罗斯京东”。如今，Ulmart 已经有超过 6 000 个大的销售品类，囊括家电、手机、计算机、汽配、服装、母婴、家装、图书等，其购物主页面如图 2-21 所示。目前，平台拥有 1 470 万用户，平均每天有 3 万订单量。

图 2-21　Ulmart 购物主页面

Ulmart 也是俄罗斯配送体系最完善的电商平台。俄罗斯的国土横跨整个西伯利亚，导致东部人口密度不大，人口集中在行政区官方所在地周围，也使俄罗斯电子商务呈相对地域化的分布。鉴于俄罗斯国土的特殊环境，Ulmart 平台对物流建设极为重视。经过多年布局，现在在整个俄罗斯境内，Ulmart 的物流网络覆盖 6 个行政区、240 多个城市、2 个郊区订单履行中心、25 个城市履行中心，其还自营 150 个订单发货点，拥有 850 个合作发货点，并且有不同吨位的物流车（载货量达 300 吨）。Ulmart 计划到 2021 年投资 25 亿美元，再增加 10 个自建物流中心。这种占领物流“最后一公里”的策略使 Ulmart 获取了全俄 85%

的消费能力，完善的配送体系使其能够为用户提供当日达服务。根据该服务的规定，用户在 22:00 之前完成订单，即可在第二天收到货；用户购买的货物重量需小于 10 千克，订单金额不低于 3 万卢布（约合 3 000 元）。另外，在一个月内购买货物重量在 30 千克以下、1 000 美元以内的订单可先享受免税政策。

2.2.4 东南亚Lazada

来赞达（Lazada）成立于 2012 年，目前是东南亚地区最大的电商平台。Lazada 的市场范围涵盖了印度尼西亚、马来西亚、菲律宾、泰国以及越南等东南亚国家和地区（东南亚买家的特点是，多在移动端购物和利用碎片化时间购物），其中泰国是核心市场。Lazada 销售的产品包括电子设备、衣服、器械、书籍、化妆品等，其购物主页面如图 2-22 所示。平台经营类目的 39%为生活用品，38%为电子产品，7%为时尚商品。平台用户中的 60%～70%都是年轻女性。同时，Lazada 还为用户提供免费配送、14 天内免费退换货服务以及灵活的付款方式。其通过使用社交媒体吸引并留住用户，目前拥有 600 万用户。

图 2-22　Lazada 购物主页面

起初，Lazada 只有自营业务。从 2013 年秋季开始，Lazada 允许第三方商家入驻，目前已经有超过 15 000 个入驻商家，这些商家的销售额占整个网站销售额的 70%以上。2018 年 3 月，阿里追加 20 亿美元投资 Lazada，持股达 83%，由彭蕾出任董事长，使其完全成为阿里代替速卖通抢占东南亚市场的平台。

2.2.5 中东Souq

Souq 是中东版亚马逊，成立于 2005 年，总部位于迪拜，是中东地区成立最早、综合实力最强的全品类跨境电商平台。Souq 提供从电子产品到时尚、养生、美容、母婴和家居用品等 31 大类 100 万种商品，其购物主页面如图 2-23 所示。Souq 平台拥有 600 万用户，并且月独立访问量可达 1 000 万次。

图 2-23　Souq 购物主页面

Souq 的创始人是土生土长的中东人，深谙阿拉伯文化和消费者习性，因此将西方的电商模式嫁接到中东并实施了本地化改造。根据目前网站的情况，Souq 开始考虑拓展其他业务，并已建立起自己的物流系统 QExpress 和支付系统 PayFort，同时在波斯湾周围的主要城市以及埃及等地都建有仓库。此外，Souq 还推出了自有品牌的平板电脑，并表示将加快业务规模化进程，与更多第三方零售商合作。

但是，中东地区电商发展面临着两大难题：第一，物流问题。在国际段的运送上，除了阿联酋外，中东主要国家均存在障碍；并且中东本土物流业不发达，中小物流企业网络覆盖不完整，包裹信息追踪不健全，包裹丢失现象屡见不鲜；而“最后一公里”投递问题则是阻碍中东物流发展的最大障碍。第二，支付习惯的问题。阿拉伯人喜欢用现金支付，因此在网络购物过程中有“货到付款”的传统和习惯。

2.2.6　非洲 Jumia

Jumia 是非洲电子商务巨头，由德国风险投资公司 RocketInternet（火箭互联网）投资成立于 2012 年。该公司拥有多个线上垂直运营平台，在 14 个非洲国家提供服务，业务包括在线外卖服务 Jumia Food、旅游订票服务 Jumia Flights 和广告分类网站 Jumia Deals，以及由支付系统 Jumia Pay 和送货服务组成的电商物流基建服务 Jumia Services 等。Jumia 也允许非洲的第三方商家在平台售货，目前有超过 8 万个活跃商家在使用平台的支付、物流和数据分析服务。该平台最受欢迎的商品是智能手机、洗衣机、流行饰物、女性护发产品、32 寸彩色电视机等，其购物主页面如图 2-24 所示。

截至 2016 年，Jumia 拥有 300 万客户。据悉，每天有超过 50 万家非洲企业在 Jumia 上成交订单。作为非洲第一大电子零售商，Jumia 旗下有酒店、旅游、生鲜、电商、租车等诸多产业链。其足迹遍布 23 个非洲国家，且是埃及唯一拿到国家电商牌照的平台。另外，它还是目前除亚马逊、京东之外，全世界第三家拥有自己末端物流派送系统的电商企业。

在非洲经营的电商面临着三大主要问题：使用现金消费的固有观念；恐怖主义、暴力犯罪；交付失败、延迟收款。但随着在电商平台购物的非洲居民越来越多，消费者的观念也在不断更新。在撒哈拉沙漠以南的 7 个国家，电子商务已经占到其 GDP 的 1%～3%。预计到 2025 年，在非洲主要国家市场的电商销售额会占到总零售额的 10%，未来十年的年增长率甚至会达到 40%。

图 2-24　Jumia 购物主页面

2.2.7　大洋洲Trademe

Trademe 是大洋洲电商之王，也是新西兰最大的电商平台，成立于 1999 年，现拥有 390 万名用户，网站日访问量达 8.48 万。平台热销品类主要包括儿童玩具（如乐高）、家居产品、运动产品（如橄榄球用品和球队支持者服装）、电子产品、汽车、摩托车和船配件等；主要经营范围是澳大利亚和新西兰，其购物主页面如图 2-25 所示。Trademe 占有新西兰全国近 3/4 的流量，是新西兰人最基本的选择。2015 年，该平台被评为新西兰最具影响力的品牌。但是需要注意的是，Trademe 仅局限在新西兰和澳大利亚这两个地方进行买卖，澳大利亚卖家需要有新西兰银行账号；同时，该平台禁止销售澳大利亚的汽车配件和房地产商品。

Trademe 的用户通常选择周日到周四每晚 8:00 至 10:30 浏览 Trademe；周日通常是一周中最忙的一天，用户选择在工作之前查看清单，购买商品；而且下雨天的成交量总是更大一些。

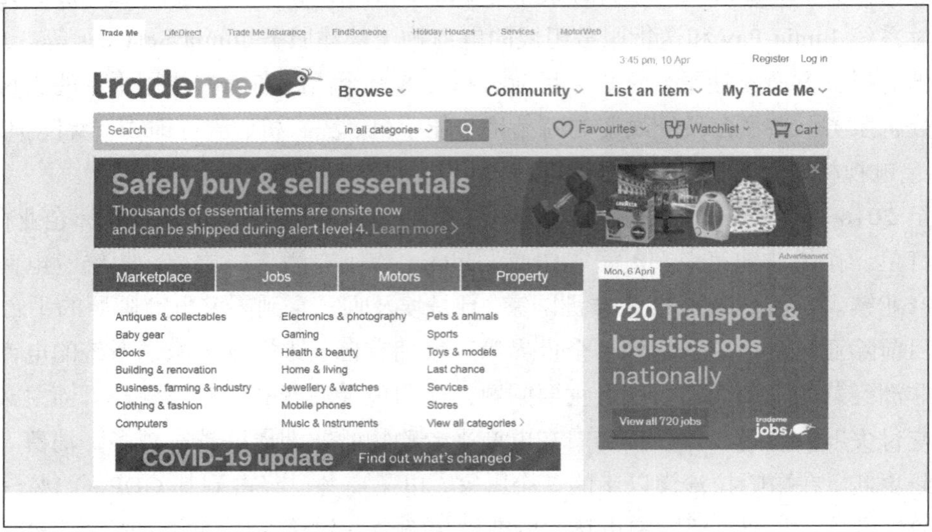

图 2-25　Trademe 购物主页面

2.2.8　韩国Gmarket

Gmarket 成立于 2000 年，是韩国最大的综合购物网站。它是 eBay 旗下的子公司，也是韩国最流行的 C2C 购物平台，在韩国在线零售市场中的商品销售总值方面排名第一。其主要销售书籍、MP3、化妆品、计算机、家电、衣服等，目前业务覆盖全球近 100 个国家。该网站提供中、英、韩版本，以便用户浏览。根据最近关于 Gmarket 网上买家年龄分布的统计数据可知，绝大多数买家年龄在 20～30 岁，为了吸引主流买家，Gmarket 正在利用各种营销和传播策略来瞄准并满足买家需求。该平台买家满意率高，口碑极佳，其购物主页面如图 2-26 所示。

图 2-26　Gmarket 购物主页面

Gmarket 于 2010 年被 eBay 以 12 亿美元收购，为向其他亚洲市场扩张建立了基础。在中国市场上，Gmarket 最初与中国代购网站 GOU4U 合作，2012 年 12 月又与走秀网合作创建了一站式韩国时尚购物平台。另外，Gmarket 在日本、新加坡市场也有所涉猎。

Gmarket 早在 2009 年就发布了韩国第一个移动购物 App。此后，其移动电商以每年 30%的速率增长。目前移动交易额已占总销售额的 9%。其移动端的“虚拟商店”项目反响很好，买家可在广告所展示的产品图片上晃动手机进行购物。其产品图片都带有二维码，买家用手机可以扫描到数据，然后切换到购物页面，在线下单。同时，Gmarket 还提供了一种能兼容不同设备的购物服务，若买家在计算机上的购物没完成，则可以在手机上继续进行。

综合案例

亚马逊在中国失败，中国在亚马逊上获胜

亚马逊表示将不再在中国提供第三方在线市场或卖方服务，并自 2019 年 7 月 18 日起

关闭其在中国的零售业务。经过十年的尝试，亚马逊放弃了这一未能成长的市场。

该公司在发送给多个出版物的电子邮件中说：“我们正式通知卖家，我们将不再在亚马逊中国站上运营市场，并且从7月18日起不再在亚马逊中国站上提供卖家服务。有兴趣继续在中国境外的亚马逊上销售的卖家，可以通过亚马逊全球销售做到这一点。”

亚马逊于2004年通过收购当时中国的在线书商卓越网进入了中国，于2011年更名为亚马逊中国。2004年电子商务在中国的渗透率不足1%，2011年在零售业的渗透率不足5%，但到2016年年底已增长超过15%。十年来，中国电子商务从无到有发展为全球最大的电子商务市场。但这并不是依靠亚马逊，亚马逊在中国的份额仍不到1%。

尽管亚马逊退出由阿里巴巴、京东和其他一些公司主导的中国电子商务市场并不奇怪，但在过去十年中，不仅中国电子商务呈爆炸式增长，在亚马逊上进行营销的来自中国的成功企业数量也在增加。亚马逊最近在中国的策略包括为卖家举办会议，如超过一万名卖家及两万名在线流媒体参加的第四届亚马逊全球开店卖家峰会。

两年内，在亚马逊市场上来自中国的成功卖家数量翻了一番，如图2-27所示。现在，最畅销卖家中有36%来自中国，而两年前这一比例为15%。所有亚马逊市场都是如此，包括美国和欧洲国家（如英国和德国）。发生这种情况的主要原因是亚马逊物流，该物流使亚马逊上的全球卖家可以提供相同的两天送货服务。这就是为什么将近80%的中国最畅销卖家都愿意使用亚马逊物流。相比之下，亚马逊上所有畅销卖家的平均比例为60%。亚马逊物流是帮助那些卖家取得成功必不可少的服务，如果没有这项服务，消费者将不得不等待数周才能收到包裹。

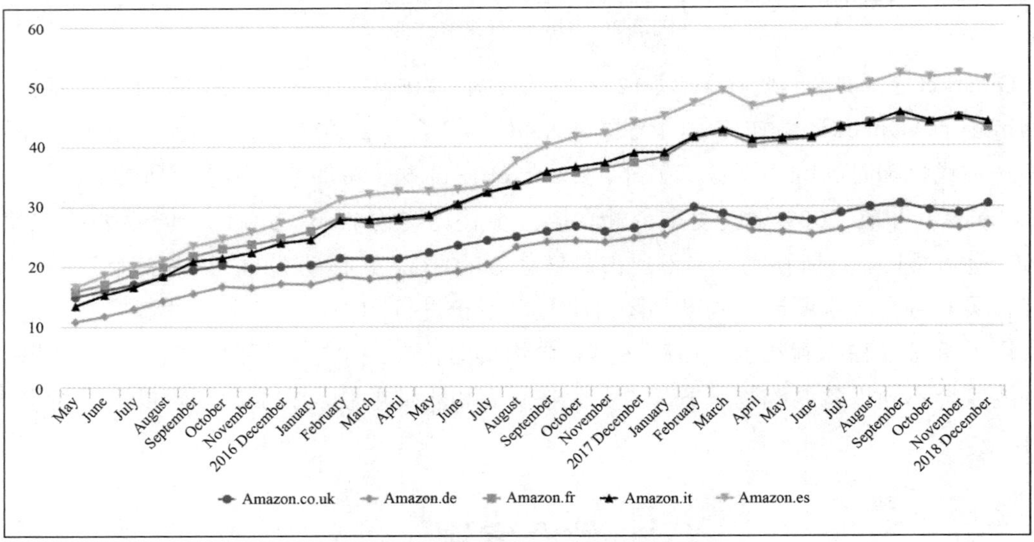

图2-27 位于中国的亚马逊卖家快速增长

数据来源：市场脉搏（Marketpulse）

同时还有Wish这一应用程序，其创造的100亿美元的市场商品交易总额几乎完全是由来自中国的卖家贡献的。而且在包括eBay和沃尔玛在内的其他市场上，中国卖家贡献的商品交易总额也在增长。

2004 年，梅格·惠特曼说：“从现在起的 10～15 年，我认为中国可以成为 eBay 在全球最大的市场，因为我们建立了本土贸易和出口贸易。”eBay 在 2002 年进入中国。亚马逊和 eBay 有着相似的梦想，但与在中国的其他外国企业一样，未能成为市场领导者。

当时阿里巴巴首席执行官马云说：“eBay 可能是海洋中的鲨鱼，但我是长江中的鳄鱼。如果我们在海洋中战斗，我们会输；但是如果我们在长江中战斗，我们会赢。”

案例思考题：

1. 亚马逊为什么计划关闭中国站点的第三方在线市场服务？

2. 2020 年，亚马逊开通了瑞典站点，你觉得这一站点的辐射范围会是哪些国家？中国卖家应如何应对？为什么？

复习思考题

1. 简述亚马逊的发展历程。
2. 比较亚马逊、eBay、Wish、速卖通平台的特点及区别。
3. 通过本章第一节的学习，你认为作为卖家在选择平台时应考虑哪些问题？
4. 请利用互联网浏览新兴市场的数字化平台，并总结各平台有什么突出特点。

小组活动

小组同学开展一次情景模拟。请结合本章内容，分别选择不同的平台展开商品网上销售，并谈谈自己选择该平台的原因是什么。

练习题

第 2 章

第3章

欧美日市场与亚马逊平台

学习目标

掌握综合吸引力理论。
掌握欧美日市场的特点和法规政策。
熟知设计亚马逊页面时需要准备的材料。
理解全球开店的服务支持。

关键词

综合吸引力　站点法规　黄金购物车　Prime 会员　全球开店

一个国家的综合吸引力，是吸引外商投资、境外项目入驻、国际商务合作的主要因素之一。跨境电商在选择市场时，同样要遵循市场的综合吸引力理论。本章将先介绍市场的综合吸引力理论，并从跨境电商的角度重新解读成本、收益和风险的含义，其次介绍欧美日电商市场与亚马逊欧美日站点的规则与注意事项，最后介绍亚马逊平台的特点。

3.1 市场的综合吸引力

3.1.1 综合吸引力理论

市场的综合吸引力是指一个国家作为一个潜在市场或投资场所对外国企业的综合吸引

力，其大小取决于在该国从事商务活动的相关成本、收益和风险的平衡。一般而言，在经济发达和政治稳定的国家从事国际商务活动的相关成本和风险较低，在经济欠发达和政治不稳定的国家从事国际商务活动的成本和风险则较高。不同的国家和地区，产生成本、收益和风险的原因各不相同。

跨境电商出口
宏观环境分析

1. 成本

国际企业在一个国家从事商务活动的成本受到一系列政治、经济和法律因素的影响。首先，在政治方面，产生的成本可能包括因需要通过收买政治势力来取得政府对商务活动的许可而花费的资金，尤其是在封闭的极权国家。其次，在经济方面，一个国家的经济复杂性影响在此从事商务活动的成本。由于经济相对落后或不发达的国家缺少基础设施，企业从事商务活动可能会需要更高的成本。最后，在法律方面，在一个针对产品安全、工作场所安全、环境污染等制定了严格法规标准的国家从事商务活动可能需要较高的成本。但是，在一个法律法规严重缺失的国家从事商业活动也有可能需要较高的成本。例如，当知识产权受到侵犯时，找不到适合的维权法律法规，就会造成知识产权受损，从而丧失应得的收益。

2. 收益

在一个国家长期从事商务活动时，其货币收益一般是由市场规模、该市场中消费者的购买力和未来财富决定的。有些市场虽然消费者数量大，但购买力弱，因此用经济收益来衡量就属于相对较小的市场。

通过较早识别和投资一个有潜力的经济体，国际企业在该国建立品牌信誉并占据商务优势就会比较容易，如果该国长期维持较高的经济增长率，则相关国际企业就会得到丰厚的回报。而后进入的企业由于缺乏品牌信誉和必要经验，故而难以在该市场获得收益。市场早入者具有的优势被称为第一进入者优势，市场后入者可能遭遇的障碍被称为后入者劣势。

对一个国家来说，经济制度和产权制度都是预测其经济前景的有用指标。产权受到保护的自由市场经济国家通常比产权不受保护的国家或实行计划经济的国家拥有更高的经济增长率。所以，在一个有良好的经济制度、产权制度和市场规模的国家从事商务活动更有可能获得长期收益。

3. 风险

与成本相似，在一个国家从事商业活动的风险也是由一系列政治、经济和法律因素决定的。其中，政治风险是指因政治力量而引起的一国商务环境的剧烈变化，对某特定工商企业的利润和其他目标产生负面影响的可能性。经常发生社会动乱和骚乱的国家，其政治风险一般较高。其中，社会动乱通常表现为罢工、示威、恐怖活动和犯罪冲突等。从更广泛的意义上讲，政治体制的变化可能会导致一个国家出台一些对国际商务不利的法规。

一国政府对其经济管理不当，也会引发其他风险。经济风险可以定义为因经济管理不当而引起的一国商务环境的剧烈变化，对某一特定企业的利润和其他目标产生不利影响的可能性。经济管理不当比较明显的指标有：通货膨胀率、企业和政府的负债率。

一国的法律制度不能对违反合同或侵犯财产权等行为给予适当的惩戒，就会导致法律风险产生。当法律保护较弱时，企业更容易做出违反合同或窃取知识产权的行为。因此，法律风险可定义为贸易伙伴违反合同或侵犯产权的可能性。当一个国家的法律风险较高时，国际企业往往不愿意与该国签订长期合同或合资协定。

3.1.2 跨境电商的成本与风险

跨境电商面向境外市场，同样存在着成本和风险。本节将介绍跨境电商行业的成本与风险。

1. 跨境电商的成本

从事跨境电商需要考虑五个方面的成本：一是商品成本，二是物流成本，三是电商平台收取的费用或建立独立网站的成本，四是推广成本，五是人员成本。

（1）商品成本

商品成本是指电商生产或获取其销售商品的成本。进行选品一般是跨境电商展开经营的第一步，选好商品会使接下来的经营有更多成功的可能性。因此，进行选品的成本已成为从事跨境电商最重要的一项成本。

（2）物流成本

跨境电商使用的物流配送方式多种多样，其物流成本也各不相同。关于物流成本的一些知识，我们将在第 7 章展开具体介绍。

（3）电商平台收取的费用或建立独立网站的成本

在电商平台不断发展并初显成熟的当前，通过电商平台进入境外市场对许多卖家来说是很好的选择。这些平台能为卖家提供很多便利，而卖家通过平台销售商品就需要交付费用。这些费用主要包括在平台上开店的费用、按一定时间段交付的租金和销售商品缴纳的一定比例的佣金。同时，有的品牌也会建立自己的独立网站。建立的网站需要具有直观性的特点，如一个购物网站就要做到让消费者点开时，能清晰地看到产品类目和搜索框；网站也需要保证消费者操作流畅，如果页面跳转速度慢，消费者可能会失去等待的耐心；与此同时，网站还要尽量美化页面，根据商品和品牌的特点，设计相应的页面风格，促使消费者尽快下单。

（4）推广成本

商品销售离不开商品推广，而跨境电商这一基于网络发展起来的行业更需借助网络来推广商品。商品推广包括站内推广和站外推广两部分。其中，站内推广的费用常常包括在平台收取的租金中，而站外推广的费用则是卖家购买广告位，或在社交媒体上经营自己的账号以完成引流过程中的支出。

（5）人员成本

由之前的章节可知，跨境电商人才十分紧缺，因此有实力的人才更是非常抢手。这就需要将人员现有薪资及薪资涨幅、福利与办公环境等的费用考虑进去。

2. 跨境电商的风险

（1）供货风险

一款商品从新品期到爆品期需要一个过程。新品期出单较少，缺货会影响排名；爆品期出单较多，缺货会导致消费者投诉。所以，只有找到稳定的货源才能保证后续出货不会受到牵制。

（2）汇率风险

跨境电商和传统贸易一样，都会受到汇率变化的影响，从而面临汇率风险。在卖家和境外消费者达成交易后，消费者支付的货币短期内不会到账，由于受到汇率波动的影响，到账时的外汇收入可能会存在贬值风险。

（3）物流风险

跨境电商需要跨越国境才能将商品送到消费者手中，因此经由的物流实体较多，这个过程就会存在一定的风险。进入海关通关时，商品的自由流动由于受到国界的限制，可能会在报关、商检等环节存在阻碍，从而大大拖延了国际物流的进程，使跨境运送的效率大打折扣。

中小企业的境外订单零散，碎片化趋势明显。目前，跨境电商的物流主要以邮政小包的形式完成。但是由于运输距离长，包裹从被物流员工揽收到最后送交到消费者手上需要经历多次转运，因此常常发生破损甚至丢失的情况。货损的发生不仅会使中小企业提高运营成本和运营风险，也会使中小企业经营的稳定性无法得到保障，从而对企业的持续发展构成威胁。同时，货损问题的出现不但可能导致中小企业及物流公司在损失赔偿上付出高昂的代价，而且可能造成中小企业失去境外消费者的信任，大大减弱消费者黏性。

除此之外，自然环境、自然灾害（如洪水、台风、地震）以及交通事故等因素也都会影响运输。

（4）法律政策风险

跨境电商在跨越不同国家进行经营时，会面临法律政策风险。例如，为了保证自身的既得利益、已占有的市场份额或者在行业的优势地位，地方保护主义会严重影响跨境电商服务的运作效率，甚至会中断服务。各个国家和地区的法律法规都存在差异，企业如果在进入某市场前没有仔细研究其法律制度，就可能会面临严重的风险，从而造成经营亏损。

3.2 欧美日电商市场与注意事项

欧美日市场都是跨境电商发展较为成熟的市场，亚马逊、eBay也较早在欧美日国家设立了分支机构。本节将分别介绍美国、欧洲（英国）和日本跨境电商的发展情况及特征，并以亚马逊公司的境外扩张为例，为大家讲解在欧美日市场从事跨境电商需要掌握的法律法规和注意事项。

3.2.1 欧美日电商市场特征

1. 美国电商行业发展情况

从宏观经商环境与全球排名来看，美国市场的电子政务发展指数（E-Government

Development Index，EGDI）在全球排名第十一，美国政府重视在现代信息和通信技术方面的投入，因此公共服务电子化、信息公布与发布电子化发展良好。

美国市场的物流表现指数（Logistics Performance Index，LPI）在全球排名第十四，美国海关的清关能力较强，与国际贸易和运输相关的基础设施建设较为完备，在提供物流服务方面，有发展成熟的物流体系，能提供方便快捷的物流服务。

美国市场的经商容易度指数（Ease of Doing Business Index）在全球排名第八，在美国这一成熟的消费市场从事商业活动比较便利，但也不能忽视激烈的竞争。

在电子商务的零售方面，美国 2018 年互联网使用者占总人口的 89%，使用互联网的主要设备是台式机，占 48.18%。在其人口结构方面，25～54 岁这一年龄段人口占总人口的 39.45%。2014—2018 年，美国电子商务销售额占总 GDP 的份额逐年增加（见图 3-1），电商行业发展前景光明；网络使用者中网购人数逐年增加，于 2018 年达到 80%（见图 3-2），网络购物人数的增长为电商提供了更广阔的市场。同时，美国市场的消费者对在线零售的满意度一直保持在 75 分以上，并且对网购行为持乐观态度。许多美国市场的消费者都喜欢通过购买私有品牌来省钱。

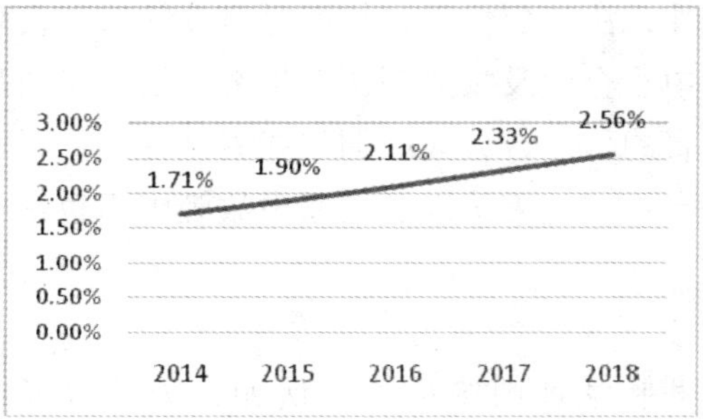

图 3-1　美国电子商务销售额占总 GDP 的份额

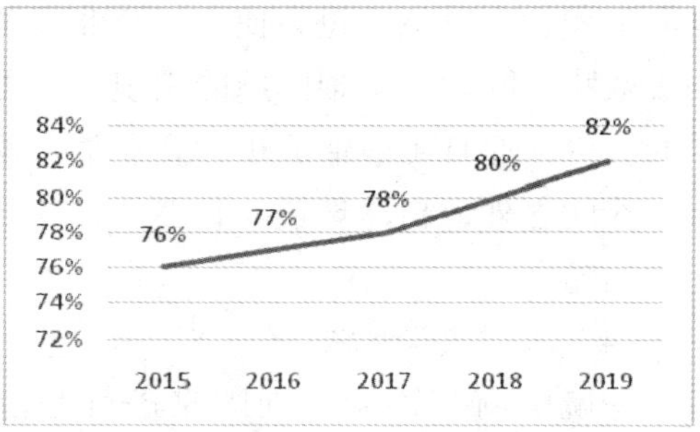

图 3-2　美国网购者占上网人数的比重

数据来源：电子商务基金会（Ecommerce Foundation）

2. 英国电商行业发展情况

英国的物流表现指数（Logistics Performance Index，LPI）在全球排名第九，英国海关也具有较强的清关能力、成熟的物流体系，在参与传统国际贸易的过程中不断发展贸易和运输相关的基础设施建设。

英国的经商容易度指数（Ease of Doing Business Index）在全球排名第九，英国的经商环境友好，但也有其自己的文化特征、消费特征。

英国的电子政务发展指数（E-Government Development Index，EGDI）在全球排名第四，英国政府高度重视在现代信息和通信技术方面的投入，因而英国在电子化方面发展迅速，其公共服务电子化、信息公布与发布电子化发展良好。

英国 2018 年互联网使用者占总人口的 96%，使用互联网的主要设备是台式机，占 49.33%。在其人口结构方面，25～54 岁这一年龄段人口占总人口的 40%。英国网购者占比稳定，近几年保持在 86%～87%（见图 3-3），可见，英国人对网购接受程度较高，英国跨境电商消费市场广阔。

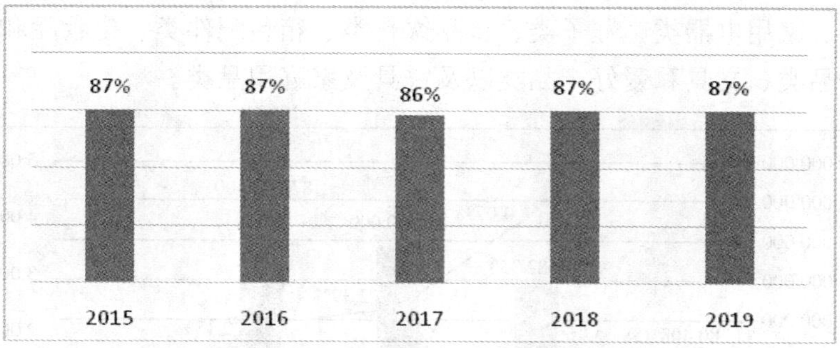

图 3-3 英国网购者占总人口的比例
数据来源：电子商务基金会 Ecommerce Foundation

英国市场的消费者选择网购的主要原因有：方便比价、选择更多、空闲时间多、更便宜、购物便捷。其中，方便比价是英国市场的消费者选择网购最主要的原因（见图 3-4）。因此，具有价格优势的跨境电商卖家可以选择方便比价的平台销售商品，以获得更多订单。

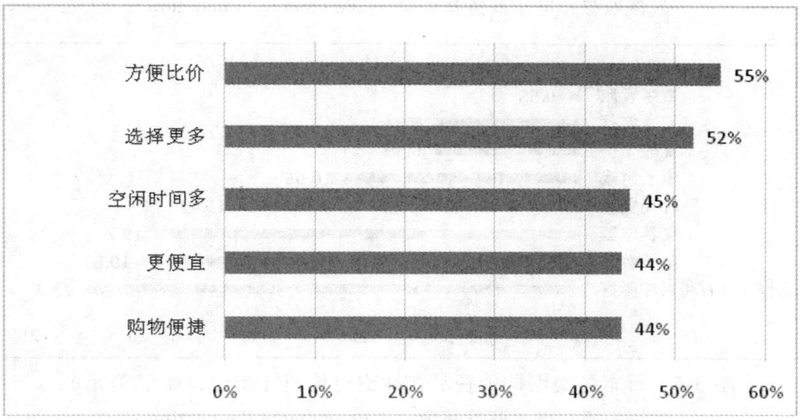

图 3-4 英国市场的消费者选择网购的原因
数据来源：电子商务基金会 Ecommerce Foundation

3. 日本电商行业发展情况

日本的物流表现指数（Logistics Performance Index，LPI）在全球排名第五，海关清关能力强，贸易与运输相关的基础设施完备，物流服务能力强。日本的经商容易度指数（Ease of Doing Business Index）在全球排名第三十四，经商环境与美国和英国存在一定的差距。日本的电子政务发展指数（E-Government Development Index，ESDI）在全球排名第十，日本政府在现代信息和通信技术方面投入多，公共服务电子化发展良好。

近几年来，日本虽然上网人数增长率有所下降，但上网总人数逐年增加（见图 3-5），其网络发展尚未饱和。在网购消费总额方面，日本市场的消费者进行网上消费时，在玩具、DIY 和兴趣爱好等类别上花费最多，约为 224 亿美元。其他依次为电子数码类 198.2 亿美元、家具电器类 192 亿美元、时尚美妆类 154.2 亿美元、电子游戏类 106.6 亿美元、食品个护类 65.9 亿美元、旅行类 65.7 亿美元和数字音乐类 5.5 亿美元（见图 3-6）。在消费选择方面，日本市场的消费者最经常购买的是图书、影音和游戏类产品，其次是衣服类、消费性电子产品类、家用电器类、鞋子类、食品饮料类、箱包配件类、化妆品和身体护理类、药品与健康产品类、文具和爱好产品类以及家具及家庭用品类。

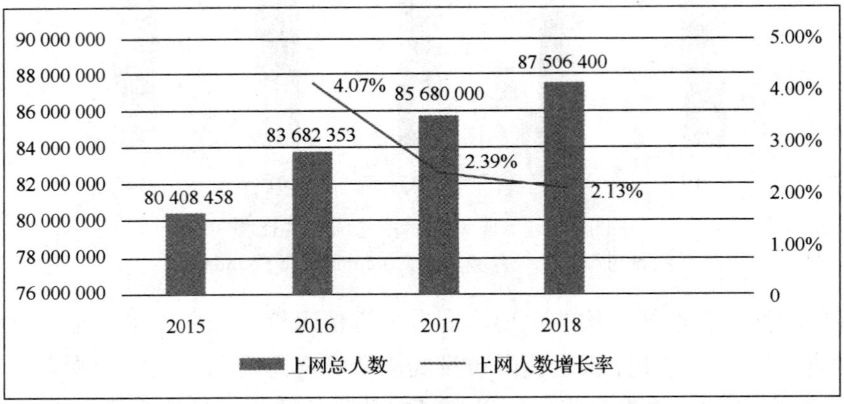

图 3-5　日本上网总人数及上网人数增长率

数据来源：电子商务基金会（Ecommerce Foundation）

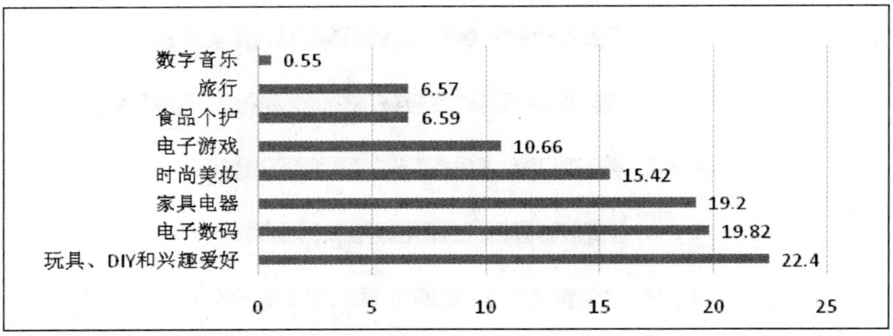

图 3-6　日本各类网购消费品在线支付价值（单位：十亿美元）

数据来源：电子商务基金会（Ecommerce Foundation）

3.2.2　亚马逊的国际站点

当前，亚马逊在全球共建有 18 个站点，遍布北美、南美、亚洲、非洲和欧洲，包括美国站、加拿大站、墨西哥站、德国站、西班牙站、荷兰站、英国站、法国站、意大利站、中国站、日本站、印度站、新加坡站、阿联酋站、沙特阿拉伯站、土耳其站、巴西站、澳大利亚站。亚马逊的每个站点都有其特点，卖家在进入他国市场时应掌握该站点及该国市场的特点，下文介绍了部分站点的市场特点。

美国站：亚马逊美国站发展成熟，因此在美国站上开店竞争相当激烈。但同时，美国站又是目前市场容量最大、品类最全、入驻条件最低的市场，每年进入美国站的卖家依然非常多。

日本站：亚马逊日本站属于蓝海市场，由于体量大、人口多，相比于美国站竞争对手较少。对于中国的卖家而言，其在物流运输上具有一定的优势。但日本站是一个对产品质量要求很高的站点，不仅要求产品质量要好，也要求产品包装应尽可能精美。

英国站：亚马逊英国站是欧洲唯一一个使用英语的站点，语言门槛较低。卖家可以轻松地把要上架的产品名称用当地使用的语言进行翻译。但该站点和美国站相比体量小，因为语言门槛较低，卖家数量并不少，竞争问题比较严重。同时，欧洲的法规都比较严格，税务等问题使销售利润减少。

欧洲其他站点：由于语言问题，德国站给卖家树立了一个天然的门槛，因此卖家数量并没有饱和。德国本身经济发达，消费能力强，所以德国站售价相较英国站、美国站更高，对于卖家而言利润更高。但德国同样有严格的增值税规定，且德国税务局办事严谨，如出现税务差错，可能导致关店。其次，德国站退货率极高，德国人本身注重效率，为了尽快买到适合的商品，可能会一次性多买多退。法国站、意大利站、西班牙站这三个站点体量都不大并且有和德国站一样的语言门槛，所以卖家数量并不饱和，仍然有市场机会。

澳大利亚站：澳大利亚人口约 2 400 万，超 80%的消费者在跨境电商购物，跨境消费率位列世界第一。澳大利亚地广人稀，但是具有一定的购买力，同时因为使用英语，入驻澳大利亚站相对简单。

印度站：印度的特点是人口多、物价低，但物流不发达、有宗教信仰，虽然销售空间很大，但需要进入该站点的卖家提前重点了解当地文化、风土人情、宗教信仰等，否则会遇到许多问题。但如果卖家掌握了当地的经营技巧，就会发掘更广阔的市场。

阿联酋站：中东多为发达国家，其中阿联酋人均 GDP 近 7 万美元，大量富裕阶层分布的主要海湾国家人均可支配收入很高。中东市场 60%的人口为 30 岁以下，基数庞大的年轻人口是电商的主要消费者。阿联酋拥有世界领先的智能手机覆盖率，67%的线上消费者都是利用移动端完成购买的。阿联酋的网络渗透率为 91%。当地节日众多，一年内会造就多个流量高峰，使线上消费大大增加。在线零售占总零售的比例，阿联酋为 4.2%，沙特为 3.8%。中东国家电商增长空间巨大，预计至 2022 年将增长 3.5 倍。电商规模在未来 4 年的增长率高达 81%。

新加坡站：亚马逊新加坡站开放时间不长，但其作为发达国家，有一定消费能力。新加坡是世界上最富有的国家之一，人均收入达 94 100 美元。亚马逊在发达国家的模式较为成熟，一个新兴站点市场空间大，竞争就比较小。但新加坡是各大电商巨头的必争之地，亚马逊的入驻能否抢占市场还难以给出定论。

3.2.3　亚马逊美国站的注意事项

在本章第一节，我们介绍了跨境电商经营的风险。在亚马逊各站点经营，卖家最应该规避的就是当地的法律法规风险。因此，本节将具体介绍在亚马逊美国站经营时应当遵守的法律法规和平台注意事项。

1．税务法规

根据美国国税局的规定，非美国纳税人提交 W-8BEN 表格可免于遵守美国的税务申报要求。基于上述规定，亚马逊要求以下卖家向亚马逊提供纳税人身份信息：①所有的专业卖家。②一个日历年度内完成 50 笔以上交易的个体卖家（不考虑销售量）。

卖家在注册账户的过程中，可以使用自助调查流程向亚马逊提交信息，系统将依据卖家在税务调查中的回答为其生成相应的税务表格。

2. 海关法规

卖家有责任遵守所有美国海关的法律法规，并确保经营的所有商品都符合适用法规的要求，包括适用的关税和税收规定。无论是个体经营者还是商业实体，凡进口商品到美国均需缴纳进口关税。美国农业部（USDA）、美国食品药品监督管理局（FDA）和美国消费品安全委员会（CPSC）等机构可能会基于进口商品，要求提供许可、许可证或其他证明。卖家需要在进口报关表上填写进口商编号，即美国国税局的商业登记号；若没有商业登记号，还可以使用社会保障号；若非美国居民，既没有商业登记号也没有社会保障号，则可以联系商品的入境港口，通过提交 CBP5106 表格申请进口商编号。

通过商业货运公司送达美国的货物必须由海关登记进口商报关。海关登记进口商可以是货物所有人、购买人、其授权的正式员工，也可以是所有人、购买人或收货人指定的授权报关代理。海关登记进口商必须向美国海关申请海关登记进口商身份编号，其通常是美国公司在美国国税局的编号或者美国海关为外国实体分配的编号。

美国海关法规要求海关登记进口商出示由美国担保公司提供的入关担保，又称连续多项入关担保。担保的用途有两个：①当海关登记进口商未能支付估定关税时，海关可根据担保执行。②就任何因为违反担保条件而产生的违约金，海关登记进口商均受该担保条件的约束。入关担保的条件包括但不限于：缴纳关税、税费及费用；及时促成或完成报关；出示进口所需的单证和证明并保留 5 年。报关代理可以协助联系作保的担保公司，并准备担保文件。除了可以从授权担保人或担保公司购买担保外，卖家还可以现金抵押方式获取担保。另外，海关担保还可以由财政部授权的担保人提供。

3. 知识产权

任何亚马逊美国站销售的商品，都要确保拥有在美国销售商品所需的所有知识产权，如专利权、商标权或著作权，特别是商品不能为伪造品。卖家有责任确保自己销售的商品没有侵犯他人的知识产权。如果卖家销售的商品侵犯了他人的知识产权，亚马逊可能会取消卖家的商品信息，甚至中止或取消卖家的销售权限。如果亚马逊认为商品描述页面或商品信息的内容属于违禁、涉嫌违法或者不当内容，就会进行删除或修改。

4. 美国限制销售产品

亚马逊美国站点对不合法商品以及其他亚马逊限制销售商品政策中所包含的产品都是严格禁止销售的,所以卖家在制作商品详情页时有必要清楚地了解亚马逊有关方面的规定。同时，卖家还需要确保所售商品符合美国联邦法或相关州的法律的规定。另外，美国有的州的法律可能经常会发生变化，所以卖家需要时刻留意并及时采取相应措施。

亚马逊方面就禁止销售的商品给出了一些例子，但需要注意的是，卖家不能简单地理解为除了这些列举出来的禁止销售的商品外其他都可以销售。以下是部分禁止网站销售商品的例子。

（1）酒类：除获得预先审批的卖家外，不得经营酒精饮料。

（2）亚马逊设备配件：商品名称不得包含任何有关亚马逊的内容，如“Amazon”“Kindle”“Fire”“Kindle Paperwhite”“Kindle Voyage”“Amazon Fire TV”“Fire TV Stick”“Amazon Echo”等图案、商标。

（3）动物及动物商品：禁止销售动物排泄物；禁止销售大多数活生物，如宠物、牲畜或海洋哺乳动物；禁止销售非法野生动物制品等其他商品。

（4）服装类：禁止销售旧的衣物和鞋子。

（5）化妆品及护肤/护发品：禁止销售处方商品以及使用过程中需要实施医学专业监督的商品；禁止销售掺假或贴有假标签的商品。

（6）营养保健品：禁止销售被召回商品或存在安全警告的商品；禁止销售声称可以用来治疗、缓解或预防疾病的商品等。

（7）电子商品：禁止销售影响交通信号的商品；禁止销售商品序列号已被删除或移除的商品；禁止销售手机解锁设备等。

（8）冒犯性信息：具体包括犯罪现场图片、宣扬或美化种族歧视的商品，含有非法、残暴或虐待主题的商品，以及名称通常令人极其厌恶的商品。

（9）召回商品：被制造商、美国消费品安全委员会、国际公路交通管理局、美国食品药品监督管理局、美国农业部、食品安全监督服务局或者其他政府机构召回的商品。

其他有关限制销售的商品信息，可浏览亚马逊官网。

3.2.4 亚马逊欧洲站的注意事项

上一节，我们介绍了在亚马逊美国站经营时应当遵守的法律法规和平台注意事项，本节将介绍在亚马逊欧洲各站点经营时应当遵守的法律法规和平台注意事项。

1. 税务法规

根据欧盟委员会的规定，欧盟地区的增值税是对商品和服务的增值额征收的消费税。增值税适用于在欧盟地区为了使用或消费而购买和销售的商品和服务，其按照所售商品的价格百分比向买家收取。欧盟法律规定的增值税最低标准税率为 15%（或最低 5%的减征税率），但实际税率会根据不同的欧盟国家以及商品类型而存在差异。注意，拥有增值税税号的贸易商必须在发票上显示从买家收取的增值税金额。如果买家自己本身也是注册贸易商，将从缴给税务部门的增值税中扣减金额。

如果卖家进口商品到欧盟地区，则这些商品一经进入欧洲以及抵达目的地，卖家就有义务支付增值税。增值税通常由申报者在进口成员国支付。除非卖家与供应商达成协议，将进口增值税纳入商品价格，并且供应商以向相关税务部门缴纳税费的方式履行义务，否则卖家有责任在交货时支付进口增值税。

将商品销售到欧洲或者在欧盟成员国之间销售商品时，不同的国家会实行不同的税率。如果卖家将自己的商品从一个欧洲国家转移到另一个欧洲国家，或者使用亚马逊物流从一个物流中心转移到一个卖家储存商品的国家，则此类转移行为也可能被视为需要征收增值税的交易。如果卖家在多个亚马逊欧洲站平台开店，则可能需要在开店的每个成员国申请唯一的增值税税号。

卖家可以在要登记的大多数欧洲国家的税务部门网站在线完成登记。大多数网站都使用英语显示增值税信息，且通常会提供在线表格由卖家登记，或者提供 PDF 表格由卖家下载填写完毕后寄回税务部门。如果网站没有提供在线登记功能，则会有信息引导卖家完成增值税税号申请。卖家提交增值税税号申请之后，可能还会收到相关表格，这时需要填写表格并寄回税务部门。

卖家将欧洲的库存商品销售给买家时，需要在运送商品的始发国申报增值税。当商品价格超过“远程销售起征点”时，卖家还需要在运送商品的目的国申报增值税。“远程销售”指的是从一个欧盟国家销售商品给另一个欧盟国家的买家。“远程销售起征点”指的是欧洲各国用欧元设定的金额。如果从一个国家运送到另一个国家的商品销售额超出该国的起征点，则必须在该国进行增值税登记。每个欧洲国家都有自己的远程销售起征点，各国的远程销售起征点也不尽相同。要特别注意，远程销售起征点并不是卖家跨欧洲国家的总销售额。

2. 海关法规

进口货物至欧盟时，需要遵守欧盟的海关法规，以及欧盟国家适用于进口事务的法律法规。在不同的欧盟国家，海关法规可能会有所区别，卖家应注意以下问题。

（1）商业发票

在某个欧盟国家进口货物时，商业发票必须包含发票开具日期、出口商或发货人（卖家或生产厂家）的全名和地址、发货人的联系人名称、公司名称、地址和税号、交货地址。未经授权，卖家不得以亚马逊或其他任何亚马逊子公司或下属机构的名义（统称“亚马逊”）在欧盟国家进口货物，或在卖家的货运单据上的任何位置提及“亚马逊”，但可以写上货物将要配送到的亚马逊运营中心的地址。

（2）海关登记进口商

海关登记进口商即公司或欧盟进口代理人的法定名称，随附完整的联系信息，经济营运者注册和识别号（EORI）及进口国家的增值税登记号码（见表 3-1）。亚马逊明确禁止将亚马逊的名称（包括其运营中心的名称）用作任何亚马逊物流（FBA）库存配送的海关登记进口商。

表 3-1　　海关登记进口商示例

如“目的地”一栏	如“海关登记进口商”一栏
[卖家法定名称] c/o FBA 1401 Rue du Champ Rouge 45770 Saran，France	[卖家法定名称] 或 [卖家的法人代表名称] 1234 Rue de Lyon 9876 Paris，France EORI：XY123456789 增值税 ID：YX87654321

（3）亚马逊物流货件编号（亚马逊物流证明）

这是卖家在使用亚马逊卖家账号中创建货件时收到的编码。如果出现海关问题，这个编码可帮助亚马逊快速确定货件是否属于亚马逊物流。如果卖家在卖家中心的亚马逊货件编号中不包含“亚马逊物流”(FBA),应将其添加在发票的显要位置。

3. 知识产权

卖家要确保拥有在欧洲发布商品或者在欧洲跨国销售商品所需的所有知识产权,如专利权、商标权或著作权。卖家可能需要获取品牌所有人的许可,以免在特定的欧盟成员国销售其商品时出现知识产权侵权问题。尤其需要注意的是,卖家的商品不得为伪造品或非法平行进口商品。

4. 标志和标签

欧洲标志和标签的标准是全球最高的。在亚马逊欧洲站平台上销售商品也要符合欧洲的要求,其对插头、电压、玩具、医疗器械、药品、化妆品和食品等都有严格的规定。这里我们以插头为例进行详细介绍。

欧洲各国使用的插头型号都有所不同,如英国使用长方形三孔插头。因此卖家要确保遵守开店平台所在欧盟成员国的插头和电压的相关法规,特别是确保买家能够安全地使用卖家的商品。

(1)“CE”认证

在过去,欧共体国家对进口和销售的商品要求各异,作为消除贸易壁垒努力的一部分,CE 认证应运而生。在欧盟市场上销售的商品中,CE 标志越来越多,加贴 CE 标志的商品符合安全、卫生、环保和消费者保护等一系列欧洲指令所要表达的要求。因此,CE 标志是许多商品(如低压设备、医疗器械、玩具、个人防护用品等)的强制性合格标志,贴上“CE”标志,即意味着制造商声明此商品符合适用欧洲指令的要求。

(2)REACH/CLP 法规

REACH(Registration,Evaluation,Authorization and Restriction of Chemicals,化学品注册、评估、许可和限制)是一项针对化学品及其安全使用的欧洲法规。根据 REACH,制造商和进口商可能需要从事的其中一项工作是,收集其商品中所含化学物质的特定属性信息,然后登记在欧洲化学品管理局(ECHA)的中央数据库中。

除了 REACH 之外,卖家的商品可能还需要遵守《物质和混合物分类、标签和包装法规》(CLP 法规)。CLP 法规中涉及的分类标准和标签规则与联合国的《全球化学品统一分类和标签制度》(GHS)一致。GHS 基于这样的原则:同一危害品在全球范围内的描述和标签都应该保持一致。

(3)电器和电子设备 RoHS/WEEE

如果卖家准备销售电器或电子设备,则需要遵守欧洲法规《限制使用某些有害物质指令》(RoHS)和关于回收及再利用的《废弃电子电器设备指令》(WEEE)。如果卖家准备销售电池或者含有电池的商品,则可能需要遵守《电池指令》。

例如,卖家在电池上应使用“打叉带轮垃圾桶”标志。该标志表明电池不得作为常规垃圾扔弃,而应交给指定的回收中心处理。

(4)包装与包装废弃物

卖家在欧洲销售的有包装商品必须符合欧洲包装与包装废弃物法规。《包装及包装废弃物指令》是欧盟理事会和欧洲议会的指令性文件，对所有成员国有约束力。它是基于环境与生命安全、能源与资源合理利用的要求，对全部的包装和包装材料、包装的管理、设计、生产、流通、使用和消费等所有环节提出相应的要求和应达到的目标。因此，卖家应该在商品的包装上应用“可回收”标志，表示已加入经授权的包装回收再利用计划。

5. 欧洲限售商品

在亚马逊欧洲站点销售商品，也会受到欧洲相关政策及规定的约束。卖家在上传商品时，如果违反了相关规定，包括亚马逊自身的政策规定，可能会被亚马逊方面移除商品、限制权限、暂停卖家权限、取消销售权限等。经对欧洲市场限制销售商品的总结，其可分为以下三类。

第一类：禁止内容和一般限制条件。

（1）违法及可能违法的商品：在亚马逊欧洲站上销售的所有商品都必须符合相应的法律规定。卖家必须为自己的行为或是交易负责任，也必须知道自己在亚马逊欧洲站销售的商品的法定参数。英国之外的卖家同样也要遵守这一点。

（2）赃物：盗窃的财物禁止在亚马逊上销售。

（3）不良信息：亚马逊保留判定商品页面是否适当的权利。

（4）裸体与色情：通常而言，亚马逊禁止无正当理由或以图像方式展示裸体与色情信息。

（5）侵犯他人权利的所有商品：亚马逊极为注重个人隐私，因此对所有侵犯或是可能侵犯他人隐私的商品都是禁止销售的。

（6）广告：如果广告设置的目的是链接其他网站，或是提供的信息或订单工具来自非亚马逊英国站，则是禁止的。

（7）来自禁运或者被制裁国家的商品：来自当前被制裁国家或法律禁运的商品，以及亚马逊政策规定不能在亚马逊欧洲站上销售的商品。

第二类：侵犯知识产权。

侵犯版权、专利权、商标权或者其他知识产权的商品，亚马逊是禁止销售的。以下给出一些例子以供参考。

（1）假冒伪劣商品：在亚马逊欧洲站上销售的商品必须是正品，任何复制品、仿制品都是禁止销售的。

（2）未经授权或许可的商品：所有在亚马逊欧洲站上销售的零售商品都必须经过商业化生产，且必须获得销售授权或是许可。未经授权或是许可的商品，禁止销售。

（3）可复制媒介：未经所有权拥有者的授权而复制、译制或是转录的媒介商品都是非法的，亚马逊禁止销售，如书籍、音乐、电影、图片、电台节目和音乐会；禁止销售所有媒质的促销品，包括书籍（预览版及未经改正的校样）、音乐、软件、PC 及电子游戏、DVD 及视频、软件、电视节目、游戏盘。

（4）跨国媒介与平行进口：禁止在欧洲经济区销售侵犯所有权、拥有者权利的品牌商品。

（5）可转录媒质：禁止将媒质转换成另一种格式进行销售。

第三类：被召回的、有害的以及有危害的商品。

亚马逊必须保证在亚马逊欧洲站平台上销售的商品是安全的，不会有导致死亡、个人伤害或者对财产造成损害的危险。另外，被制造商或是政府机构召回的任何商品都是亚马逊禁止销售的。亚马逊同样保留考虑或禁止被其他国家政府机构召回的商品的权利，并且要求所有的新玩具及电气设备必须通过 CE 机构认证而获得 CE 标志。

3.2.5　亚马逊日本站的注意事项

本节将介绍在亚马逊日本站经营时应当遵守的当地法律法规和平台注意事项。

1. 税务法规

卖家有责任遵守亚马逊平台站点所在地的所有海关的法律法规，包括适用的关税和税收规定。日本对所有的进口商品都征收进口消费税，某些商品还需要缴纳关税。《海关关税法》中的协调分类制度既规定了特定商品的分类，也规定了相应的关税税率。进口商品应付消费税金额的计算依据是，商品的海关完税价值加上应付关税以及其他适用的应付货物税。日本对进口的酒水、烟草制品、石油和液化石油气（LPG）等类别的商品征收货物税。在这种情况下，应付税款将根据进口商品的数量进行计算。

相比于亚马逊的其他站点，日本站点具有一定的优势，并不像英国、德国等国家需要征收增值税。日本的关税主要是基于商品的通关基础、世界贸易组织（WTO）以及双边的贸易协定来制定的，对商品征收的关税税率也是实时变动的。

日本海关对于家居生活用品、家具以及 3C 品类等商品基本上都是零关税，而对于梭织类的纺织品征收 8.9%的关税，对于针织类的纺织品征收 11%的关税。此外，值得注意的是，因涉及日本进口配额的相关规定，日本海关对鞋类商品可能进行征税。

2. 海关法规

当将商品出口到日本时，卖家需要遵守日本的所有海关法律法规。以下列举了需要海关许可及相关法律规范的品类。

（1）食品安全法：主要包括厨房用具、水壶、水杯、咖啡壶、切肉机、烤肉网、餐具、刀、搅拌器、榨汁机、电动牙刷、洗牙机、水杯、儿童玩具（6 岁以下）。

（2）药事法类：脱毛器、美容仪、美容棒、有度眼镜、医疗用品、美容仪、减肥器械（缩脂商品）、腰椎矫正、坐姿矫正等相关功能治疗性商品。

（3）文化知识产权类：书籍（不包括广告册）、报纸、光碟（带有内容的故事碟、影像）。

3. 违禁品

日本严格禁止某些商品的进口，具体如下。

（1）不遵守日本法律的商品（如宠物、植物、药品类）；

（2）冒牌商品；

（3）侵犯商标的商品（如带有 LV 标志的手机壳）；

（4）亚马逊上禁卖的商品（如军火、药品等）；

（5）未获得批准的商品。

4. 商品标签

（1）电气设备和材料安全法（PSE 标志）

向日本出口的电气设备，必须符合《电气设备和材料安全法》规定的标准。该法律禁止销售危险品以及任何存在安全风险的电气设备。进口商有义务遵守该法律，并为合格商品贴上 PSE 标志，以作为合格证明。

（2）无线电设备合格认证技术规范（技术合格标志）

在日本站点销售的发射无线电频率商品，必须符合《无线电法》中规定的技术规范，而且必须贴上“技术合格标志”，以证明商品符合该法律的要求。

（3）消费品安全法（PSC 标志）

以下是需要遵守《消费品安全法》并需要贴上 PSC 标志的商品示例。

压力锅和家用高压锅、头盔（机动车辆、自行车等）、婴儿床、攀岩绳、便携式激光应用设备、浴缸热水循环泵、燃油热水器、洗浴用燃油锅炉、油加热器、室内即热式燃气热水器（城市燃气和液化石油气）、室内洗浴用燃气锅炉（城市燃气和液化石油气）、强制排气型燃油采暖炉、嵌入式电动洗碗机、浴室电动烘干机、电风扇、空调、通风机、洗衣机、电视机。

（4）家居用品质量标签法

《家居用品质量标签法》规定了标签责任，以便消费者购买家居用品时能够在知情的前提下做出购买决定。该法律规定了商品标签上必须显示的内容，从而为消费者提供适当的商品信息。该法律适用于纺织品、塑料制品（如净水器、奶瓶）、电气设备和其他在日本销售的工业制品。

（5）食品卫生法和食品标签

卖家如果销售食品或者面向婴幼儿童（如奶瓶、餐具、盘子和玩具）的商品，则必须遵守《食品卫生法》，以确保公众食品安全。另外，在日本销售的任何食品都必须贴上合适的标签，以便消费者能够知情。其内容包含但不限于：成分、成分产地、营养信息、反式脂肪酸和反式脂肪标签。

（6）药事法

在日本推广和销售的药品和医疗器械必须遵守《药事法》。

（7）知识产权

卖家应确保在日本销售的所有商品都没有侵害其他方的知识产权。卖家不得销售伪造品或非法平行进口商品。卖家还需要注意保护自己在日本的知识产权。

3.3 亚马逊平台的特点

在本书的第 2 章，我们介绍了全球主要跨境电商平台——亚马逊平台的发展和从消费者视角看到的平台界面，但是并没有从卖家的角度去了解亚马逊平台为实现全球扩张所采取的独特政策，以及亚马逊平台赢得全球客户青睐的独特之处。本节将从单一商品详情页面、黄金购物车、品牌备案制度和全球开店服务四个方面展开详细介绍。

3.3.1 单一商品详情页面

在亚马逊平台上，每件商品都有唯一一个独立的页面。即使同一件商品有多个卖家出售，在亚马逊平台上搜索商品时也只会显示一个搜索结果。同一件商品在同一个搜索结果里不会重复出现，这体现了亚马逊“重商品、轻店铺”的特征。

任何卖家在亚马逊平台上传的页面归属权都属于亚马逊，而不再属于上传该商品信息的卖家，这和国内大部分电商平台的规则不同。亚马逊平台认为，同一款商品的介绍、图片等信息应该是相同的，没有必要出现同款商品占用很多页面的情况，唯一的区别就在于价格，所以亚马逊平台允许多个卖家使用同一个商品页面。如果有很多卖家销售同一款商品，则亚马逊平台会根据卖家提供服务的品质并结合卖家的销售价格向消费者推荐更优的卖家。商品的搜索排名由该款商品的销售累计计算得出，即该款商品的所有卖家累计销售数量。所以新卖家可以利用该款商品其他卖家的累计销量，一起提高商品的搜索排名。同时，同一款商品如果有多个卖家在销售，那么只有一个卖家会赢得“购物车按钮”。

如果已经有卖家创建了一个商品页，其他销售同款商品的卖家只需提供报价，并在自己的卖家界面增加一个按钮链接自己的商品，表示“我这里也卖，可以来我这里买”，这就是亚马逊平台独有的跟卖政策。卖家通过查找自己想跟卖商品的亚马逊标准识别号（Amazon Standard Identification Number，ASIN），在后台搜索 ASIN，搜索出要跟卖的商品并单击页面上的“SELL YOURS HERE”，就可以进行跟卖了。

如果卖家销售的不是标准化商品，或者是卖家独有的品牌，就需要自建商品页面。在制作商品页面时，设计和文案一定要吸引人。标题编写长度控制在每个特定类目的规定范围之内，标题中的单词避免拼写不规范或拼写错误；标题只包含商品本身的信息，不加入营销性质的词、物流方式的词，如 Free Shipping（免运费）、New Arrival（新品）、Sale（促销）、Best Seller（畅销）、Great Deal（特价）、Hot Item（热销商品）等。当然，卖家要对自建的商品页面做好后期的维护和保护，以免其他卖家过多地进行跟卖，导致客户被抢走和价格被压低，从而遭遇利润损失。卖家首先要注册自己的品牌（建议注册美国和当地国商标，中国商标投诉成功的概率非常低），注册品牌后到亚马逊平台备案，将品牌商品图片、包装图片和独立网站提交给亚马逊平台备案，备案完成后该卖家的商品就会受到品牌保护。如果有品牌的商品被别人跟卖，卖家可以联系跟卖的卖家要求他们移除跟卖，或直接向 Amazon Seller Support（亚马逊卖家支持）举报，亚马逊平台会警告跟卖的卖家甚至关闭其账号。

3.3.2 购物车功能

如图 3-7 所示，购物车（Buy Box）位于每个商品页面的右上方，即处于买家浏览时最容易看见的黄金位置。买家只要单击“Add to Cart”（加入购物车）按钮，就会把该位置上的商品加入购物车里。在同一个时间段，只有一个卖家可以得到购物车的位置。在亚马逊平台购物的买家，约有 90%会通过商品页面的购物车链接进行结账，只有约 10%的买家会寻求购物车以外的链接。在亚马逊平台的运营策略中，抢占购物车是一种重要的方法，占据购物车则意味着会有大量的订单。

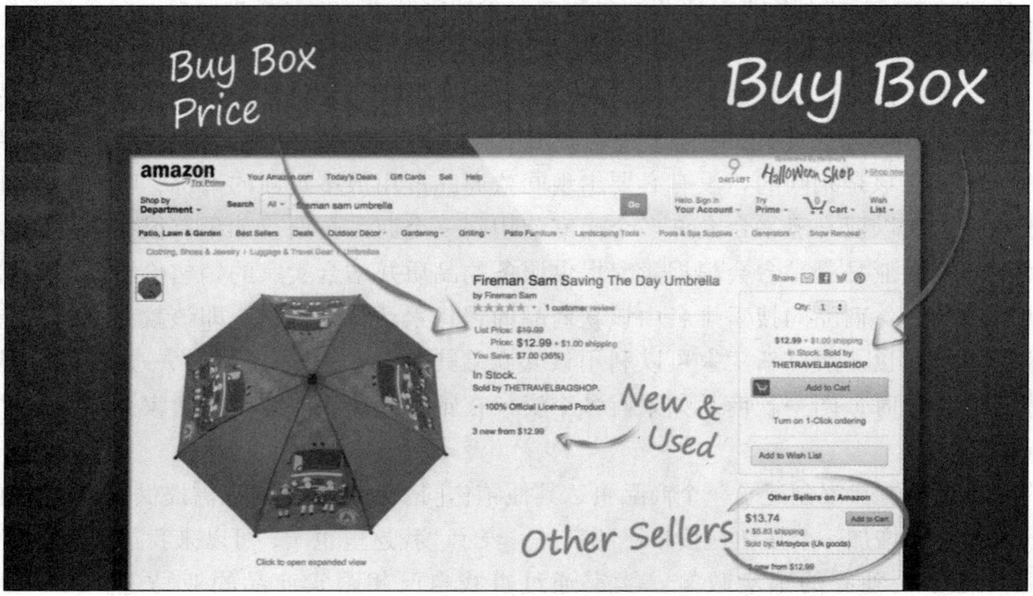

图 3-7　购物车

很多卖家都存在误区，认为购物车只是为亚马逊平台自己准备的。数据显示，亚马逊平台上三分之一的销量都是由第三方卖家卖出的。如果一个卖家的评级接近完美卖家（亚马逊自营），并且商品价格合理，那么其很有可能和亚马逊竞争购物车的位置。

购物车是系统通过计算卖家的综合素质来决定分配给哪个卖家的，其影响因素主要如下。

（1）配送方式：选择亚马逊物流（FBA）配送，将大大增加获得购物车的概率。

（2）最终价格：是卖家将商品运送给亚马逊时收取的价格（包括运费以及关税）。卖家的评级越高，收取亚马逊的价格就越高，同时还能保留购物车的位置。

（3）卖家评分：是卖家过去一年交易中的综合得分，越近期的交易得分在综合评分中所占的比重越大。

（4）运输时间：亚马逊对运送时间的要求很高，其判断运送时间的标准分为 0～2 天、3～7 天、8～13 天、14 天。运输时间越短，获得购物车的概率越大。

3.3.3　品牌备案制度

“亚马逊品牌备案”（Amazon Brand Registry）适用于制造或销售自有品牌商品的卖家，目的是使拥有制造或销售自有品牌商品的卖家能够在亚马逊平台上管理自己的品牌和上传他们的商品。制造商可在“亚马逊品牌备案”中备案他们的品牌，同时注册成为品牌所有者。卖家需要注意的是，以下品类目前在亚马逊平台上无法申请品牌备案：书籍、影像制品、视频、DVD、娱乐收藏品、体育收藏品及二手商品。

实行品牌备案有很多好处，具体如下。

（1）提高商品页面的可信度

注册品牌能够让卖家完全了解自己商品页面的名称、描述、图片以及其他细节，同时也可以减少商品页面关键字的配对错误，让卖家注册品牌的商品页面可以更精准地被搜索到。

（2）保护品牌，防止跟卖

在亚马逊平台上，热销商品往往会被其他卖家跟卖，他们通过借助这些热销商品的商品页面增加自链接，从而提高自身商品的曝光度及流量。但是如果卖家先进行了品牌登记，就可以很好地防止出现商品页面被篡改及跟卖的现象。

（3）可以使用 GCID 取代 UPCs 及 EANs

注册品牌让卖家可以使用 GCID，即全球目录编号（Global Catalog Identifier，由 16 个字符数的字母、数字组成，不包含空格或连字符）取代 UPCs（通用产品代码）以及 EANs（国际物品编码）。相比之下，GCID 与 ASIN 的不同之处在于 GCID 与商品直接相关，而 ASIN 则与商品详情相关，即会发生变化。因此，GCID 是独一无二的，且在哪个国家都一样，而 ASIN 在不同的国家会有不同的数值。另外，官方的 UPC 费用较高，而实行品牌备案后可以不需要 UPC 上传商品页面，从而节省购买 UPC 的费用。

（4）对商品拥有更多的控制权

当商品被很多人跟卖，且跟卖的卖家级别高，或者是拥有购物车，而被跟卖的卖家自身购物车很少的时候，跟卖的卖家就拥有了商品的编辑权。他们可以更改被跟卖的商品的页面链接和详细资料，如增加子链接、更改图片、PS 原有 Logo 等。而卖家在亚马逊后台登记品牌之后，就可以有效防止上述情况的发生。

（5）申请商品加锁，防止商品资料被改

如果登记品牌之后仍然发生被跟卖的情况，卖家可直接与亚马逊平台联系，说明该品牌是自己店铺的专用品牌，所以其他任何人都不能更改，并要求亚马逊平台锁上更改链接的权限，仅限卖家自己使用。

3.3.4　亚马逊全球开店服务

亚马逊平台拥有全球 3.04 亿优质客户。在亚马逊全球开店电子商务平台上，卖家可以实现货通全球，进行境外拓展，并接触到有强大消费能力的亚马逊 Prime 会员。在专业服务和卖家的支持下，将商品展示在亚马逊高点击率、高成交量的全球电子商务平台上，通过使用亚马逊物流，卖家可以更方便快速地将商品配送给买家。

1. 亚马逊全球开店的平台介绍

为了实现“最以客户为中心的企业”定位，帮助买家以更低价格购买全球的商品，亚马逊推出了全球开店业务，卖家通过亚马逊全球开店业务平台，可方便地进行货物销售。2012 年 3 月亚马逊在中国正式推出了全球开店项目，2014 年欧美、日本招商团队开始陆续成立，2015 年 2 月中文卖家支持团队成立，2016 年亚马逊物流团队、大客户团队和欧洲多语种团体正式成立。这些团队帮助卖家克服了语言障碍和线上操作不熟练的困难。

2. 亚马逊全球开店的语言支持

作为开店的必要条件，①全球开店项目要求卖家能使用当地语言对商品进行描述，并提供相应的客户支持。熟练掌握当地语言还有助于卖家研究该国的商业动态，从而了解自己商品的最佳定位。不过，也有许多卖家虽然不通晓当地的语言，但仍能在亚马逊平台上成功开店，这是因为亚马逊提供的以下服务和工具帮助卖家克服了语言障碍。

（1）卖家平台语言转换器

卖家平台语言转换器可以使卖家无须掌握法语、德语、意大利语、西班牙语或日语，就能在欧洲各国和日本开展业务。有了卖家平台语言转换器，卖家就可以使用英语管理所有以上亚马逊平台的运营。熟悉的操作界面有利于卖家快速学习和掌握相关内容，更有助于加快卖家拓展国际业务的速度。

（2）欧洲统一平台的商品信息创建与管理工具——多语种发布工具

多语种发布工具为卖家跨全部亚马逊欧洲平台发布及管理商品信息提供了一种简便的方法。当卖家想要将自己国内平台的商品信息与所有要开店的平台（目标平台）建立关联时，多语种发布工具将会基于卖家在源（国内）平台销售的商品，即时在目标平台创建商品信息。每当卖家在源（国内）平台更改价格时，目标平台的价格也会自动变更。其会监控汇率波动，并调整目标平台的价格。

如果卖家本身就在亚马逊欧洲统一平台注册了账户，则无须其他注册或创建费用，即可使用多语种发布工具。卖家只需启用多语种发布工具，就会自动将自己在源（国内）平台发布的所有合格商品信息发布到选定的各个目标平台中。另外，卖家随时可以取消与某个目标平台的关联。当商品被订购后，除了常规的亚马逊物流费用外，卖家还需要为每份通过欧洲统一配送网络向境外配送的订单支付一定费用。

3. 亚马逊全球开店的物流支持

亚马逊拥有全球最先进的电商运营系统及物流仓储运营体系。亚马逊物流为卖家提供了全套物流系统，以及全面的运营解决方案。卖家只需将商品就近运入亚马逊仓库，亚马逊物流就会自动将库存智能分配到全球。当买家下单后，卖家只需告诉亚马逊物流配送方式和收货地址，剩下的包装、配送和货到付款等工作均由亚马逊物流负责完成，且所有订单的跟踪信息可在系统内查看。卖家按商品实际体积及存储天数支付仓储费用和物流配送费用。

FBA 是亚马逊提供的代发货服务，卖家把货物发往亚马逊物流中心，亚马逊则提供包括仓储、拣货打包、派送、收款、客服、退货处理在内的一系列服务。亚马逊物流使卖家享受到优质的服务，帮助卖家提高商品竞争力和销量，从而全面发展电子商务。目前，亚马逊物流在全球拥有 1 137 个物流处理站，能够配送 185 个国家和地区。在美国，亚马逊建有庞大的物流网络，除了运营中心（fulfillment center）外，还有分拣中心（sortation center）、退货

① 如果卖家使用亚马逊物流服务，则将由亚马逊提供配送及退换货，相关的当地语言客服予以支持。

处理中心（return center）、第三方物流（3PL outsourced facilities）、亚马逊生鲜配送地（Amazon Fresh and Amazon Pantry facilitate）等。与此同时，使用亚马逊物流，商品的外包装会统一印刷上亚马逊标志，在亚马逊系统上显示由亚马逊配送，这会增加卖家进入购物车的概率。

综合案例1

亚马逊卖家之都——深圳

亚马逊平台上三分之一的第三方中国卖家都来自深圳。据估计，深圳是世界上亚马逊卖家数量最多的城市，也是中国商业和制造业领先地区之一广东省的经济中心。自1980年5月被指定为中国第一个经济特区以来，深圳吸引了大量投资，城市人口也从当时的数万人增长到现在的1 200万人之多。

根据电子商务数据公司（Marketplace Pulse）的研究，40.3%的亚马逊中国卖家位于广东省，其次是山西省，占9.6%；浙江省，占6.8%；福建省，占6.2%。其中，广东省和山西省的卖家数量占中国卖家的一半。从城市层面来看，广东深圳拥有31.8%的中国卖家；其次是广东广州，占5.1%；紧随其后的是山西太原，占3.2%；山西吕梁，占2.3%；浙江义乌，占2.2%。不仅卖家集中在广东和山西两个省，仅广东的两个城市的卖家就占到中国卖家的35%以上。

多年来在亚马逊顶级卖家中，中国卖家数量稳步增长，今年已超过40%。中国卖家数量不仅在新卖家注册方面超过其他国家，而且在继续增长。中国卖家之所以取得成功，不仅是因为亚马逊允许国际卖家使用亚马逊物流，从根本上克服了运输缓慢的问题，也是因为在中国进行的本地化努力。例如，2018年12月，亚马逊主办了第四届亚马逊全球卖家峰会。

对于中国零售商和制造商而言，亚马逊是接触美国和欧洲消费者最有效、最直接的平台。Wish和速卖通等平台，也是因为实现相同目的而著名的。“若你可以直接从中国购买4美元的游泳衣，为什么要购买40美元的美国制造的游泳衣呢？就此而言，当你可以直接从中国购买4美元的游泳衣时，为什么要花20美元购买由中国制造、由GAP这样的美国公司进口的游泳衣呢？”大西洋月刊的记者Alana Semuels写道。

思考题：

1. B2C平台为境外的买家带来了什么好处？
2. 你觉得深圳为什么会成为跨境电商的主要卖家聚集地？一个地区的跨境电商发展离不开哪些因素？

综合案例2

亚马逊强制下架扭扭车，引发了对知识产权的思考

杭州骑客智能科技有限公司（以下简称“骑客”）自主研发的电动平衡扭扭车，在2014

年刚面市即风靡世界，成为拉动出口的“黑马”。然而好景不长，仅仅1年时间，该产品就遭到国内企业侵权仿制，在恶性竞争下，质量事故频发，导致利润下滑，被境外“封杀”。这让所有在亚马逊销售扭扭车的中国卖家，以及国内制造商乃至整个平衡车行业的利益受到严重的冲击。

亚马逊全面禁售扭扭车

2015年12月12日，所有在亚马逊销售扭扭车的中国卖家都收到一封邮件，大致意思是：“你在亚马逊的物品链接被移除，因为我们收到来自该产品的专利相关者——美国电动滑板车巨头Razor公司的告知，该专利号为US 8，738，278。而且，亚马逊方面对卖家‘强制冻结账户资金，最长达90天，如果期间有纠纷，会强制退款’。”

亚马逊要求，卖家如果想继续售卖扭扭车产品，必须满足以下两个条件：①提供与所出售扭扭车相关的资质文件或者证书，包括UN38.3（《联合国危险物品运输试验和标准手册》电池认证）、UL1642（美国保险商试验所关于电池认证）、UL60950-1（美国保险商试验所关于充电器认证）；②提供证据证明其销售产品不属于侵权产品，并提供为产品和公司进行辩护的相关律师的联系方式。

事实上，早在亚马逊出手之前，中国扭扭车产品已经在部分国家遭遇“封杀”。2015年10月，英国伦敦警察厅发布了官方通知，提醒公民驾驶平衡车上路是一种违法行为；2015年11月，澳大利亚新南威尔士州州长Roads Duncan Gay表示将禁止这种交通工具在道路上出现；美国电商网站Overstock也宣布出于对安全的担忧而停售扭扭车。

亚马逊全线下架平衡车不仅是专利之争，更是对有关道路交通和行驶安全问题的直视，因为美国历来对生产、销售假冒伪劣商品处罚力度极大。从2015年12月初的英国扣留1.5万多辆不合格的扭扭车，到美国接连发生的超过10起扭扭车起火事件，扭扭车在境外频现安全问题。与此同时，美国三大航空公司（达美航空、美国航空和美联航）也宣布将禁止携带或托运电动扭扭车。2016年年初，美国消费品安全委员会发表声明表示，正在对市面上的两轮平衡车的安全性展开全方位调查。

亚马逊提供的解决问题的要求和步骤

（1）关于产品质量，亚马逊要求卖家提供证明目前在亚马逊销售的平衡车符合适用的安全标准，包括电池认证UN38.3和UL1642，以及充电器认证UL60950-1。

（2）这些产品可能涉及由美国公司Razor USA LLC因为美国专利号US 8，738，278提起的潜在专利诉讼，因此卖家必须提供书面的确认书应对任何专利侵权主张，确保使亚马逊免遭损害，为亚马逊进行抗辩并提供补偿。

（3）卖家可以提交信息给hoverboard-listing@amazon.com。在提交信息时，应准确地提供卖家的名字、卖家ID和希望销售的ASINs清单，且必须保证提供的产品安全信息是卖家希望销售的产品的相关安全信息。

（4）对于与Razor公司的专利侵权主张相关的更多信息，可联系Razor公司的法律顾问。

（5）亚马逊宣布将为在网站上购买平衡车的消费者提供全额退款，包括美国和加拿大的消费者在内都可以享受这个政策。

（6）2016年2月，亚马逊下架其网站上所有的电动平衡车产品，其中包括Razor平衡车和Hovertrax平衡车。目前，消费者只能在亚马逊网站上找到车轮等平衡车的相关配件。

亚马逊下架扭扭车，只是一个更加重视知识产权保护的开始。

思考题：

知识产权调研是产品海外出口前的非常工作，在知情或不知情的情况下侵犯知识产权是企业海外经营的重要风险。通过本案例的学习，请谈谈你对知识产权的认识。

复习思考题

1. 简述综合吸引力理论。

2. 作为亚马逊卖家，在选择欧美日市场时主要会面临哪些风险？应该如何规避？总结欧美日市场的特点和法律法规。

3. 总结亚马逊平台的特点，以及与其他电商平台相比的优势。

4. 请谈一谈跟卖的优缺点分别是什么？

5. 在亚马逊平台实行品牌备案有哪些好处？为什么？

小组活动

扫描二维码，观看视频并思考，出口到欧洲市场的产品需要取得哪些认证？

出口注意的政策法规

练习题

第3章

第4章

东南亚电商市场与虾皮平台

学习目标

了解市场细分的含义及标准。
了解虾皮平台的发展历程。
掌握虾皮平台商品上传的相关内容。
掌握虾皮平台的各种营销活动以及设置技巧。

关键词

商品详情页　商品上传　营销中心　我的数据

由于人口基数巨大、人口结构年轻化、经济发展速度较快，东南亚已被认为是具有较大潜力的电商板块。目前，虾皮（Shopee）是遍布东南亚的最大的移动社交购物平台之一。2018年，虾皮商城的下载量已经达到2亿。本章将基于市场细分理论，对东南亚的电商市场进行分析，并对虾皮平台的操作细节进行详细介绍。

4.1 市场细分理论

消费者是一个庞大而复杂的整体，由于消费心理、购物习惯、收入水平、资源条件和地理位置等存在差别，不同消费者对同类产品的消费需求和消费行为具有很大的差异性。

企业往往很难满足全部消费者的需求，只能通过市场调研将消费者细分为需求不同的若干群体，结合特定的市场营销环境和自身资源条件选择某些群体作为目标对象，并制定周密的市场营销战略，以满足目标市场的需求。

4.1.1　市场细分的含义

市场细分就是根据消费者购买行为的重要差异，把整个市场划分成若干消费者群体。市场可以按照多种方法进行细分，如地域、人口（性别、年龄、收入、种族、文化程度等）、社会文化因素（社会地位、价值观、宗教、生活方式）、心理因素（个性）等。由于不同的市场细分呈现不同的购买行为模式，因此商家通常要调整其营销组合以适应不同的细分市场。商家在面对不同的细分市场时，可以有不同的产品设计、定价策略、分销渠道和沟通策略。这样有利于特定细分市场中消费者的购买行为与营销组合之间更好地吻合，从而实现细分市场销售的最大化。

4.1.2　市场细分的依据和作用

1. 市场细分的依据

产品属性是影响消费者购买行为的重要因素，偏好模式根据消费者对不同产品属性的重视程度可以分为三种。这种需求偏好差异的存在是市场细分的客观依据。

（1）同质偏好：市场上所有的消费者有着大致相同的偏好。

（2）分散偏好：市场上的消费者对两种属性的偏好散布在整个空间，偏好相差很大。

（3）集群偏好：市场上出现几个群组的偏好，客观上形成了不同的细分市场。

2. 市场细分的作用

市场细分是制定市场营销战略的关键环节。根据市场细分结果，营销主管可以结合自己的营销思想、方针、力量及生产技术，确定自己的服务对象。

市场细分有利于发现营销机会。营销机会是指已经出现在市场上，但尚未开发的需求。企业通过细分市场可以有效发现这类需求，然后抓住有利机会，赢得市场的主动权。市场细分有利于将人力、物力等集中投入目标市场。通过细分市场，企业可以选择合适的目标市场，集中人力、财力、物力及资源，争取占据局部市场的优势，最终占领目标市场。市场细分有助于企业与竞争对手展开有效抗衡。市场细分可以使企业在竞争激烈的市场中发现目标消费者群体的需求特性，及时调整产品结构，增加产品特色，提高市场竞争力，从而与竞争对手展开有效抗衡。市场细分可以帮助企业拓展新市场，提高市场占有率。通过细分市场，企业可选出最适合的子市场作为目标市场。当企业占领这些子市场后，再逐渐向外推进、拓展，就能扩大市场占有率。市场细分有利于企业扬长避短，发挥优势。通过对整体市场的细分，企业可以确定自己的目标市场，进而把自己的优势集中到目标市场上，并充分发挥作用。

4.1.3　市场细分的标准

要进行市场细分，确定标准是关键。市场细分的基础是消费者需求的差异性，所以凡是能使消费者需求产生差异的因素都可以作为市场细分的标准。由于各类市场的特点不同，因此市场细分的标准也有所不同。

1. 消费者市场的细分标准

（1）地理因素细分标准，即按照消费者所在的地理区域来细分市场。处于同一地理区域的消费者，受当地地理环境、气候条件、社会风俗、传统习惯的影响，其需求有一定的相似性。

（2）人口因素细分标准，即将年龄、性别、收入、教育程度、职业、家庭规模等因素作为划分标准进行市场细分。人口因素是划分消费者群体最常用的标准。

（3）心理因素细分标准，即将消费者的心理特征，如个性、购买动机、价值观念、生活格调、追求的利益等作为划分标准进行市场细分。

（4）行为因素细分标准，即将消费者对产品的认识、了解和使用的行为作为标准进行市场细分。例如，购买时机、追求的利益、使用量和使用状态等。

2. 生产资料市场的细分标准

（1）最终用途

最终用途是生产资料市场细分最常用的标准。不同用户对同一种商品的使用目的往往不同，因而在购买时会对商品的规格、型号、品质、功能和价格等提出不同的要求，即追求不同的利益。例如，对钢材，有些企业是用来制造机器设备，有些企业是用来建筑楼房。

（2）客户的规模和购买力

在生产资料市场上，客户购买行为的差异很大，购买数量、付款方式、购货条件等也远比消费者市场上的差别显著。通常来说，大客户个数少，但购买力强；小客户个数多，但购买力较差。在西方国家，很多企业会建立适当的制度分别与大客户和小客户打交道。

（3）用户地点

用户地点涉及当地资源条件、自然环境、地理位置及生产力布局等因素。这些因素决定着地区工业的发展水平、发展规模和生产布局，形成了不同的工业区域以及不同的生产资料需求特点。工商企业往往按用户地点来细分市场，选择用户较为集中的地区作为自己的目标市场。这样不仅联系方便，信息反馈快，而且可以更有效地规划运输路线，从而节省运力与运费；同时，也能更加充分地利用营销力量，降低营销成本。

4.1.4 市场细分的方法

1. 单一标准法

单一标准法是指根据市场主体的某一因素对其进行细分，如按品种来细分粮食市场、按性别来细分服装市场、按用途来细分钢材市场等。

2. 主导因素排列法

主导因素排列法是指当一个市场存在多个选择因素时，可以从消费者的特征中寻找和确定主导因素，然后与其他因素有机结合，最终确定细分的目标市场。例如，职业和收入一般是影响女青年选择服装的主导因素，而文化、婚姻、气候则居于从属地位。

3. 系列因素法

系列因素法是指当细分市场涉及多项因素，并且各项因素之间先后有序时，则可由粗到细、由浅入深、由简至繁、由少到多逐步细分，使市场越来越明确。

4.2 东南亚电商市场

4.2.1 东南亚电商市场的特点

1. 东南亚电商市场具有庞大的消费力

东南亚地区人口密度大，目前人口规模已达 6.3 亿人（其中青年人口占 60%、城市人口占 50%），占世界总人口的 8.6%，年龄中位数约为 29 岁。在全球老龄化日趋严重的背景下，东南亚地区的适龄劳动人口直到 2020 年依然保持持续增长的态势，这一人口红利优势有利于东南亚地区形成更大规模的消费市场。

随着跨境电商时代的来临，东南亚已成为消费市场一颗冉冉升起的新星。东南亚不仅拥有较大的电商销售成长空间，其成长速度也十分惊人。作为先一步迈入成熟国家行列的新加坡，其国内中产阶级正在快速崛起，以约 4 000 美元的人均 GDP 作为迈向消费社会的指标。泰国、印度尼西亚成长最快，越南有 60%的人口在 30 岁以下，具有庞大的消费力。另外，马来西亚、印度尼西亚、泰国、菲律宾这四个国家的特点是人口红利高、年轻的劳动人口数量大、智能型手机普及率高，从而加速了国家上网行为跳过 PC 端，直接往移动方向发展。

2. 东南亚地区互联网发展迅速

2017 年《东南亚电子商务报告》显示，东南亚是全球互联网发展最快的地区。到 2020 年，东南亚网民数量将达到 4.8 亿，接近当前东南亚人口的 80%；未来十年，东南亚电子商务的复合年均增长率在 32%左右；到 2025 年，东南亚电子商务市场规模将达到 880 亿美元。

位于东南亚市场的印度尼西亚是世界第四人口大国。接下来的五年，仅仅印度尼西亚的市场增幅就会超过 80%，所有的权威数据都指向同一个结论：目前，东南亚正处于一个电商高速增长的阶段。

3. 东南亚地区互联网覆盖面大

在互联网用户方面，东南亚地区具有极为突出的数量优势，已超过 3.5 亿人。在全球范围内，截至 2018 年 1 月，东南亚地区是全球第三大互联网用户数最多的地区，仅次于东亚地区和南亚地区。有调查研究显示，未来五年，东南亚市场每天会产生约 12 万新的互联网用户，这使得东南亚成为 2015—2020 年全球增长最快的互联网市场。

东南亚人比全球其他任何地区的人在移动互联网上花费的时间都要多。东南亚人平均每天花费 3.6 小时在移动互联网上，其中排名第一的泰国人平均每天花费 4.2 小时，居于其后的印度尼西亚人平均每天花费 3.9 小时。相比之下，美国、英国、日本的消费者平均每天花费在移动互联网上的时长分别仅为 2 小时、1.8 小时、1 小时。

东南亚地区的互联网用户数量和平均每天使用互联网的时长，表明该地区在互联网使用上具有充足的发展空间，能够为中国卖家出口东南亚地区打下良好的互联网基础。

4.2.2 东南亚各国电商发展情况

1. 印度尼西亚

印度尼西亚拥有超过 1.3 亿的互联网用户，正在成为亚洲最大的智能手机市场之一。Statista 数据显示，2016 年印度尼西亚的在线购物者为 2 490 万人；2018 年电子商务市场的收入为 91.38 亿美元。随着人们的消费习惯发生变化，预计到 2025 年，印度尼西亚电子商务市场的在线零售额将达到 406 亿美元，仅次于中国和印度排在第三位，具有较大的市场空间。

在进口贸易中，印度尼西亚的主要进口国是中国、新加坡、日本、马来西亚和韩国。其中，中国具有显著的优势，从中国进口到印度尼西亚的产品总值为 321 亿美元。相比之下，日本为 113 亿美元，韩国为 66.1 亿美元。

2. 新加坡

相关报告显示，新加坡人更倾向于在网上购买非本土产品。在新加坡，55%以上的电商交易都是跨境交易，高于日本、韩国和中国跨境在线贸易数据。

在电子商务购买力方面，全球范围内通过电子商务平台购买消费品（如时装、食品、电子产品和玩具）的人数增长了 8%，每个人每年在电子商务上花费的金额也在增长，用户每年的平均收入（ARPU）同比增长 7%，达到 833 美元。新加坡人每年在电子商务上花费的金额平均高达 1 067 元，而中国人每年在电子商务上花费的金额平均仅为 858 元。

另外，据 GSMA Intelligence 报告，新加坡的移动用户享有超过 50 Mbps 的平均连接速度，位列全球前六。

新加坡电商交易最大的品类是玩具、爱好和手工品类，在 2018 年的市场交易额为 11.52 亿美元。其次是电子和媒体品类，在 2018 年的市场交易额为 10.22 亿美元。接着是时尚品类，2018 年的市场交易额为 8.82 亿美元。

目前，新加坡排名前五的电商平台为：Qoo10 SG、Lazada SG、Zalora SG、ezbuy、Charles and Keith。

3. 泰国

泰国作为东南亚的第二大经济体，是该地区互联网用户数量最多的地区之一。该国约有 6 900 万人口，其中互联网用户就有 5 700 万，占总人口的 82%。不断增长的互联网用户群，使泰国成为电商市场增长的理想环境。目前，泰国电子商务市场价值 36.48 亿美元，预计年收入增长率为 13.3%，2022 年将达到 60.06 亿美元。

在泰国，电子和媒体是目前最领先的电子商务品类，市场价值达到 14.04 亿美元。其中，消费电子的收入达到 9.4 亿美元。经过全球比较发现，大部分收入来自中国。

玩具、爱好和手工品类是泰国电子商务行业的第二大市场。随着该国在线游戏和手机游戏的不断增加，预计该行业将获得强劲增长。其次是时尚品类、家具和电器品类、食品和个人护理品类。

在支付方面，根据泰国政府的国家电子支付总体规划，泰国财政部和商业银行共同在全国范围内安装了总计 55 万个电子数据采集（EDC）终端，以支持信用卡/借记卡支付。基于此，电子钱包、手机银行、网上银行、信用卡和借记卡等数字支付方式正在逐渐被关注。2017 年，泰国还启动了 PromptPay（及时支付）服务，允许注册用户仅使用手机号码或公民身份证进行转账。另外，还有其他几家私营企业和大型银行也对移动应用程序进行了更新以支持二维码支付。

在物流方面，泰国的许多物流公司都已经建立起中央仓库以及全国范围内的接送点，以维持电子商务需求的增长。对于中小型企业而言，这意味着更大的便利性和更快的流程，从而以更低的成本交付给消费者。

4. 越南

越南是东南亚主要国家中最易被忽视的电商市场之一，但实际上其发展前景很好。相关数据显示，2018 年越南电子商务市场的收入为 27.33 亿美元，预计其收入会实现 13.5%的年增长率，到 2022 年市场交易量将达到 45.43 亿美元。

在越南，有 77%的人在闲暇时会浏览互联网。2016 年，越南有 6%的城市家庭在网上购买快速消费品，并且比在线下购买时多消费 3～4 倍。2017 年，越南已经有 23%的高收入家庭计划更频繁地在网上购物，因为他们十分依赖电子商务的便利性。

越南人在线购物时，也更倾向于选择国际进口品牌而非本土产品，因为他们相信进口品牌会提供更高质量的产品和服务。目前，越南电子商务市场最大的品类是电子和媒体，在 2018 年的市场交易额为 9.6 亿美元。其次是玩具、爱好和手工品类，在 2018 年的市场交易额为 5.98 亿美元。目前在越南，比较热门的电商网站是：Lazada VN、thegioididong（越南手机购物网）、Tiki（越南 B2C 电商平台）、Vatgia（越南 B2B 电商平台）、Sendo（越南电子商务零售商和在线商务平台）。

5. 马来西亚

数据显示，2018 年马来西亚电子商务市场的收入为 13.80 亿美元，预计未来收入会实现 17.6%的年增长率，到 2022 年市场交易量将达到 26.35 亿美元。

马来西亚电子商务市场最大的品类是电子和媒体，在 2018 年的市场交易额为 4.77 亿美元。其次是家具和电器品类，在 2018 年的市场交易额为 3.56 亿美元。马来西亚人在线购物时，首选的支付方式为在线支付，31%的消费者喜欢在网上购物时通过网上银行转账支付。

马来西亚的主要进口伙伴是中国、新加坡、日本、美国和韩国，其中中国为马来西亚提供的进口产品贸易额最高，达 377 亿美元。日本为 121 亿美元，美国为 118 亿美元，韩国为 75.3 亿美元。

目前，马来西亚最热门的电商网站是：Lazada MY、11street MY、Zalora MY、Shopee MY、Myfave。

6. 菲律宾

菲律宾目前有 3 775 万电子商务用户，预计到 2022 年用户数量将达到 5 320 万人。菲律宾人每人每天在社交媒体上花费近 4 个小时，是全球范围内连续三年在社交媒体上花费时间最多的国家。2018 年，菲律宾电子商务市场的收入为 16.27 亿美元，其中最大的品类是电子和媒体，市场交易额为 6.18 亿美元，预计收入年增长率为 15.2%，到 2022 年市场交易量将达到 28.71 亿美元。

在东南亚地区的电商市场中，菲律宾是唯一一个 Lazada 占主导地位的市场，Lazada 的每月访问次数达到 3 500 多万次，市场竞争力非常大。

4.3 虾皮平台

4.3.1 虾皮平台简介

虾皮平台（Shopee）的发展最早可以追溯到其母公司 Sea。作为首家于纽交所上市的东南亚互联网企业，Sea 旗下的电子娱乐、电子商务和电子金融业务在东南亚与我国台湾市场首屈一指。Sea 成立于 2009 年，总部设在新加坡，其使命是通过技术改善本地区消费者和小企业的生活。2016 年，Sea 获得马来西亚国库控股公司的投资以及腾讯追投的 1.7 亿美元 D 轮融资。

作为 Sea 的子公司，虾皮平台成立于 2015 年，在同年 6 月正式上线，之后快速发展，且在短短几个月内在东南亚和我国台湾地区市场的日订单量就超过 10 万单，月成交总额超过 3 000 万美元，尤其是在我国台湾地区已经稳居移动购物 App 的第一名。更可贵的是，该平台的用户活跃度很高，平均一个用户每次打开 App 会浏览 10～20 个产品，转化率接近 15%。

2018 年，虾皮平台总销量达到 103 亿美元，同比增长 149.9%，App 下载量超过 2 亿，员工遍布东南亚与中国。根据权威移动数据分析平台 App Annie 的数据统计，虾皮平台为 2018 年东南亚购物类 App 下载量第一名；2018 年“双 11”与“双 12”大促跨境卖家单量分别为上一年的 8 倍与 10 倍。另外，虾皮平台也为中国卖家提供自建物流、小语种客服和支付保障等解决方案，使卖家可轻松触达东南亚 7 大市场。

4.3.2 虾皮平台发展战略

虾皮平台能快速占领东南亚市场，与其独特的发展战略息息相关。

第一，与欧美国家不同，东南亚并没有经历互联网 PC 时代，而是直接跳跃到移动时代。在智能手机的普及与推广下，东南亚互联网用户（特别是年轻人）平均每天在移动端花费近 4 个小时，十分依赖于移动设备获取信息并进行购物。根据东南亚互联网生态的特点，虾皮平台顺势推出专注于移动端的战略，通过简便、易于使用的交互页面优化移动端用户体验，探索适用于移动场景的运营方式，以吸引海量用户。

第二，社交媒体在东南亚市场上扮演着重要的角色。东南亚的年轻人每天在社交媒体上花费大量的时间，在网购时喜欢通过聊天咨询，跟卖家沟通以了解更多细节。虾皮平台抓住这一点，大力发展社群媒体，使移动社交实现电商化。

第三，为了吸引更多的卖家从而扩大市场，虾皮平台通过为卖家提供流量扶持、自建物流服务、小语种客服服务及产品翻译等方案缓解了卖家的压力。另外，为了缓解卖家高额的物流成本压力，虾皮平台针对不同的站点制定相应的运费补贴政策，而运费补贴将随货款，通过第三方平台 Payoneer 汇入卖家账户。

4.3.3　虾皮平台各站点介绍

虾皮平台在 2018 年的飞速发展，吸引了小米、华为、OPPO、网易严选、海澜之家、美的等品牌相继入驻，其几次大促打破了历史纪录，总销售额也实现了翻倍增长。虾皮平台目前已覆盖马来西亚、印度尼西亚、新加坡、泰国、越南和菲律宾等 6 个国家以及我国台湾地区。同时，在我国香港、深圳和上海设立了办公室。

在虾皮平台七大站点中，我国台湾站点和马来西亚站点是虾皮平台最成熟、流量最大的站点。台湾站点是客单价最高、物流时效最快的站点，而且可以与买家中文沟通，十分适用于国内转型跨境电商的卖家。马来西亚站点物流时效在 7～10 天，且购买力逐年提高，主要使用英文与买家沟通。同时，这两个站点也是中国卖家最集中的站点。印度尼西亚站点和泰国站点是虾皮平台增长速度最快的站点，未来可能成为东南亚电商的主要市场。由于两个站点都处于小语种国家，其语言障碍使得中国卖家在这两个站点的效率较低。菲律宾和越南是东南亚第二和第三人口大国，市场潜力巨大。菲律宾站点相对比较完善，且可以直接用英文与买家沟通，转化率较高。虽然越南作为小语种国家，卖家无法直接用英文与买家沟通，但其却是目前转化率最高的站点。新加坡的电商建设是目前东南亚国家中最好的，其物流时效也十分快捷。由于新加坡国内生活着大量华人，卖家不仅可以用英文与买家沟通，有时也可用中文与买家沟通。但新加坡市场较为有限，平台竞争激烈。

4.4　了解虾皮平台页面

虾皮为买家打造了一站式的社交购物平台，营造了轻松愉快、高效便捷的购物环境，提供性价比高的海量商品，以便买家随时随地浏览平台、购买商品并即时分享。下面，我们以虾皮马来西亚站点为例，查找商品 OUTDOOR SPORTS WATCH（户外运动手表），来介绍虾皮平台页面的结构和特点。

4.4.1　基本信息

虾皮平台的商品信息较为简单，使买家能更快地获取自己需要的信息。如图 4-1 所示，页面左侧显示的是该商品的高清图片，单击图片可以将其放大。每个商品最多可以有 9 张高清图片，每种型号也都有其相应图片的展示。

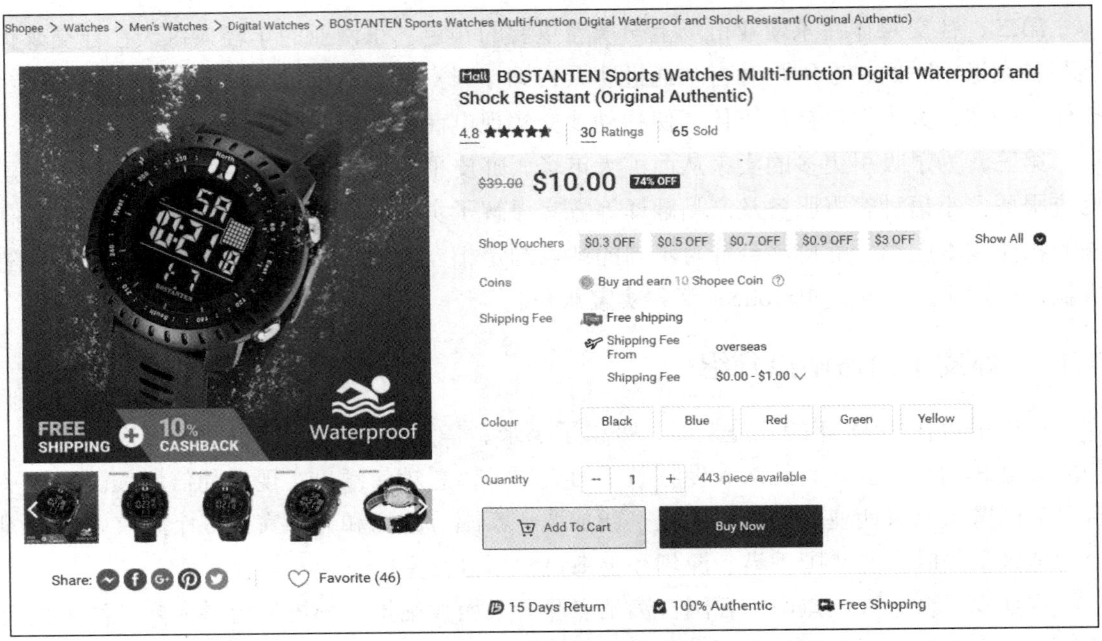

图 4-1　商品基本信息页面

页面右侧的文字总结了该款运动手表的基本信息以及购买情况：首先是商品名称，包括品牌（BOSTANTEN）和具体名字（Sports Watches Multi-function Digital Waterproof and Shock Resistant）。其次是消费者对该商品的评分等级，虾皮平台目前的最高评分等级为 5 颗星，该商品的评分等级为 4.8 颗星。评分等级右侧是商品评价和出售数量，如该款运动手表目前有 30 条评价、出售数量为 65 个。下方是商品原价及折后的价，该商品原价为 39 美元，折后价为 10 美元。接下来是商店的优惠券和套餐优惠，该店铺目前设置了两种商店优惠券和套餐优惠。关于该商品运送到指定城市的运费也会在页面中显示，以供买家在购买商品时根据自身所在的城市查询商品所需的运费。最后可以看到目前该商品的种类以及库存数量。以此手表为例，目前可供买家选择的颜色有 5 种，当买家选好特定的颜色后，具体商品的样式也会显示在页面左侧。

如图 4-2 所示，在基本页面的下方，虾皮平台还为买家推荐了几个和该商品非常相似的商品，以便买家能够有更多的消费选择，同时能够从中进行比较，从而提升购物体验。

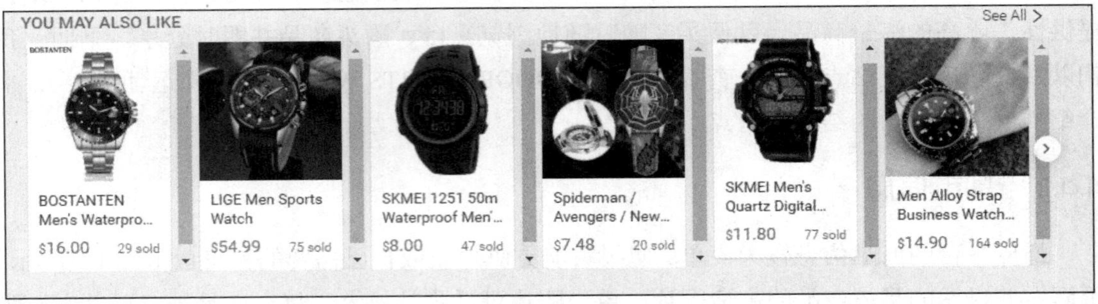

图 4-2　相关推荐商品

4.4.2　详细信息

虾皮平台采用表格的方式对该款运动手表的细节进行了描述，使买家能更清晰地了解商品的主要细节。图 4-3 所示为商品规格即细节描述，包括产品分类（Classification）、品牌（Brand）、质保（Warranty）、防水（Water Resistance）以及库存等信息。

商品规格

分类	Shopee > Watches > Sports > Digital Sports
Brand	Bostanten
Strap Material	Rubber
Case Material	Rubber
Warranty	No
Water Resistance	Water-Resistant
库存	7510

图 4-3　商品规格

4.4.3　商品描述

图 4-4 所示为虾皮平台卖家提供的商品描述。为了方便买家更全面清晰地了解商品，虾皮平台的卖家会将商品参数、功能特性更多地展示出来，这不仅提高了商品信息的全面性，也避免了买卖双方因商品信息而进行的不必要的沟通，从而提高了买家的购物效率。

商品描述

Original imported products 100%

Off-the-shelf and shipped within 24 hours!

Welcome to resale / wholesale!

Follow us and get information about discounts and new items!

Import ★. Electronic movement with analog digital display. Shockproof, military (operation key 12 H / 24 H) reinforced resin belt, more ergonomic design, comfortable to wear

Super multi-function: dual zone, date and date calendar, alarm clock, waterproof, LED screen, backlight, shock resistance, stopwatch.

Material: Anti-vibration lightweight resin. Excellent ABS position and stainless steel bottom case make the watch durable

Very transparent resin material and sealed with the outer casing of the high frequency machine. Mineral window is very difficult and pressure resistant

3ATM waterproof: Do not hesitate to use your hands while taking a bath or swimming. Note: Do not press any buttons in the water.

Gift Ideas: Sports watches are great gifts, birthdays, friends' birthdays, gifts for loved ones, Mother's Day, graduation gifts, Valentine's Day gifts, or gifts for work and parties.

图 4-4　商品描述

4.4.4　商品评论

图 4-5 所示为虾皮平台根据买家对商品评论给出的评分等级。买家在浏览商品详情页时，可以根据商品评论以及买家所附图片对商品进行更全面的了解。这对于尚未开始购买

的买家有很强的指导作用。以该款运动手表为例，评论中大部分为 5 星好评，且许多买家都附上了更直观的买家秀图片，这对提高商品的销量有十分关键的作用。

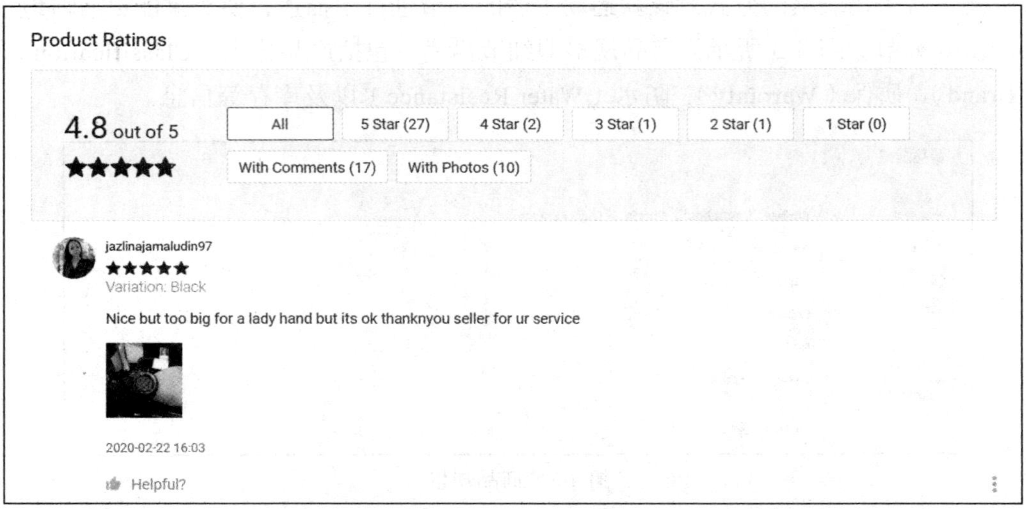

图 4-5　商品评论

4.5 产品上架

4.5.1 后台介绍

虾皮卖家中心后台页面如图 4-6 所示，页面左侧导航栏功能具体如下。

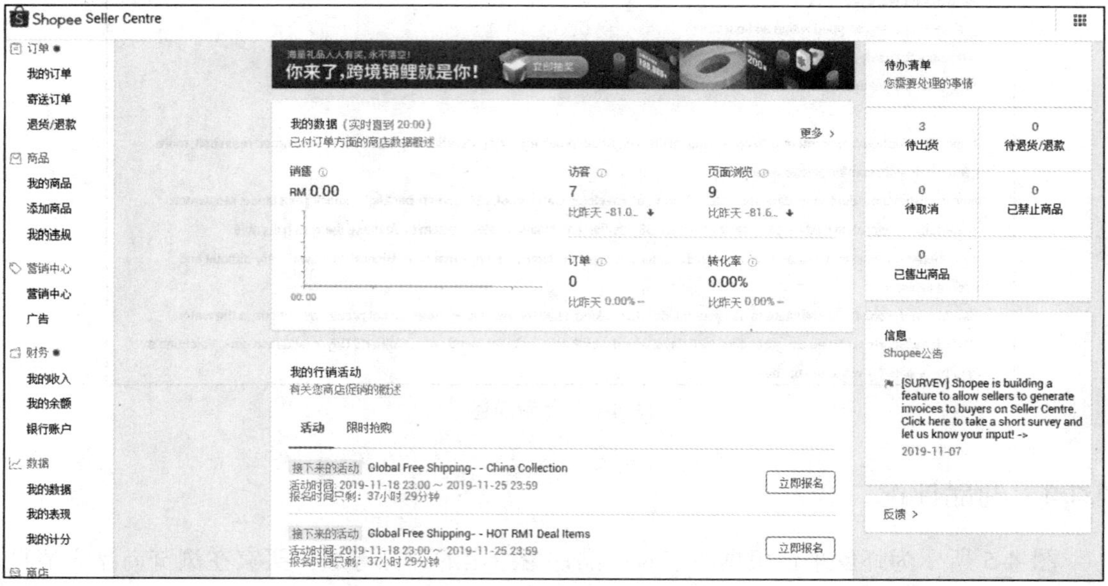

图 4-6　虾皮卖家中心后台页面

（1）订单：可以查看店铺销售产生的订单、需要操作发货的订单以及退货退款订单。

（2）商品：可以查看店铺所有商品、添加商品以及下架商品。

（3）营销中心：卖家可购买平台关键字广告服务、报名参与平台促销活动以及设置店铺优惠券等。

（4）财务：卖家可以查看店铺收入、绑定虾皮平台支持的第三方支付平台账户。

（5）数据：卖家可以查看店铺表现的关键数据，包括“仪表盘”“商品”“销售”等方面。

（6）商店：可以查看和修改卖场装饰、语言设置等相关设定。

右侧面板主要包含以下内容。

（1）我的数据：数据概览，可帮助卖家了解店铺的表现。

（2）待办清单：显示的是需要卖家处理发货、待同意退款或者取消订单申请的概况。

（3）我的行销活动：近期正在进行报名的活动会显示在这个模块当中。

（4）信息：展示平台面向所有卖家发布的公告内容。

（5）反馈：进入反馈界面，虾皮卖家可以根据自己的使用情况对平台的具体功能提出改进意见。

4.5.2　商品上传操作流程

在我的商品（见图 4-7）中，卖家可以进行商品上传、编辑及下架等操作。卖家可以通过输入商品名称、商品数量、商品销量或选择类别等搜索已经上传的商品，从而对某个商品进行更新编辑，也可以针对该商品进行关键词广告推广及置顶推广等。

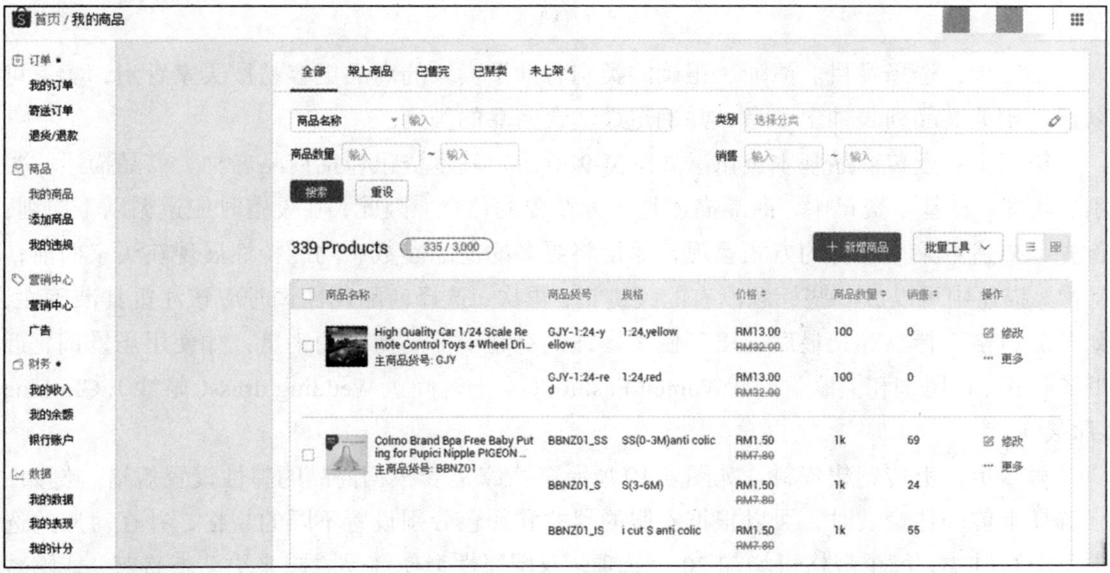

图 4-7　我的商品

卖家在上传商品时，主要包括以下步骤。

第一步：单击新增商品，输入商品名称。卖家进入图 4-8 所示的页面，按要求输入商品名称。这里值得注意的是，商品名称的设置应该遵循以下原则：尽量包括用户热搜词；名称中的关键词顺序应尽量与用户热搜词一致；名称中关键词之间的间距应尽量小。虾皮平台将名称限制为 120 个字符，其中不能使用标点符号，也不允许使用主题评论，如“热门商品”或“畅销商品”等。另外，在设置名称时应当注意单词首字母需大写的问题。在商品名称的后期优化中还应注意，若需要修改关键字，应尽量选择在流量较小的时段进行，以尽可能降低对商品排名的影响。另外，商品名称更改频率不宜太高，修改内容也不宜过多，否则会对商品搜索排名产生影响。

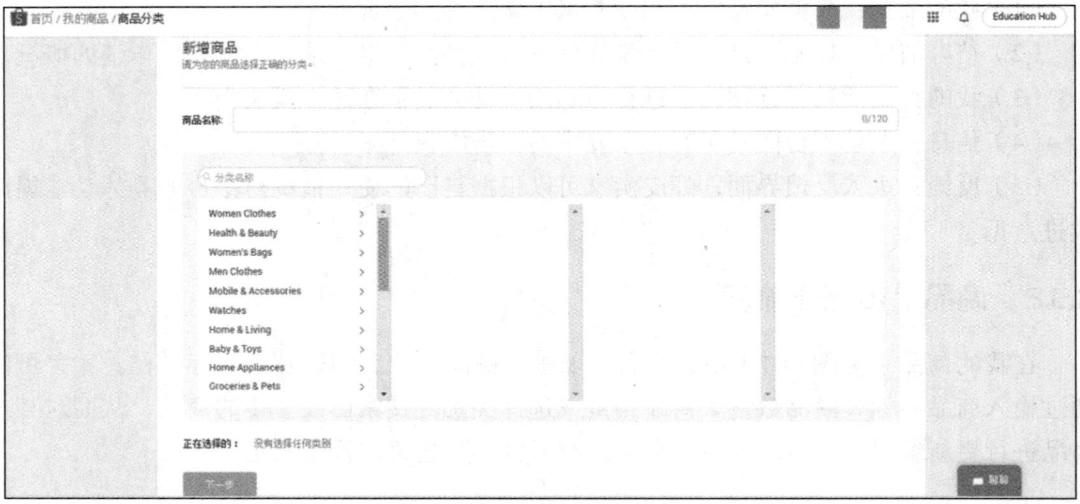

图 4-8　新增商品

第二步：选择类目。清晰、正确的类别有助于卖家的商品更容易被买家看到，卖家可以通过相关商品列表抽出参考，并确定最适合商品的类别。

第三步：上传商品基本资讯。如图 4-9 所示，基本资讯包括商品名称、商品描述、类别、品牌。在基本资讯中，商品描述是十分重要的信息。因此，在设置时应遵循以下原则：首先，描述可采用短句的方式呈现，尽量将更多的商品参数、功能特性展现在买家面前；其次，描述中可以放一些标题没有的关键词；再次，选择商品属性词时应该注重其准确性，如产品风格、特点等；最后，正确使用修饰词有利于提高商品的销量，如使用场景词、近期流行词、长尾词和关联词，如 Women Fashion（女士时尚）、Wedding dress（婚纱）、Clothing（服装）。

第四步：上传销售资料。如图 4-10 所示，卖家需要根据商品的特性设置规格。例如，当选择上传一件童装时，可以根据衣服的尺寸和颜色分别设置不同的规格，并在对应的选项下填写种类，每个规格可增加 20 个选项。双层属性会使商品看起来更清晰直观，能够减少与客服的沟通成本，提高商品的转化率，降低商品的退货退款率，更有利于买家进行下单选择。

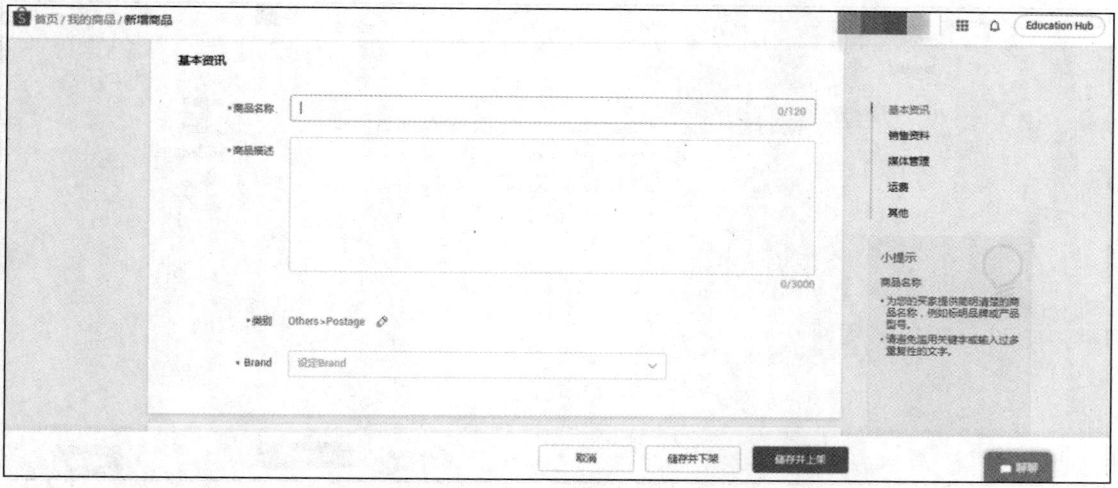

图 4-9　商品基本资讯

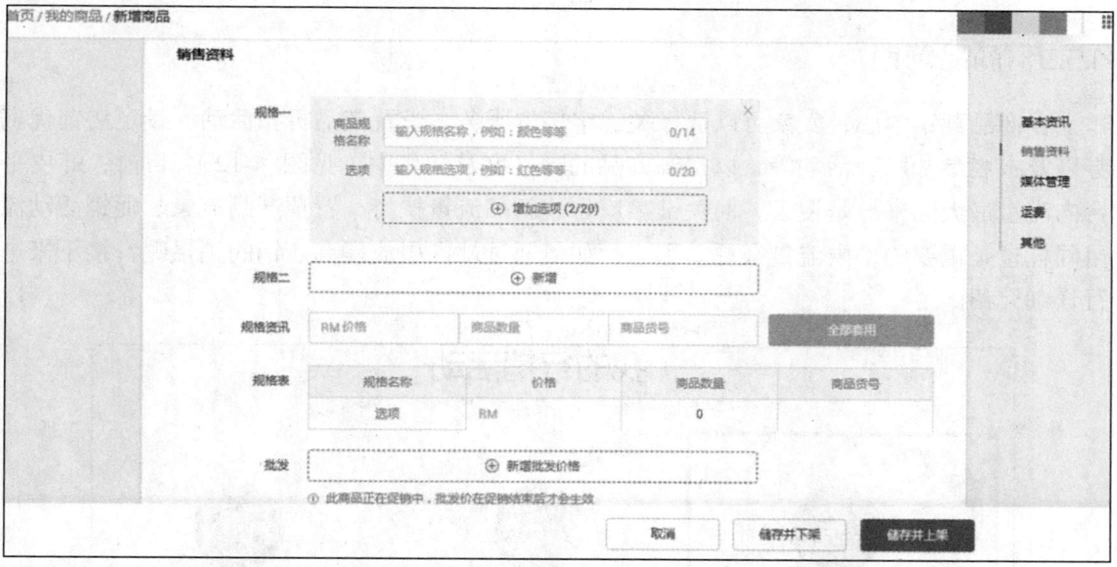

图 4-10　商品销售资料

第五步：媒体管理。如图 4-11 所示，虾皮平台将上传的商品图片数量限制为 9 张，而选择合适的展示图片可以极大地提高商品的点击率和销量。因此在选择商品图片时，应该注意以下两点：一是要做好图片准备。这需要卖家关注行业内的发展情况，观察销量高的店铺使用哪种图片，并认真学习其他店铺的图片形式。吸取经验后，制作自己商品的图片，将尺寸大小设定为 400 像素×400 像素或 800 像素×800 像素。二是首图必须有代表性。作为封面图像，待售商品必须至少覆盖图像框架的 60%，且必须完整显示在框架内。9 张图尽量全部添加上，以最大限度地展现商品的直观特征，这样能提高商品的信息质量。同时，卖家还可以根据商品的不同规格上传对应的商品图片。例如，当上传一款童装时，可以根据童装的不同颜色分别上传对应的图片，以便买家在选择具体规格的商品时能更清晰地看到实物图，进而提高商品的转换率。

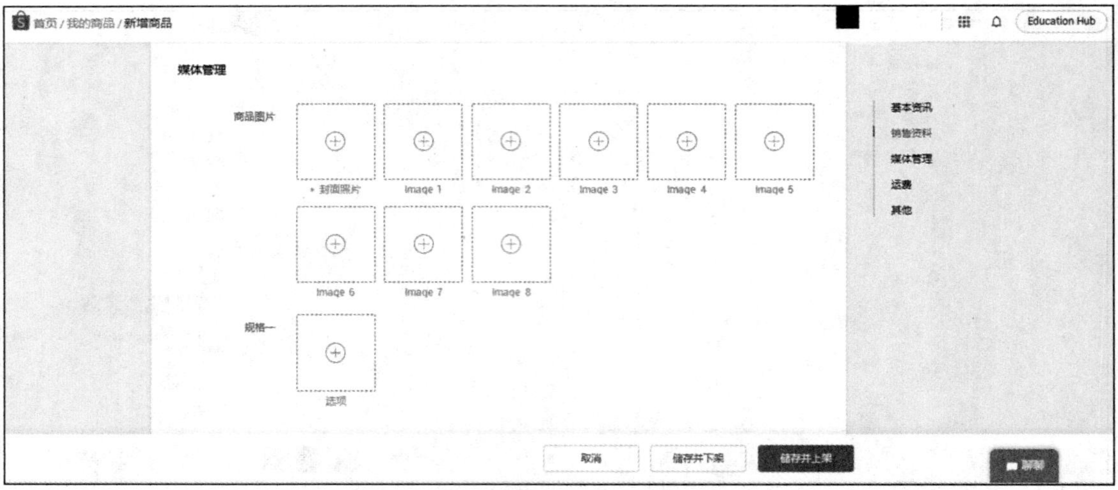

图 4-11　商品媒体管理

4.5.3　商品营销

在商品营销中心，卖家可以选择关键字广告服务、设置商品折扣活动、设定店铺优惠券以及报名参加平台活动等，以提高商品的曝光度及转化率（见图 4-12）。目前，虾皮平台内流量最大的来源是搜索，而关键字广告、新品流量扶持、置顶产品流量、促销活动流量同样也是重要的站内流量来源。那么，如何通过站内引流提高店铺的销量呢？接下来进行详细介绍。

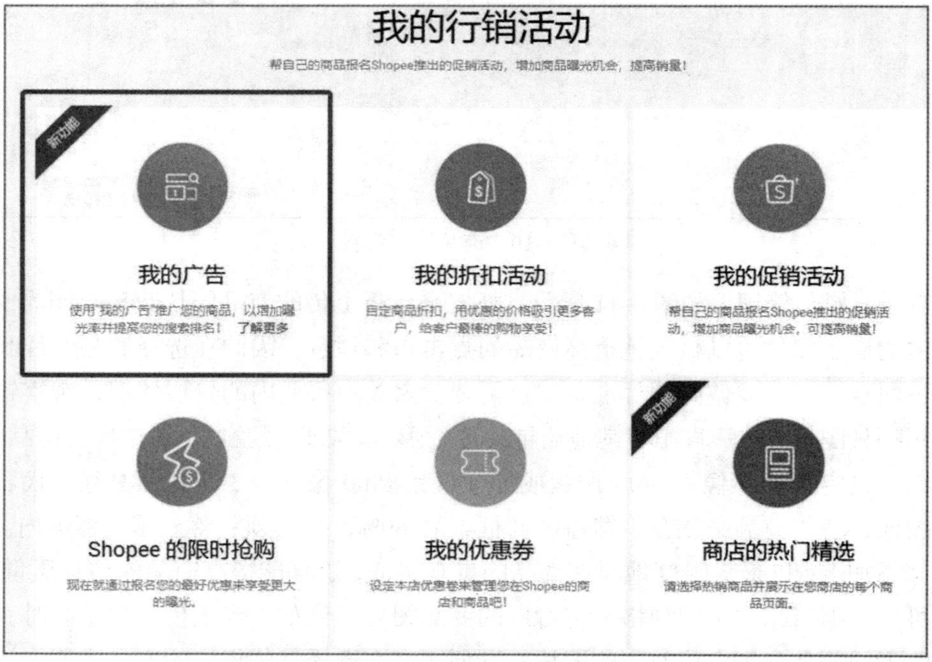

图 4-12　商品营销中心

1. 关键字广告

关键字广告是虾皮平台推出的一项能够提高卖家商品在移动端及平台网页端曝光率的营销活动。当买家搜索相应的关键字时，购买了该关键字广告的卖家商品将会优先出现在搜索结果中，这有助于卖家吸引更多的买家，以此带来流量和订单量的增长（见图 4-13）。

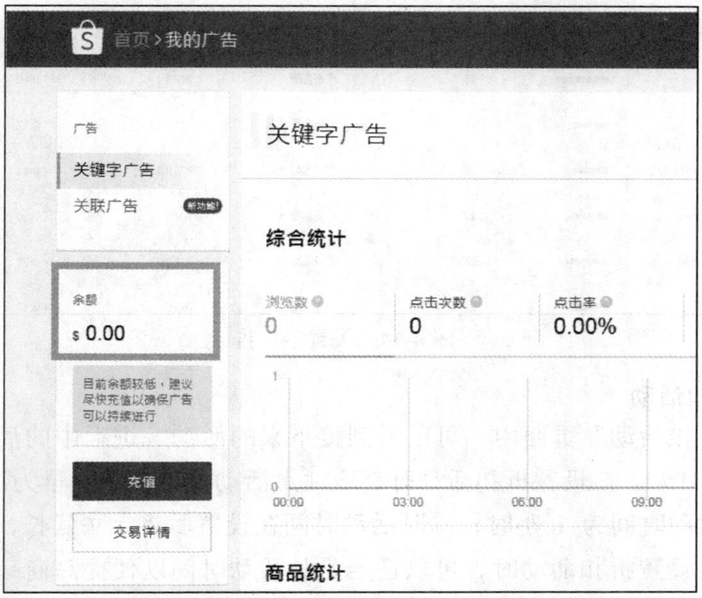

图 4-13　商品广告页面

在设置商品关键字广告时，有以下三点需要注意。

（1）余额（Balance）：目前关键字广告充值账户中的可用余额。

（2）整体数据（Overall Statistics）：所购买关键字浏览数、点击数、点击率、订单数等相关数据，卖家可选择需要查看数据的时间段以及导出数据。

（3）添加新的关键字广告（+Add New Keyword Ads）：为新的商品购买关键字广告，购买成功的商品会出现在下方。

卖家选择某一关键字进行广告投放前，可以根据虾皮后台相关关键字推荐以及对应品质分数和搜索量的分析决定最终使用的关键字（见图 4-14）。当其他卖家也购买相同关键字时，就会有多个广告和卖家的商品出现在相同的结果页面中。广告排名顺序会根据关键字质量评分和设定的单次点击价格决定。其中，关键字质量评分受到预测点击率、广告线上表现和相关度的影响。

对于商品的关键字，卖家可以设置该关键字的单次点击价格（Bid price），还可以同时设置该关键字的预算上限。当消费达到上限时，该关键字将自动暂停参与关键字广告。关键字广告的费用仅产生于每次买家通过搜索此关键字并单击该商品时。商品最终的收费与商品在前端的实际排名、商品的关键字质量评分、商品的关键字单次点击价格、排名后一位商品的关键字质量评分、关键字单次点击价格相关。但是，每次点击的实际收费都不会高于该商品所设置的关键字单次点击价格（Bid price）。

图 4-14　关键字广告

2. 商品折扣活动

在“我的折扣活动”页面中，可以看到接下来的活动、进行中的活动和已过期的促销活动（见图 4-15）。在设置折扣活动时，应注意活动开始时间最早为设置时间的 24 小时之后，最短活动时间为 1 小时；同时活动时间在设置后将无法延长，只能缩短或者删除重设。所以在设置折扣活动时，可以适当延长活动时间以便提高商品的销量，从而有效避免店铺商品较多以致难以管理的问题。在设置折扣活动时，切记不要提高原价再打折促销，若卖家有夸大不实的折扣行为，虾皮平台将会在两天内删除该商品，并且根据卖家计分系统的标准予以扣分。例如，商品 A 售价为 100 元，在活动开始前一段时间，卖家将商品价格调升至 120 元，再进行打折销售，这时卖家将被警告，情节严重者涨价商品还会被删除。

图 4-15　我的折扣活动页面

3. 我的优惠券

卖家可自行设置适用于店铺所有商品的优惠券（Shop Voucher）以及仅适用于选定商品的优惠券（Product Voucher）（见图 4-16），并针对不同的优惠券设定相应的使用额度要求、可领取优惠券数量、优惠券有效时间等，以此来吸引买家进入店铺购买商品。

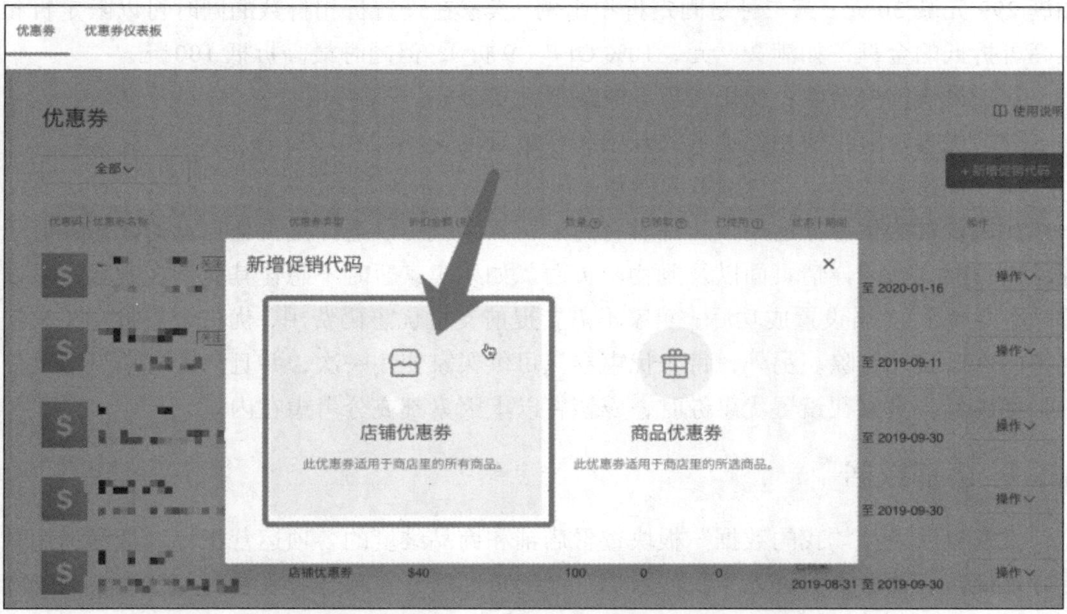

图 4-16　商品优惠券页面

进入新增优惠券页面（见图 4-17），需要填写以下内容。

图 4-17　新增优惠券页面

（1）优惠券名称：这个名称是非公开的，仅供卖家参考。

（2）优惠码：前四位字符由系统直接生成，卖家可以自行决定优惠券后面的 1～5 个字符。

（3）折扣类型及优惠限额：虾皮平台的优惠券有两种形式：第一种是固定折扣额度，如满 299 元减 30 元；第二种是固定折扣比例，卖家在设置折扣折数的同时可以限定折扣数最高可折抵的金额，如满 299 元，10% OFF（9 折），但同时最高折抵 100 元。

（4）最低消费金额：使用优惠券的最低消费金额。

（5）优惠时限：使用优惠券的开始和结束日期。

（6）优惠券数量：优惠券的总数量。

如果设置的优惠券适用于店铺所有商品，卖家就可以选择是否让自己的优惠券显示在商品主页面、商品详情页面以及购物车页面。如果卖家暂时不想让其显示在卖场，可以设置“不要显示”。当设置成功后，卖家不需要提前支付优惠码费用，优惠金额将在买家使用优惠码之后自动扣除。另外，每张优惠券只可供买家使用一次，并且一个订单只可以使用一张优惠券。卖家在设置优惠券时，应该将以上因素都充分考虑在内。

4.5.4 店铺数据

卖家可以通过“我的数据”板块查看店铺和商品维度的各项运营指标，从而运用数据更好地提升店铺形象。进入“我的数据”详情页面后，在顶部可以看到“仪表板”“商品”“销售”“行销”（见图 4-18）。

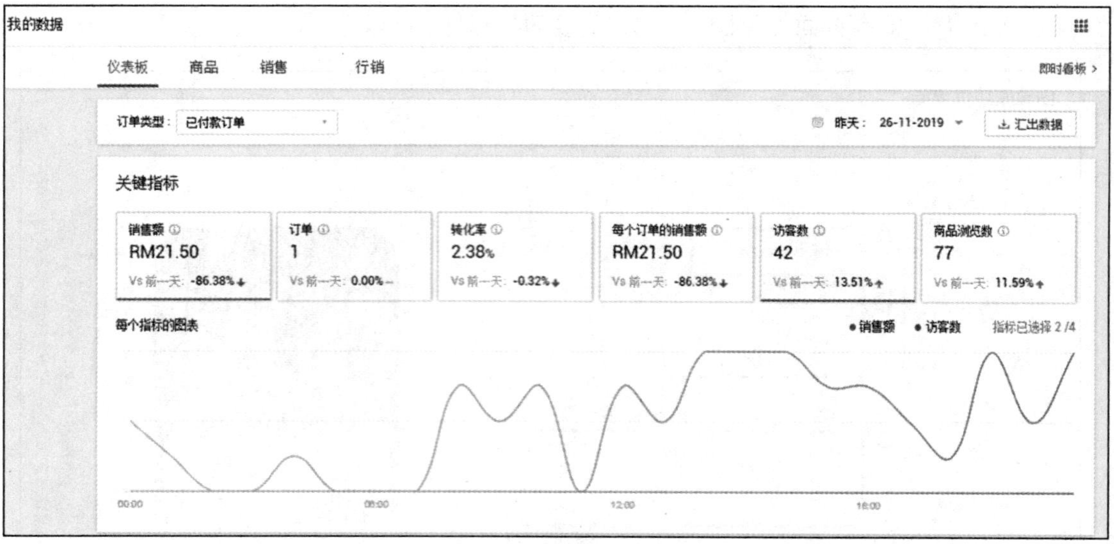

图 4-18 “我的数据”详情页面

1. 仪表板

卖家可以在“仪表板”板块查看店铺关键指标、买家概述、商品排名及分类排名四个维度的数据，从而了解店铺整体的运营表现。

在“仪表板”板块下，卖家可根据统计分析的需要，对店铺数据统计的时间段和订单类型进行筛选，注意所有指标都基于已选择的时间段和订单类型。卖家可以选择直接在线查看，也可以选择单击页面右上方“汇出数据”下载到表格中进行查看。单击页面左上方的下拉菜单，可以查看订单类型。目前平台提供以下两种订单类型：①已下订单：指所选时间范围内所有买家所下订单（包含所选时间段内已下单但未付款的订单）；②已付款订单：指所选时间范围内所有完成付款的订单（包括在所选时间段之前下单，但在所选时间段内完成付款的订单）。仪表板页面的数据（除了关键指标中的“访客浏览数”和“商品浏览数”）都基于选择的时间段和订单类型。

（1）查看关键指标

商品部分展示了店铺的以下几个关键指标（见图 4-18）。

① 销售额：当地货币统计周期内的总销售额，不包括运费，并且是使用折扣或商品优惠券后买家实际支付的价格。变化是基于当前数据和前一期数据的比较。

② 订单：在所选期间内，已付款的订单（包括货到付款）及已取消或退货的订单。

③ 转化率：在所选期间内，已付款订单的访客数与访客总数的比值。

④ 每个订单的销售额：在所选期间内，卖家店铺中的每个订单平均售出的商品，是总销售额与订单总数的比值。

⑤ 访客数：统计周期内，通过 PC 端及移动端浏览店铺内商品的访客数。其中，同一用户反复多次浏览店内多个商品将计为一个访客。

⑥ 商品浏览数：在所选时期内，通过 PC 端和移动端浏览商品详情页面的总数量。

需要注意的是，关键指标中的访客数和商品浏览数，不会随着订单类型的切换而发生变化。

（2）查看买家概述

买家概述部分展示了与买家结构相关的指标（见图 4-19）。

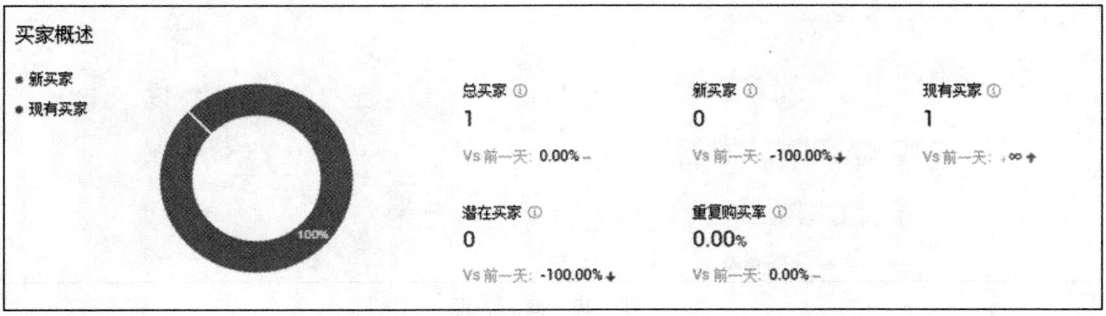

图 4-19　买家概述

① 总买家：在所选期间内，已付款订单的买家总数。

② 新买家：在所选期间内，新买家的总数。新买家是指在所选期间之前的 12 个月没在卖家店铺有过任何已付款订单的买家。

③ 现有买家：在所选期间内，现有买家的总数。现有买家是指在所选期间之前的 12

个月内在卖家店铺浏览商品并完成至少一个已付款订单的买家。

④ 潜在买家：在所选期间内，潜在买家的总数。潜在买家是指在所选期间内曾添加商品到购物车或对卖家店铺中的商品点赞，但没有为任何订单付款的买家。

⑤ 重复购买率：在所选期间内，付款订单超过一次的买家总数与已付款订单的买家总数的比值。

卖家可以通过环形图查看新买家和现有买家的占比。值得注意的是，当时间范围选择“今日实时”时，该部分界面会隐藏起来。

2. 商品数据

将“我的数据”板块上方标签切换至“商品”，即可查看概述、表现及商品诊断三个维度的数据，以帮助卖家了解商品维度的表现。

商品表现部分为卖家展示店铺所有商品的详细数据。通过对时间段以及指标的选择，店铺所有商品的详细数据将会展示在页面中（见图 4-20）。卖家可以按照任何一个维度对筛选商品进行排序，以更好地查看店铺商品的浏览次数、加入购物车的件数等数据，进而更好地对店铺商品进行调整和更新。例如，在图 4-20 中按照商品页面浏览数量进行排序，当商品浏览数量较高而转化率较低时，卖家就应该对商品的上传内容进行调整以提高其转化率。

图 4-20　商品表现

3. 销售数据

对于卖家来说，最重要的数据指标是店铺的销售额。因此，虾皮平台在“销售”标签下为卖家提供了销售数据更全面的分析以及更清晰的展示。

在选择好数据的时间段后，虾皮平台会展示与每个订单类型相关的核心指标和销售漏斗（见图 4-21）。各种销售数据的展示，能更好地反映店铺的情况。按照买家下单的流程，平台对订单类型进行了划分，每一种订单类型都会有相应的数据指标，同时形成了销售漏斗，更便于卖家查看转化率。销售漏斗的最上方是店铺目前的访问情况，卖家可以清晰地看到过去一段时间内店铺的总访问数以及与上一周期访问数的比较情况；中间部分是固定时间内店铺的订单情况，包括这段时间内的销售额以及买家的数量等；漏斗的最下方是已付款订单的情况，这个板块不仅显示了买家数量以及销售额的情况，同时也显示了每位买家的销售额。虾皮平台为卖家提供系统的数据，是为了让卖家更好地了解店铺当前存在的问题，以便尽快提高自己店铺的综合水平。

图 4-21　商品销量数据

4. 行销数据

卖家通过查看行销折扣活动数据，能够了解折扣活动在特定时间区间的使用情况，以便评估活动的影响及效果，从而不断优化折扣活动的设置（见图 4-22）。卖家可选择特定时间区间来查看折扣活动的使用情况，单击“汇出数据”下载到表格中即可查看。同时，可选择 1～4 个关键指标生成曲线图。

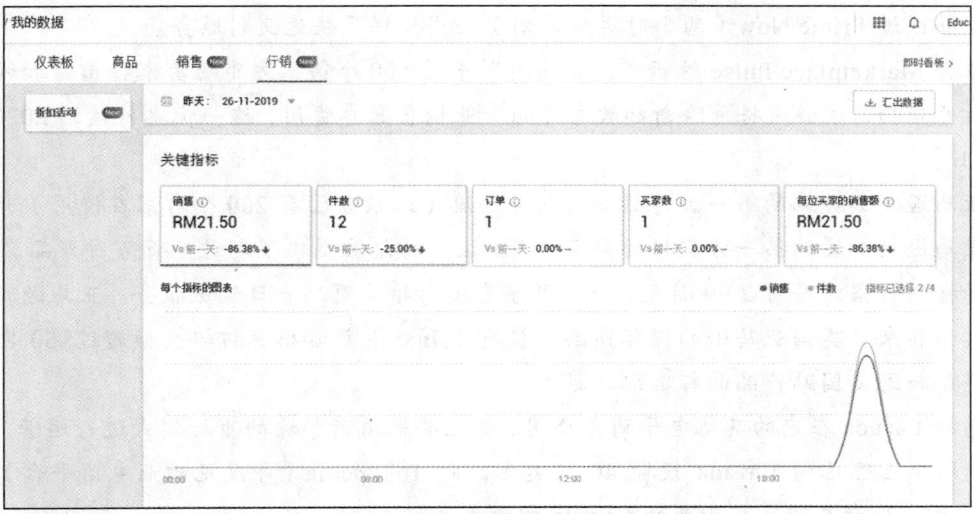

图 4-22　商品行销数据

（1）查看关键指标

① 销售：特定区间内使用过折扣活动的销售额。

② 件数：特定区间内使用过折扣活动的商品数量。

③ 订单：特定区间内折扣活动的使用数量。

④ 买家数：特定区间内使用折扣活动的没有重复的买家人数。

⑤ 每位买家的销售额：特定区间内使用折扣活动的平均客单价。

（2）查看折扣总览

卖家可根据“折扣名称”查找字段，查看该折扣的使用情况（见图 4-23）。也可对折扣数据，按照件数、订单、销量等进行排序，以更好地查看折扣的相关情况。

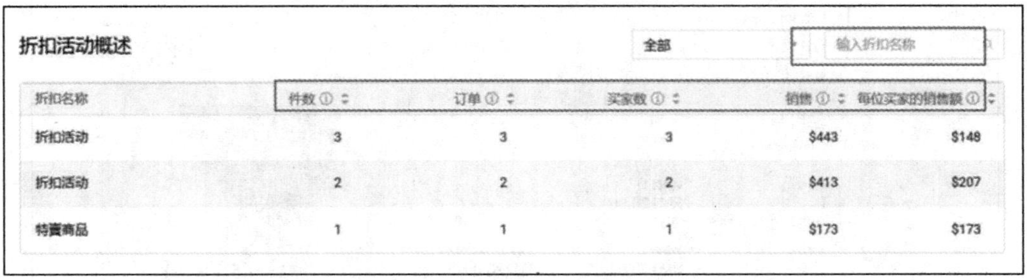

折扣活动概述　　全部　　输入折扣名称

折扣名称	件数 ⓘ	订单 ⓘ	买家数 ⓘ	销售 ⓘ	每位买家的销售额 ⓘ
折扣活动	3	3	3	$443	$148
折扣活动	2	2	2	$413	$207
特賣商品	1	1	1	$173	$173

图 4-23　商品折扣总览

综合案例

亚马逊推出新加坡站

亚马逊新加坡站于 2019 年 10 月 7 日正式推出。新加坡是继亚马逊于 2019 年 4 月在阿联酋和 2018 年 9 月在土耳其推出之后的第 16 个全球市场。该公司两年多前首次在新加坡推出，并通过 Prime Now（两小时送货计划）应用提供了快速交付服务。

根据 Marketplace Pulse 的研究，亚马逊联手近 500 个第三方市场卖家推出新加坡站。为了打开市场，该公司将免除新加坡每月的专业销售账户费用，这一优惠持续到 2020 年 3 月 31 日。

亚马逊新加坡站的第一天伴随着亚马逊物流（此服务已有 200 个卖家在使用）开幕。除了亚马逊新加坡站第一方提供的商品之外，该市场总共提供了超过一百万种产品。Prime 会员资格的价格为每月 2.99 新元，会员可享受境内精选商品一日配送服务。亚马逊新加坡站继续销售来自美国亚马逊的国际商品，拥有 Prime 会员资格且订单金额超过$60 即可免费获得亚马逊美国站产品的标准配送服务。

包括 Lazada 在内的其他电子商务公司，都主要采用新加坡的市场模式进行运营。迄今为止，阿里巴巴已向 Lazada 投资 40 亿美元，向 Tokopedia（印度尼西亚电商平台）投资 11 亿美元，后者与印度尼西亚的 Lazada 相竞争。

就人口而言，新加坡是亚马逊推出的最小的一个国家。联合国数据显示，新加坡人口约为 580 万。但是，新加坡通常被视为公司进入东南亚更大国家（如印度尼西亚，东南亚最大的经济体和世界第四大人口大国）的起点。印度尼西亚、马来西亚、菲律宾、新加坡、泰国和越南的总人口约为 5.6 亿人，互联网用户为 3 亿户左右。

思考题：

1. 新加坡站点上的产品有什么样的特点？访问新加坡站点看看。
2. 和小组成员讨论一下，东南亚市场的跨境电商发展前景。

复习思考题

1. 总结在虾皮平台上传商品的技巧，以及其相比于其他电商平台的优势。
2. 如果你是卖家，你会设置哪种营销活动来提高商品的曝光度和转化率？你会如何设置呢？
3. 谈一谈你对虾皮平台后台数据的理解。

小组活动

1. 作为虾皮平台卖家，你如何通过数据分析提高店铺商品的转化率？请小组讨论并编写一份合理的计划书。
2. 扫码观看视频，学习市场调研的基本方法，完成对新加坡市场的分析。

出口市场调研

练习题

第 4 章

第 2 部分 跨境电商实操

第5章

跨境电商选品分析

学习目标

了解跨境电商选品的基本思路。

掌握运用大数据分析市场、预测市场的技巧。

掌握利用软件进行选品分析的设置方法与指标。

关键词

卖家定位　平台定位　消费人群　选品工具

从事跨境电商的卖家，要思考的问题是：我应该卖什么？我将在哪个市场哪个平台销售？这是跨境电商运营过程中最难的问题。跨境电商平台是一类需要依靠精品和爆款运营的平台，可以说一个爆款产品要比十个平淡无奇的产品更能带来可观的收入，而且会使卖家在运营方面更加省力。卖家只有对境外市场有深刻的了解，并且有清晰的选品思路，才能让自己的产品从茫茫产品中脱颖而出。因此，选品和选市场应该同时考虑并完成，它们是相辅相成的。本章将为读者介绍如何分析跨境销售境外市场的特点，并利用这些市场信息来优化选品。

5.1　选品的基本思路

在卖家在进行选品时，首先应当从自身出发，对自身在市场中的定位有一个清晰的判断。通过确定自身在市场中的定位，卖家可以制定符合自身生产销售能力的市场策略，并据此确定主要的销售市场和销售品类。

5.1.1 卖家自身的定位

在进行选品之前，卖家应该对自身的设计、生产和销售能力做出评估，以便对自己在电商市场中的定位有一个清晰的认识。卖家特征及相应市场选择如表 5-1 所示。

表 5-1 卖家特征及相应市场策略

类型	卖家特征	较优市场决策
大卖家	拥有较强供应链或（及）完善的设计生产体系，销售市场较为固定	空白市场；寡头市场；产品差异化
小卖家	没有独立供应链及生产能力，销售市场灵活多变	非标准品或长尾市场空白点；钻研供需关系

卖家可分为大卖家和小卖家两种。较强的供应链使得大卖家的产品运输更为快捷，运输成本也更低。而完善的设计生产体系使得大卖家能够持续更新产品，有效控制产品的生产成本。

大卖家的规模优势使其在产品的设计、生产和销售环节都拥有小卖家不具备的先机，因而它不但可以选择大胆进入市场的空白空间，探寻新的市场，也可以选择维持现有市场的布局，通过产品的更新迭代逐步扩大市场规模，形成较强的垄断，还可以选择在现有市场的基础上进行差异化的产品设计，并进一步细分市场，加大对各个层面消费的吸引力。

小卖家虽然不具备大卖家那样的规模优势，但是较小的投入使其具备更大的灵活性。小卖家在选择市场时，可以非标准品市场以及长尾市场的空白点为对象。非标准品市场的特点是商品种类丰富，消费者需求多样，而长尾市场的特点也是如此。大卖家受到标准化规模生产的限制，无法满足每一个消费者的需求。而小卖家通过这样的市场选择，能够更好地发挥灵活多变的优势；通过充分钻研消费者的细分需求，采取精准销售的策略，能够最大化地挖掘市场潜力。

5.1.2 主要销售市场分析

卖家明确自己在电商市场中的定位之后，便需要选择跨境电商平台进行接下来的主要销售市场分析。显然，不同的跨境电商平台具有不同的主要销售市场，如亚马逊的主要销售市场是美国、加拿大、墨西哥等美洲国家和英国、法国、德国等欧洲国家，Wish 平台的主要销售市场也是欧美地区，速卖通平台的主要销售市场则集中在俄罗斯和巴西等发展中国家，而虾皮平台和来赞达平台的销售市场则主要是马来西亚、印度尼西亚和新加坡等东南亚地区国家。不同地区和国家的消费行为有着显著的区别，因此在进行具体的选品前仔细分析所选平台的主要销售市场便显得十分必要。

1. 对不同平台的主要销售市场进行分析

根据2016年Wish平台上成交总额（Gross Merchandise Volume，GMV）前20位销售国家的占比情况（见图5-1），除了澳大利亚和巴西以外，其余的全部来自欧美地区。其中，美国市场的GMV占比远超过其他欧美国家，法国、瑞典、英国和加拿大等国占比不相上下。而根据2017年平台上前20位销售国家的占比情况可以看出，美国的销售份额有了明显的下降，作为第二名的法国的份额有了较小的提升。值得注意的是，巴西的排名上升到了第三名，德国的排名也提升到了第四名。如果卖家选择Wish平台，就应当着重对这些上升趋势明显的国家进行分析和了解，探索其市场份额快速提升的根源，据此进行有目的的选品，从而有效提升自己的销售业绩。

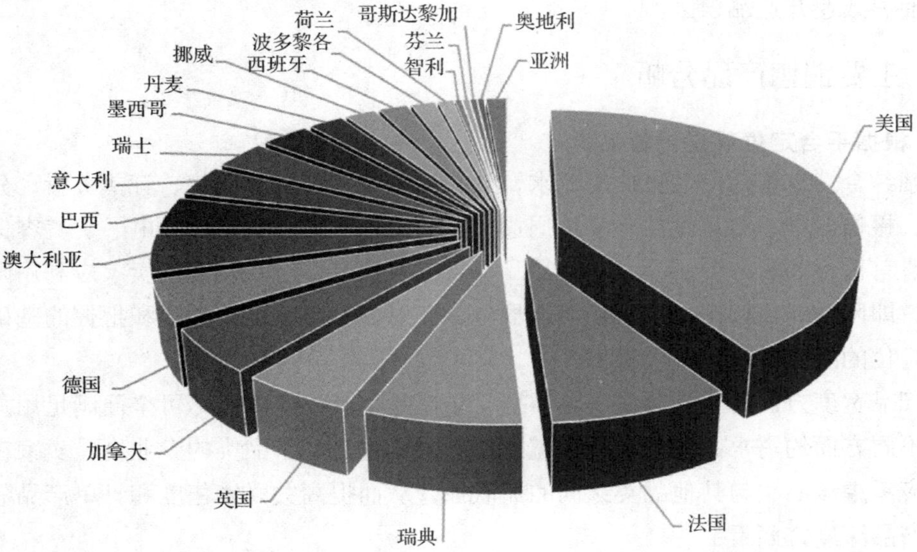

图5-1 2016年成交总额前20位销售国家占比
数据来源：Wish Express（Wish海外仓项目）

2. 针对目标销售市场的特征进行分析

通过分析确定主要目标销售市场后，卖家便可以针对目标销售市场的特征进行详细分析。该分析主要包括两个方面：一个是销售市场的自然特征分析，另一个是销售市场中消费者的消费习惯分析。

（1）自然特征分析

销售市场的自然特征主要包括其地形特征、气候特征、人口特征等自然形成的特征。例如，如果销售市场的主要地形是山地或者丘陵，则不适合售卖自行车类产品，而适合选择冲锋衣等户外产品；如果主要销售市场位于热带地区，则不适合销售外套、羽绒服等保暖衣物，而应该考虑短袖、短裤等清凉衣物；对于那些老龄化日趋严重的销售市场，可以考虑多销售老年保健产品；而对于那些人口年龄结构较为年轻的市场，则可以考虑母婴类的产品。通过分析这些简单易得的自然特征，卖家可以有效缩小选品范围，避免一些无谓的销售成本，为之后更精细化的选品做好铺垫。

（2）消费习惯特征

除了自然特征外，卖家还应该关注销售市场中消费者的消费习惯。显然，不同国家和地区的消费者有不一样的消费习惯。卖家应该通过浏览目标消费市场比较热门的社交工具、时尚网站、媒体平台等了解当地的流行元素、时事热点和风土人情，从而对目标消费者的消费习惯有一个较为详细的了解。例如，"这个国家的民众最喜爱的颜色是哪个？""有没有具有特殊象征意义的动物、植物？""最受人们喜爱的公众人物有哪些？""最受人们喜爱的业余室内外活动有哪些？""有哪些需要注意的民族信仰？"等，这些问题涉及的元素都可以融入卖家的选品中。通过对消费习惯特征进行分析，卖家可以了解消费者的大致需求，从而有效避开选品误区。

5.1.3 主要销售产品分析

1. 根据平台定位确定销售品类

网站综合性定位对产品集成的要求，从品类结构（产品、销售、订单）看，分别为儿童用品、摄像器材、汽车配件、手机周边、服装服饰、计算机周边、电子、美容保健、家居园艺、首饰手表、办公用品、体育用品、玩具收藏品、游戏配件。卖家应利用网站综合性定位，即网站的目标市场或目标消费群体，在对网站整体定位理解和把握的基础上，选择适合定位的品类进行研究分析。

从产品宽度方面看，充分研究该类别，拓展品类开发的维度，可全面满足用户对该类别产品不同方面的需求，在拓宽品类宽度的同时，也提高了品类的专业度。卖家在开发产品时，应考虑该品类与其他品类之间的关联性，从而提高关联销售度和订单产品数。

从产品深度方面看：

（1）每个子类的产品数量要有规模，品相要足够丰富；

（2）产品有梯度（如高、中、低三个档次），体现在品相、价格等方面；

（3）挖掘有品牌的产品进行合作，提高品类口碑和品类知名度；

（4）对目标市场进行细分研究，开发适合每个目标市场的产品。

2. 热销产品类目

除了从市场外获取的消费者消费习惯信息外，消费者的消费数据也是卖家进行选品的重要依据。随着数字经济的不断发展，大数据在跨境电商中的应用越来越广泛。很多跨境电商平台会为卖家提供热销品类的信息，以此帮助卖家做出选品决策。

这里以亚马逊为例，该平台为卖家提供了很多市场信息，包括热销产品名单（Best Sellers）、新发布商品热销榜（New Releases）、涨速排行榜（Movers & Shakers）、心愿排名（Most Wished For）和礼品排名（Gift Ideas），如图 5-2 所示。这些榜单的排名会根据亚马逊平台的销售情况实时变化，亚马逊则会根据产品品类不断更新信息。热销产品信息对新手卖家来说非常有用，卖家可以逐个记录每个产品类别下前 20 位的热销产品，然后进行第二步筛选，找出有能力持续供给的产品；再进行第三步筛选，找出可以提供差异性独特品牌的产品，并通过合理定价获得消费者的青睐；接着找出可以提供低价的产品，进行跟卖。而新发布产品热销榜和涨速排行榜为卖家提供了新的市场热点信息，对于有信心和实力开发新产品的卖家而言比较有用。心愿排名和礼品排名则往往是潜在市场信息的“聚集地”，卖家可以对其中的产品进行分析，寻找市场中可能存在的空白点，从而挖掘巨大的商机。

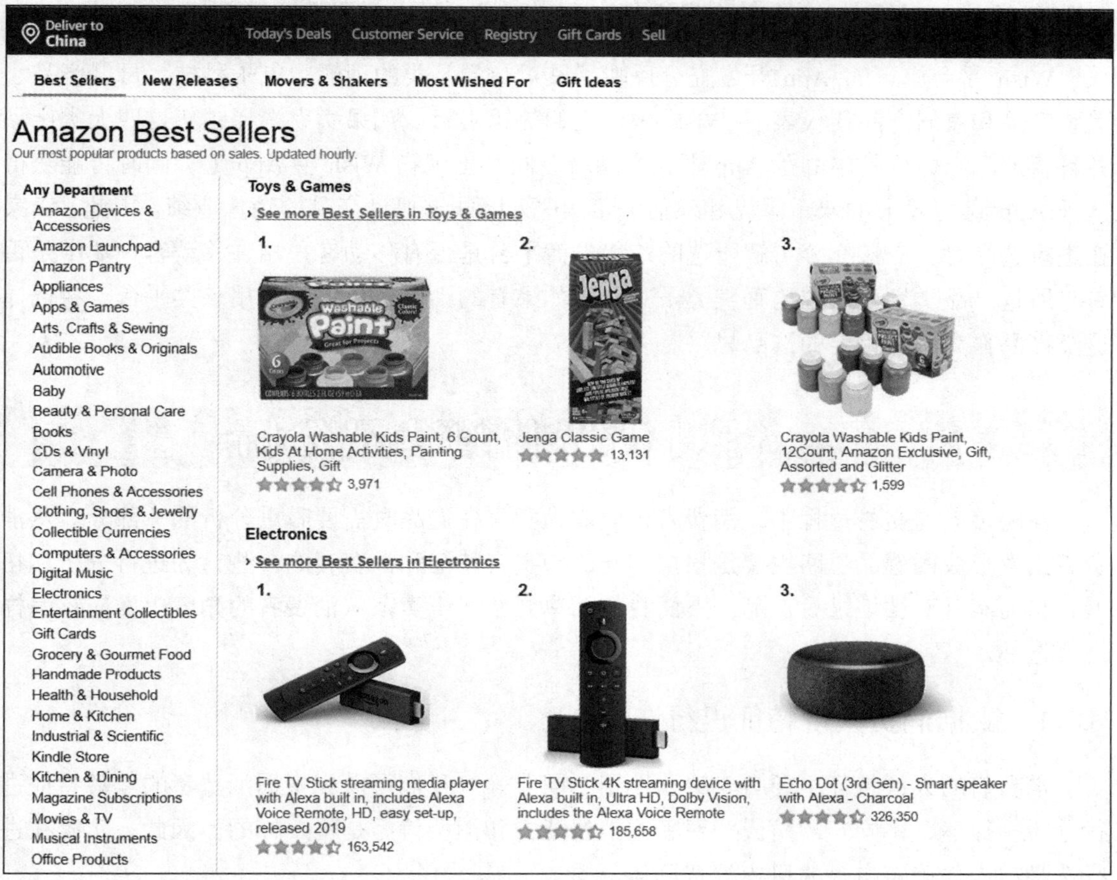

图 5-2　亚马逊热销品类排名榜

3. 平台垂直类App开发类目

随着移动电子设备和网络的不断更新迭代，App 购物方式变得越来越方便快捷。而正因为现代的生活和工作节奏越来越快，消费者对于移动 App 购物方式的依赖性也越来越强。App 平台销售越来越受到各大跨境电商平台的重视。通常卖家认为在跨境电商平台上传的产品全部会同步出现在该平台的主 App 上，所以往往会忽视平台开发的垂直类子 App。其实，越来越趋于专业化的垂直类子 App 将是未来跨境电商平台发展的一个重要方向。因此，详细了解平台垂直类子 App 对于卖家来说十分有必要。以移动电商购物平台 Wish 为例，2013 年 Wish 正式进军外贸电商领域，其目前上线的垂直类子 App 如表 5-2 所示。

表 5-2　　Wish 垂直类子 App 上线时间

上线时间	上线 App	针对用户	主营产品
2014 年 12 月	Geek	年轻的现代科技型用户	智能手机、智能手表、耳机、户外电子设备等 3C 产品
2015 年 02 月	Mama	青中年家庭主妇型用户	母婴用品、童装、生活用品、厨房用具等居家类产品
2015 年 06 月	Cute	年轻的时尚型用户	口红、眼影、眉笔、卸妆水、化妆刷等美妆类产品和洗面奶、面霜、面膜等护肤用品
2015 年 09 月	Home	青中年居家型用户	沙发、床、地板、墙漆等家具类产品

Wish 平台旗下的 App 开发充分反映了其对热销品类的理解，电子科技、母婴产品、美妆产品和家居产品便代表了 Wish 平台上的热销类目。如果卖家选择销售这四大类产品并且将产品上传到其中的子 App 中，产品就会同时出现在 Wish 主 App 上，同时可能获得从子 App 到主 App 的双重曝光和双倍流量，这无疑能够保证产品的销售业绩。因此，卖家在进行选品时，应该充分了解所选的跨境电商平台是否有移动客户端、移动客户端中是否有与所选产品类别相对应的垂直类子 App。如果有的话，应该充分利用该类平台，将选择这类产品作为一条重要的选品思路。

5.2 针对消费者的选品分析

在跨境电商交易过程中，消费者也应成为卖家在选品时需要着重分析的一部分。从消费者出发形成的选品思路主要是根据不同的消费者特征和消费者的一些行为进行分析和拓展，从而有针对性地进行选品。下面我们简单介绍一下卖家从消费者的角度出发应该怎样进行选品。

5.2.1 根据消费人群特征进行选品

消费者的人群特征主要有年龄、性别、职业等。我们可以先根据消费者的年龄特征进行分析。显然，不同年龄阶段消费者的消费能力和消费偏好是不一样的。因此，卖家在进行选品前应先确定自己的目标消费群体。

以 Wish 平台为例，从该平台用户的年龄和性别分布（见图 5-3）中我们可以看到，跨境电商平台上的主要消费者年龄段在 14～39 岁，还有部分消费者在 40 岁以上。因此我们在进行用户画像时，应主要分析 14 到 39 岁消费者的收入状况和消费偏好。

除了年龄外，性别也是卖家应该关注的一个重要的消费人群特征。性别差异在消费习惯上往往有突出的表现，如女性消费者更注重产品的美观性，而男性消费者则更注重产品的实用性；女性消费者更注重产品带给自身的体验，而男性消费者则更注重别人对产品的看法；女性消费者更愿意给家庭和身边亲近的人购买产品，而男性消费者则更愿意给自己购买办公品等能够提高工作效率的产品；女性消费者比较偏爱的品类主要有时装、美妆、母婴、家居用品、护肤用品、卫生用品等，而男性消费者比较偏爱的品类主要有商务正装、办公用品、电子设备等。

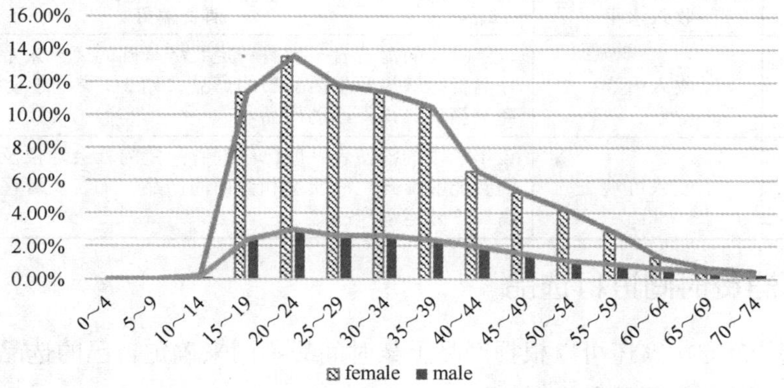

图 5-3 2017 年 Wish 平台用户年龄和性别分布
图片来源：Wish Express

一般来说，女性消费者的比例往往会大于男性消费者。因此，卖家在进行选品时多考虑倾向于女性偏好的产品品类和特性可能更容易获得较好的业绩和流量。当然，如果卖家本身十分熟悉和了解男性消费者市场，并且对自己选择的产品充满信心，男性消费者市场也会是一个不错的选择。依据消费者性别进行选品的关键不在于哪个性别的消费者数量更多，而在于卖家对哪个性别的消费者的分析更加透彻、对哪个性别消费者的消费行为习惯了解得更加详细。

此外，职业也是卖家应该考虑的消费人群特征之一。“工欲善其事，必先利其器”，每个职业都会有其相对应的职业工具。有些职业因为其本身的特殊性，职业工具的售卖不可能是完全的市场行为，如医生、军人、消防员等。但大多数职业所需要的职业工具往往都是可以进行市场买卖的，如学生所需要的文具、老师所需要的教具、农民所需要的农具、电工所需要的五金工具等。卖家在进行选品时，可以选择自己最为了解的职业，深度挖掘该职业所需要的各种各样的工具，使消费者能够实现浏览一个店铺即可覆盖所有工作需求。这样往往容易形成极强的用户黏性，并且容易获得口碑传播效果。

消费人群的特征显然不限于表 5-3 所示的内容，卖家可以根据自身的理解，从更多的角度和人群特征入手分析消费者的消费行为和习惯。根据消费人群特征进行选品的核心是通过了解和分析一类人的消费行为和特征来选择能充分满足这类人消费需求的产品，以期取得更好的销售业绩。所以只要把握好这个核心思想，选取哪个人群特征都有助于进行选品。

表 5-3 不同年龄段消费者收入水平及消费偏好

年龄段	收入水平	消费偏好
14～20 岁	无收入	该年龄段的消费者多为学生，没有收入或者收入水平很低，偏好消费价格低廉但新奇的产品，如造型新奇的文具、创意玩具等
20～24 岁	收入较低	该年龄段的消费者多为初入职场的年轻人，偏好消费性价比较高的产品，如风格时尚的衣服、性价比高的电子设备、结实耐用的日常用品等

续表

年龄段	收入水平	消费偏好
24～34岁	收入中等	该年龄段的消费者多为有一定经济基础的商务人士和家庭主妇，偏好消费能够提升生活品质的产品，如3C类电子设备、商务时装、商旅箱包、户外运动用品等
34+岁	收入可观	该年龄段的消费者一般已经拥有一定的社会地位及多重身份，偏好消费能够提升生活质量和体面的产品，如各类奢侈品、家居装饰、高端户外运动产品等

5.2.2 根据消费时间进行选品

跨境电商平台的卖家还可以根据产品上架时间的不同来确定自己的选品策略。对选品时间的划分，主要有以下两种。

根据不同的消费季节进行选品：热销产品往往会随着季节的变化而发生变化，最简单的例子便是时装：春、秋的时装要轻便舒适，适合出游穿着；夏装要轻薄，方便散热；冬装则要厚重保暖。卖家在进行选品时，应预先对产品的上架时间做出估计，避免错过季节导致的产品滞销，从而给自己带来较高的仓储成本和退货风险。

根据不同的节假日进行选品：节假日一般是人们的消费旺季。人们为了满足庆祝、出游、送礼、迎客等各种娱乐、社交活动，往往会进行大量的消费。这些节假日既包括国庆、圣诞等传统节假日，也包括BlackFriday（黑色星期五）、双十一等纯粹因购物而诞生的消费节日。充分了解目标消费市场的节假日情况，并制定相应的节假日销售日历为卖家进行选品提供了指引。

跨境电商大卖日历

2019年全球销售节日日历如表5-4所示。

表5-4 2019年全球销售节日日历

节日	时间	站点	销售产品
元旦	1.1	欧洲站、美国站、日本站	寓意好运的小礼品、贺卡、个人保健品、运动品、图书、电子烟、健康和有机食品、健身设备、运动服、运动鞋
主显节	1.6	欧洲站	电子产品、玩具、运动品、手表和珠宝、服装、鞋子、电子设备、数码产品、蜡烛和宗教物品（如十字架、人物和书籍）
成人节	1.14	日本站	化妆品、发饰、领带、任何与乔装打扮有关的物品、礼品
马丁·路德·金纪念日	1.15	美国站	服饰、箱包、个护、电子产品、玩具
农历新年	2.5	欧洲站	中国或亚洲的传统服装、红金盒、塑料盒和传统服饰
情人节	2.14	美国站、日本站、欧洲站	巧克力、男士珠宝、领带、钱包、香水、与男性有关的个人礼品、贺卡、小雕像、鲜花、心形饼干、蜡烛、包装纸、情人节相关装饰
女生节	3.3	日本站	人形玩偶、女童服装、与女孩有关的礼品
狂欢节	3.5	美国站、日本站、欧洲站	各种服装、面具、假发、化妆品、喜剧配饰和饮料
妇女节	3.8	美国站、欧洲站	化妆品、鲜花、珠宝首饰、服装、包袋、书籍、其他与女性有关的商品
白色情人节	3.14	美国站、日本站	礼品、男士时尚品类、电子产品、杂货类目、室内装饰、箱包
圣帕特里克节	3.17	美国站、欧洲站	爱尔兰主题和绿色物品，包括T恤、帽子、派对用品、爱尔兰符号、派对喜好和配件

续表

节日	时间	站点	销售产品
新学年	4.1	日本站	与学校有关的物品（如文具、午餐盒）、数码相机、录像机、内存卡
复活节	4.21	美国站、欧洲站	宗教商品、糖果、彩蛋、羊和兔子玩具、小礼品、厨房用品
日本儿童节	5.5	日本站	玩具、娃娃、衣服、糖果、电子产品、鲤鱼旗横幅
母亲节	5.14	欧洲站、日本站、美国站	女士时尚品类、杂货类目、珠宝、花卉、室内装饰品、箱包
阵亡将士纪念日	5.27	美国站	服饰、运动用品、户外用品、箱包
儿童节	6.1	欧洲站、美国站、日本站	玩具和婴儿用品、派对用品、儿童服饰、电子产品
父亲节	6.16	欧洲站、美国站、日本站	男士时尚品类、电子产品、办公用品、杂货类目、箱包
美国独立日	7.4	美国站	烧烤和厨房用品、野餐装备、游泳装备、庭院装备、其他户外用品、美国国旗、气球、烟花、其他节日用品
Prime 会员日	7 月	美国站、欧洲站、日本站	所有类目、高性价比产品
海洋节	7.15	日本站	泳装、人字拖、旅行用品、沙滩浴巾、浮动管、烧烤用品
返校季	8.8	美国站	办公用品、文具、电子产品、服饰箱包
游山日	8.11	日本站	与登山有关的户外用品（如背包、服装、鞋子等）
盂兰盆节	8.13-8.16	日本站	旅行用品
劳工节	9.2	美国站	徒步旅行、野餐、野营和户外活动的配件，玻璃器皿、酒、奶酪
开学日	9.10	欧洲站	文具、书写材料、办公软件、书籍、笔记本、垫子、钢笔、铅笔、尺子、背包、其他学生用品、电子产品、衣服
墨西哥独立日	9.16	美国站	墨西哥国旗、口哨、喇叭、彩带、气球、礼服、其他派对用品
敬老节	9.16	日本站	适合老年人的礼品
体育节	10.14	日本站	体育用品
哥伦布日	10.14	美国站	所有类目、高性价比产品
万圣节	10.31	美国站、欧洲站、日本站	各种各样的服装、化妆品、面具、假发、饮料、恐怖电影、惊悚物品（如假血、惊悚的隐形眼镜）
老兵节	11.11	美国站	所有类目、高性价比产品
七五三节	11.15	日本站	儿童及其家长的正式服装、数码相机、录像机、内存卡、面向 7 岁以下儿童的礼品
感恩节	11.28	美国站	美妆个护、电子产品、厨房用品、户外、运动类目
黑色星期五	11.29	美国站、欧洲站、日本站	所有类目、高性价比产品
网购星期一	12.2	美国站、欧洲站、日本站	所有类目、高性价比产品
圣诞节	12.25	美国站、欧洲站、日本站	派对用品、杂货类、美妆个护、电子产品、厨房用品、玩具、服饰、室内装饰、贺卡、日历
新年前夜	12.31	美国站、欧洲站、日本站	派对用品、装饰品、室内烟火、饮料、贺卡、日历

5.2.3 根据消费者的评论改进选品

前文提到的选品思路基本上都是卖家从头开始进行全新的选品，但其实在平台上还存在很多本身有改进可能的热卖产品，即该类产品无法满足消费它们的消费者，但买家因为找不到更好的替代品又只能选择购买现有的产品。如果卖家能够将现有产品改进得更好（更低价或更优质），那么就会迅速抢占原有产品的市场，从而达到事半功倍的效果。

一个有效改进现有产品的方法就是通过分析消费者的评论来进行选品。消费者的评论能够直观有效地体现消费者对该类产品的具体需求。为了提高效率，卖家要对消费者的评论加以甄别。一般而言，评分在 2～4 分的评论参考价值不如评分为 5 分的好评和 1 分的差评（满分为 5 分）。5 分的好评非常重要，能够帮助卖家迅速了解消费该类产品的消费者最希望该类产品具备怎样的品质；而 1 分的差评则更加重要，能让卖家了解现有的该类产品在哪些方面未能满足消费者的需要，使卖家基于此进行选品的改进，从而抢占现有市场。

下面以亚马逊热销服装产品为例进行介绍。如图 5-4 所示，从该商品的 1 星评价和 5 星评价可以看出，该产品的消费者对产品的尺寸是否合身是最为看重的，而导致衣服不合身的主要因素有两个：一个是消费者选择的尺码不对，另一个是产品自身质量存在问题（截图中有消费者提到衣服洗后缩水）。因此卖家在以该产品为竞品进行选品时，一方面应选择尺码更加清晰标准的产品，另一方面应选择在不增加成本的情况下，材质不易变形的产品。

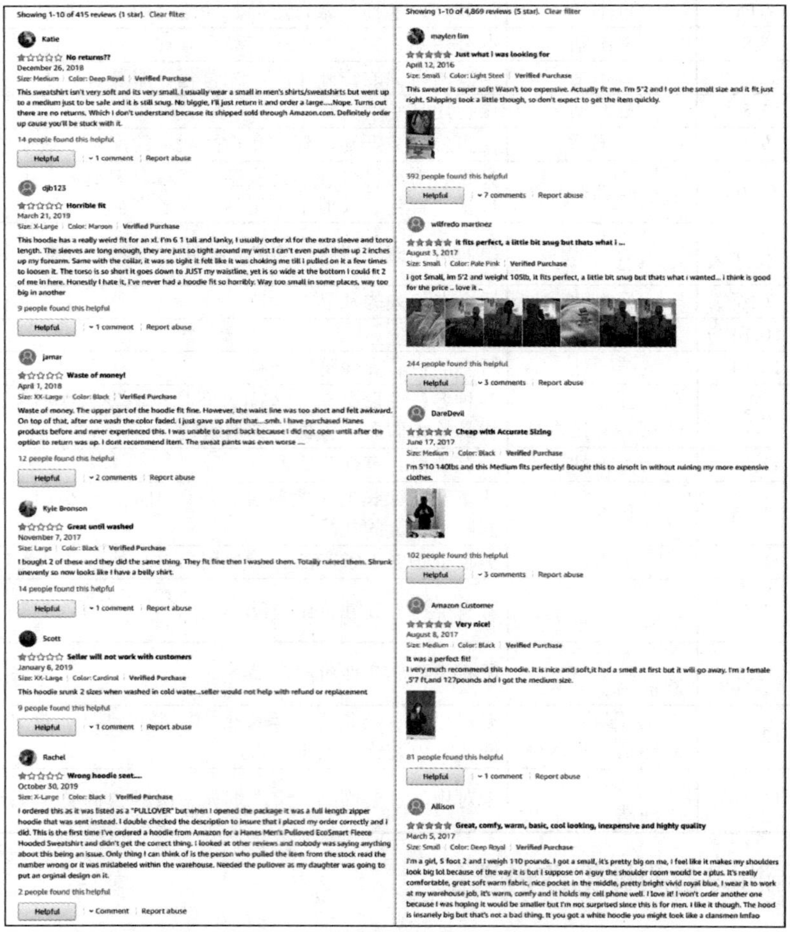

图 5-4　亚马逊热销服装产品评论

注：左侧为 1 星评论，右侧为 5 星评论。

延伸阅读

也许我们无法指出卖家应该选择哪一件商品进行销售才能获得利润，但是下面总结的网上畅销商品的特征应该会对卖家进行选品有所帮助。

（1）小而轻的商品。网络销售一定会涉及物流问题，小而轻的商品在尺寸和重量方面都具有优势，并且能降低运输成本。这样，我们的商品就可以在广泛的范围内进行销售。

（2）价格在$20～$200 的商品。价格在这个范围内的商品，盈利率是比较客观的，而且可以快速收回投资。价格过高的商品，其销售风险更高。

（3）售价可以100%加成的商品。这是一个选品的重要标准。如果价格比生产成本高一倍，在去除销售佣金和运输费用后，利润率可达50%。

（4）一般竞争程度的商品。尽量选择商品竞争不是特别激烈的商品。热销商品可能有很多竞争者，但是竞争程度低的商品不一定就是差的商品。因此，可以尝试销售竞争程度合理的商品。

（5）关注非必需品。必需品如食品、服装等，虽然每天的销量大，可是竞争也异常激烈。新卖家可以考虑一下非必需品的销售，如我们不卖水果，但是卖水果盘；我们不卖饮料，但是卖纸杯和吸管。这些商品经过市场定位和市场营销很容易获得消费者的青睐。

（6）关注耐用品。耐用品不容易破碎或损坏，对于物流的要求比较低。卖家销售后可以获得更好的用户评价和用户反馈，有利于未来的销售。

（7）容易更新的商品。如果你已经建立了忠实的消费群体，继续向现有消费者销售要比开发新市场容易得多。所以，如果你的商品使用一定时间后需要更新或是替换，那你的销量就会不断地保持增长。例如，净水器中的滤芯，通常每 3 个月就要更换一次。

（8）非机械类商品。机械类商品对销售团队的素质要求比较高，而且需要售后服务。如果你的专业特长不在这个领域，就无法解决消费者遇到的难题。建议卖家选择非机械类商品。销售效果会好些。

（9）当销售业绩不断提高后，你可能会考虑拓展业务。那么你的商品能否保证供应呢？是否存在供货不足或原材料供给困难的问题呢？在开店之初，你就应该考虑好这些问题。

（10）避免销售对温度敏感的商品、危险品或网站禁售品。

5.3 选品分析软件

在实际选品的过程中，卖家还可以运用市面上的各类数据分析软件。下面以户外帐篷产品为例，给读者介绍几种选品分析软件。

5.3.1 Google Trends

Google Trends（谷歌趋势）是谷歌推出的一款基于搜索日志分析的应用产品，它通过分析谷歌在全网范围内的搜索结果，告诉用户某一搜索关键词各个时期在谷歌（Google）被搜索的频率和相关的统计数据。谷歌趋势有两个主要功能：一是查看关键词在谷歌网站的搜索次数及变化趋势，二是查看网站流量。对于搜索引擎优化和市场营销、电商卖家、外贸等从业者来说，谷歌趋势是一个非常好的帮手。卖家可以通过谷歌趋势了解户外帐篷的热门区域，如图 5-5 所示。通过谷歌趋势对“帐篷”这一关键词进行分析，了解户外帐篷在目标市场英国的搜索热门子区域热度由高到低分别为苏格兰、威尔士、英格兰，而其搜索热度的时间则按年度呈现周期性变化，其中每年的 6～8 月为搜索高峰期。

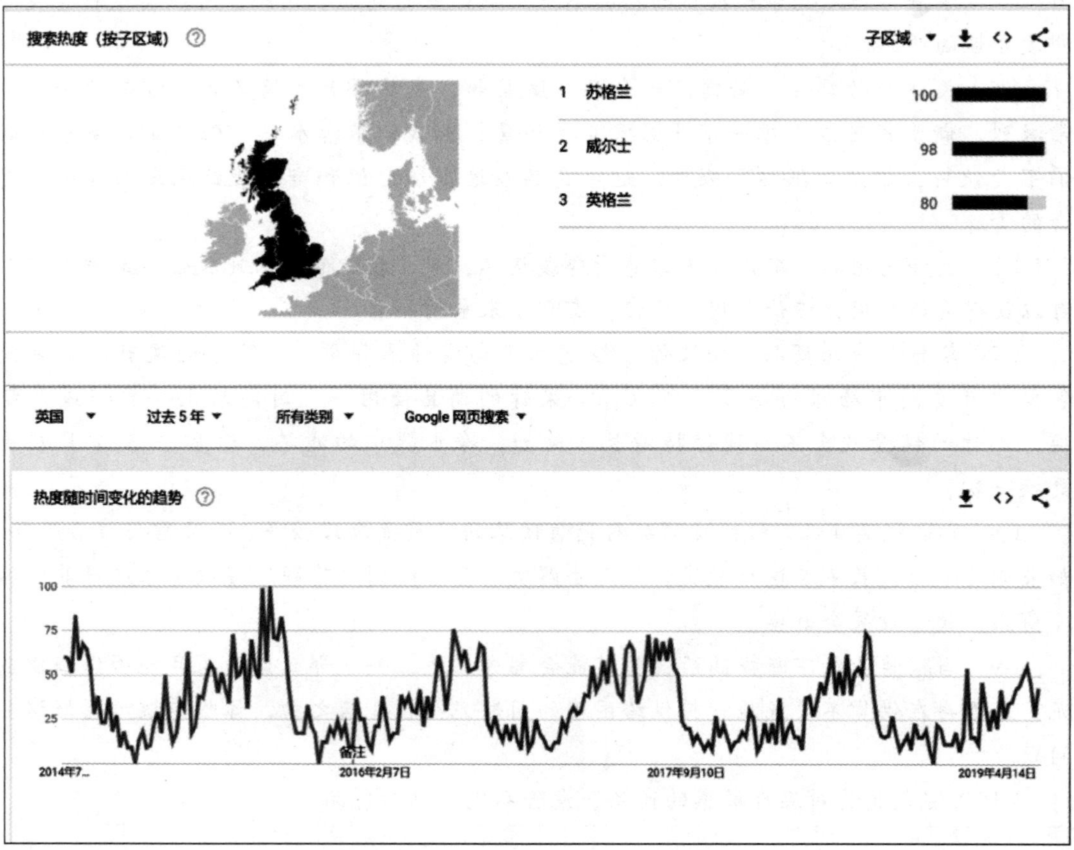

图 5-5　Google Trends 英国子区域“帐篷”搜索热度

我们还可以通过谷歌趋势进行相关主题和相关查询的分析。相关主题的分析为我们展示了商品用途及受关注度较高的户外运动。从图 5-6 中我们可以看出，与帐篷相关的主题主要是户外运动，主要用途是露营。而相关查询的分析为我们展示了近期热度较高的帐篷类型。除此之外，谷歌趋势还综合其他地区搜集的热度数据给出了市场建议。

图 5-6　Google Trends 相关主题、相关查询、市场建议

5.3.2　Keywordspy

Keywordspy（关键词抓取软件）作为跨境电商卖家常用的关键字工具之一，可以用于进行同行业的竞争分析。通过此关键字工具和关键字软件，卖家可以执行高级关键字研究和关键字跟踪，以了解竞争对手在广告系列中宣传的内容，从而获得竞争对手完整深入的分析、统计数据、预算、附属机构和广告文案。Keywordspy 的主要功能有：查找竞争对手及其关键词、每日系统更新和警告报告、通过特殊关键词和搜索引擎进行深度域名跟踪、广泛的点击付费情况和自然搜索数据挖掘。

这里我们选取知名的英国户外帐篷公司 Overstock 公司作为分析对象，如图 5-7 所示。

从关键词概览分布中我们可以看到，与关键词相匹配的短语共有 2 819 个，概览列举了点击量排名靠前的五个短语，同时还展示了它们每次对应的点击付费。而其他相关的关键词只有 194 个，它们对应的点击量也远远低于短语匹配的数量。

使用 Keywordspy，还可以查询竞争对手网站的竞价文案。直接输入竞争对手的网址，在下面的选项 domain（范围）中选择目标国家，单击搜索即可。这里以 overstock 为例，如图 5-8 所示。

从图 5-8 中我们可以看到，overstock 一共投放了 74 507 个谷歌广告（ads），一共购买了 47 613 个谷歌付费关键词（PPC Keywords），一共有 747 133 个关键词带来了自然流量（Organic Keywords），一共有 100 958 个竞争对手在关键词上和它形成了竞争关系（Competitor）。

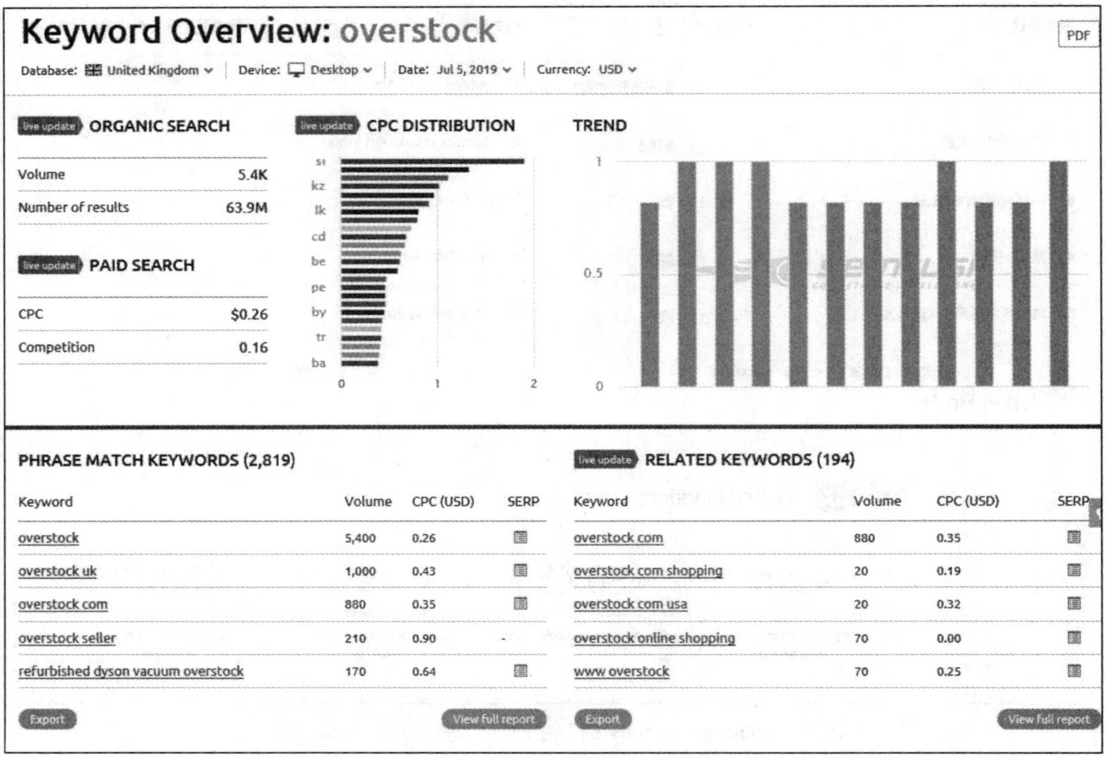

图 5-7　利用关键词抓取软件调查 Overstock 公司的关键词设置

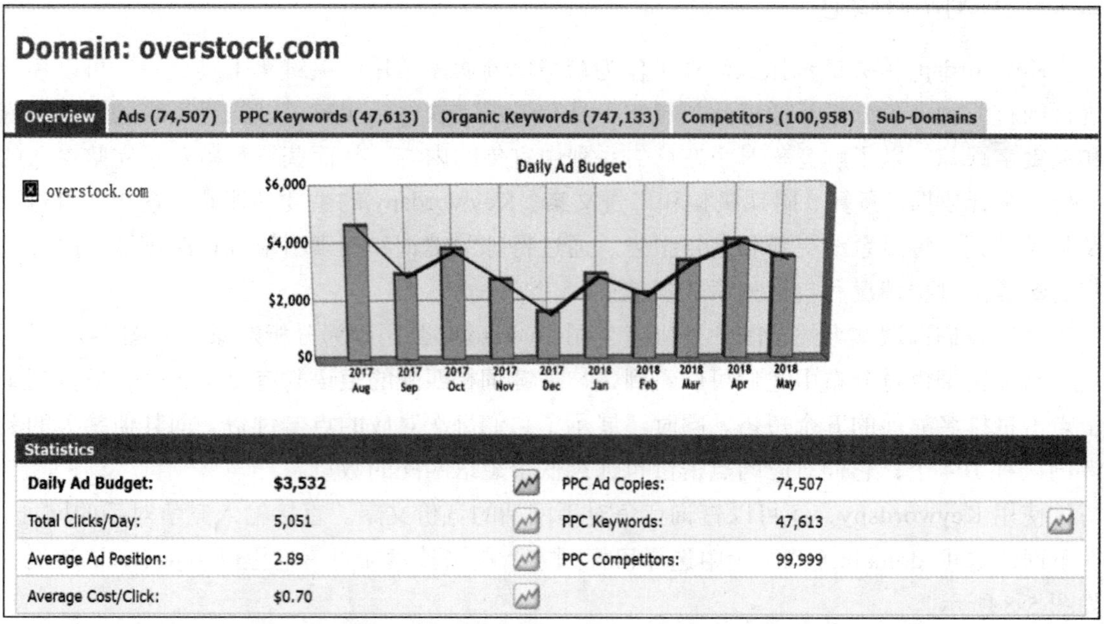

图 5-8　利用关键词抓取软件调查 Overstock 的流量与广告设置

从图 5-8 中的具体数据我们可以分析得出：该公司每日点击量高达 5 051 次；关键词搜索每次点击$0.7；日均广告推广预算$3 532；冬季处于产品搜索量的低谷期，夏季处于高峰期。该公司在过去一年中充分进行了广告推广，其中在夏秋季帐篷使用率增加，推广更有效率。从上述帐篷公司的数据分析中，我们得出了户外帐篷产品在英国的大致销售情况，英国户外帐篷销售的旺季在 5～9 月，产品广告的点击量在 16 万～335 万，这说明产品的热度十分高。

我们继续单击图 5-8 中的谷歌付费关键词（PPC Keywords）选项，可以查看这个网站购买了哪些谷歌关键词，获取的结果如图 5-9 所示。我们可以查看到广告的标题、广告语、着陆页、ROI、关键词、搜索量、点击一次费用等，数据非常详细，对于创建广告很有帮助。

No.	Ad Copy	ROI ↑	Affiliate	Keyword	Volume	CPC	Position	Days Seen
1.	**Regency Rugs at Overstock™** Save Big on Regency Area Rugs. Shop Our Outdoor & More Event. Up to 70% Off! overstock.com/Regency/Area-Rugs	4	N/A	regency area rugs	110	$1.93	Last: 1 Avg: 1.0	2/1 days
2.	**Queen Size Bed Sets Overstock™** Save Big on Name Brand Furniture. Shop Our Outdoor & More Sale! overstock.com/Bedroom-Sets/Queen	4	N/A	bedroom sets queen	9,900	$1.06	Last: 4 Avg: 4.0	2/1 days
3.	**Electric Blankets Overstock™** Save Big on Electric Blankets. Shop Our Outdoor & More Sale! overstock.com/Blankets/Electric	4	N/A	electric blanket super king	1,300	$1.24	Last: 3 Avg: 3.0	2/1 days
4.	**Save on Mobile Kitchen Islands** Save Big on Mobile Kitchen Islands. Shop Our Outdoor & More Sale! overstock.com/Kitchen-Islands/Mobile	4	N/A	kitchen island mobile	4,400	$1.33	Last: 1 Avg: 1.0	2/1 days

图 5-9　谷歌付费关键词（PPC Keywords）选项详情展示

5.3.3　eDecker

随着跨境电商的不断发展，市面上出现了很多为跨境电商提供服务的一站式服务平台，易得客（eDecker）便是其中一个。卖家只需注册一个账户，便可以对接开店、选品、运营、CPC 优化、经营数据分析、物流、支付、测评等所有服务，解决所有跨境服务问题。eDecker 的工作模式是它本身只提供底层架构支持，由第三方优质服务商提供产品和服务。这样做的好处在于 eDecker 可以专注搭建底层架构，第三方服务商可以为卖家提供更优质的服务，而卖家则可以只用一个账号就享有更多的服务。下面我们简单介绍一下 eDecker 的用法。

卖家下载、注册并登录 eDecker 后，就可以看到图 5-10 所示的操作界面。卖家首先需要在企业应用—店铺管理中输入店铺信息，才可以在经营看板中看到自己店铺的经营状况。

图 5-10　易得客（eDecker）工作台操作页面

卖家可以选择“企业应用”中的第三方服务进行选品。在这里可以看到各大电商平台的数据选品服务，我们选择“鸥鹭”来进行接下来的亚马逊数据选品操作，如图 5-11 所示。

图 5-11　易得客第三方选品服务

进入亚马逊数据选品操作页面，如图 5-12 所示。在操作页面的左侧，卖家可以选择自己感兴趣或者充分了解的行业范围；而在操作页面的右侧列举的则是产品的通用特征，这些特征包括 BSR（畅销榜）的特征、产品评论的特征、Buybox（购物车）的特征和其他销售信息的特征。选定好行业范围和通用特征后，搜索结果会直接在界面下方得以刷新。卖家可以根据自己的需要，对市场中的产品进行筛选，然后对筛选结果进行比对，以便找到符合卖家选品条件的产品。

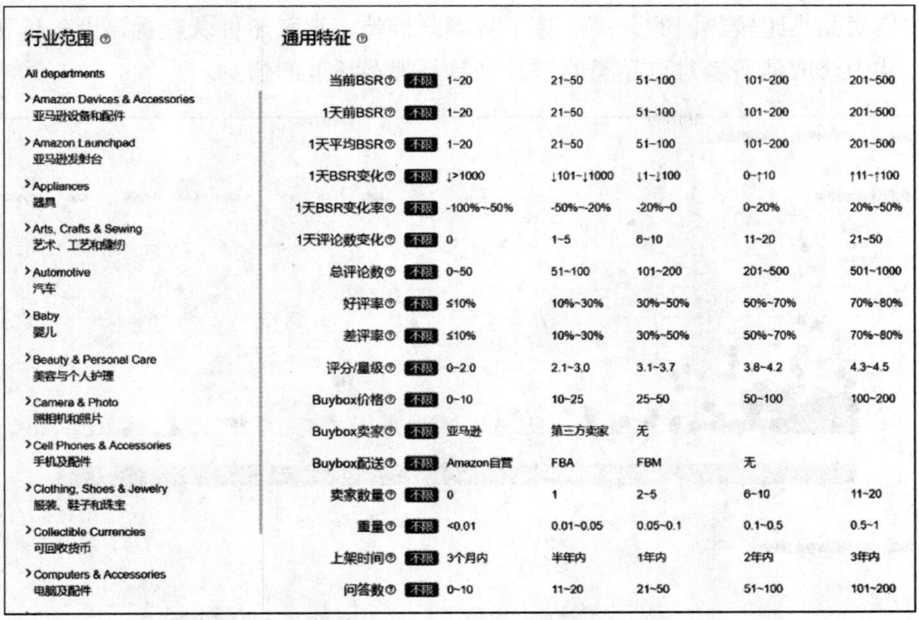

行业范围

All departments
Amazon Devices & Accessories 亚马逊设备和配件
Amazon Launchpad 亚马逊发射台
Appliances 器具
Arts, Crafts & Sewing 艺术、工艺和缝纫
Automotive 汽车
Baby 婴儿
Beauty & Personal Care 美容与个人护理
Camera & Photo 照相机和照片
Cell Phones & Accessories 手机及配件
Clothing, Shoes & Jewelry 服装、鞋子和珠宝
Collectible Currencies 可回收货币
Computers & Accessories 电脑及配件

通用特征

当前BSR	不限	1~20	21~50	51~100	101~200	201~500
1天前BSR	不限	1~20	21~50	51~100	101~200	201~500
1天平均BSR	不限	1~20	21~50	51~100	101~200	201~500
1天BSR变化	不限	↓>1000	↓101~↓1000	↓1~↓100	0~↑10	↑11~↑100
1天BSR变化率	不限	-100%~-50%	-50%~-20%	-20%~0	0~20%	20%~50%
1天评论数变化	不限	0	1~5	6~10	11~20	21~50
总评论数	不限	0~50	51~100	101~200	201~500	501~1000
好评率	不限	≤10%	10%~30%	30%~50%	50%~70%	70%~80%
差评率	不限	≤10%	10%~30%	30%~50%	50%~70%	70%~80%
评分/星级	不限	0~2.0	2.1~3.0	3.1~3.7	3.8~4.2	4.3~4.5
Buybox价格	不限	0~10	10~25	25~50	50~100	100~200
Buybox卖家	不限	亚马逊	第三方卖家	无		
Buybox配送	不限	Amazon自营	FBA	FBM	无	
卖家数量	不限	0	1	2~5	6~10	11~20
重量	不限	<0.01	0.01~0.05	0.05~0.1	0.1~0.5	0.5~1
上架时间	不限	3个月内	半年内	1年内	2年内	3年内
问答数	不限	0~10	11~20	21~50	51~100	101~200

图 5-12　亚马逊数据选品操作页面

在这里我们选择 Computers & Accessories（计算机及配件）> Computer Accessories & Peripherals（计算机配件和外围设备）> Audio & Video Accessories（音像配件）> Computer Headsets（计算机耳机）这一类目，并选取该类目的前 100 款热销产品作为代表对该类目进行分析。选定筛选条件后，界面下方会出现筛选的结果，我们单击结果栏上方的实时综合分析，可以看到该类目的综合分析结果，如图 5-13 所示。

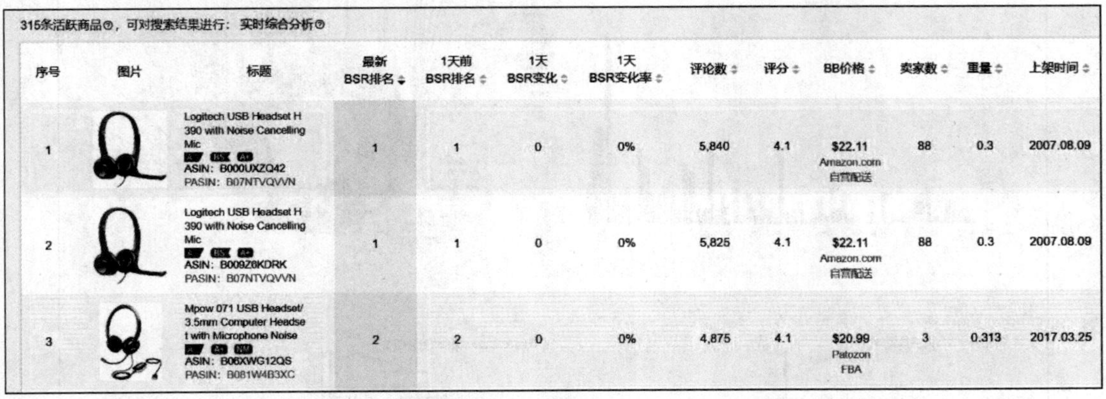

315条活跃商品，可对搜索结果进行：实时综合分析

序号	图片	标题	最新BSR排名	1天前BSR排名	1天BSR变化	1天BSR变化率	评论数	评分	BB价格	卖家数	重量	上架时间
1		Logitech USB Headset H 390 with Noise Cancelling Mic ASIN：B000UXZQ42 PASIN：B07NTVQVVN	1	1	0	0%	5,840	4.1	$22.11 Amazon.com 自营配送	88	0.3	2007.08.09
2		Logitech USB Headset H 390 with Noise Cancelling Mic ASIN：B009Z6KDRK PASIN：B07NTVQVVN	1	1	0	0%	5,825	4.1	$22.11 Amazon.com 自营配送	88	0.3	2007.08.09
3		Mpow 071 USB Headset/ 3.5mm Computer Headset with Microphone Noise ASIN：B06XWG12QS PASIN：B081W4B3XC	2	2	0	0%	4,875	4.1	$20.99 Patozon FBA	3	0.313	2017.03.25

图 5-13　亚马逊热销品类选品结果

我们从这个类目的价格分布散点图和不同价格区间的产品数量分布（见图 5-14）中可以明显地看出，该品类的产品价格大部分都集中在 10～100 美元的区间，而产品数量分布最多的是 10～50 美元的区间，这说明如果卖家想要选择这个品类，产品的价格最好不要高于 50 美元。从上架时间分布可以看出，该品类的生命周期较短，几乎各个时间都有产品上架。亚马逊的产品往往会有多个分类，而产品在一级和末级行业的数量分布则可以帮助卖

家了解到售卖品类比较热门的分类。除了基本分析外，卖家还可以查看评论分析和店铺品牌分析，从中获取消费者对该品类的需求以及品牌垄断度的信息。

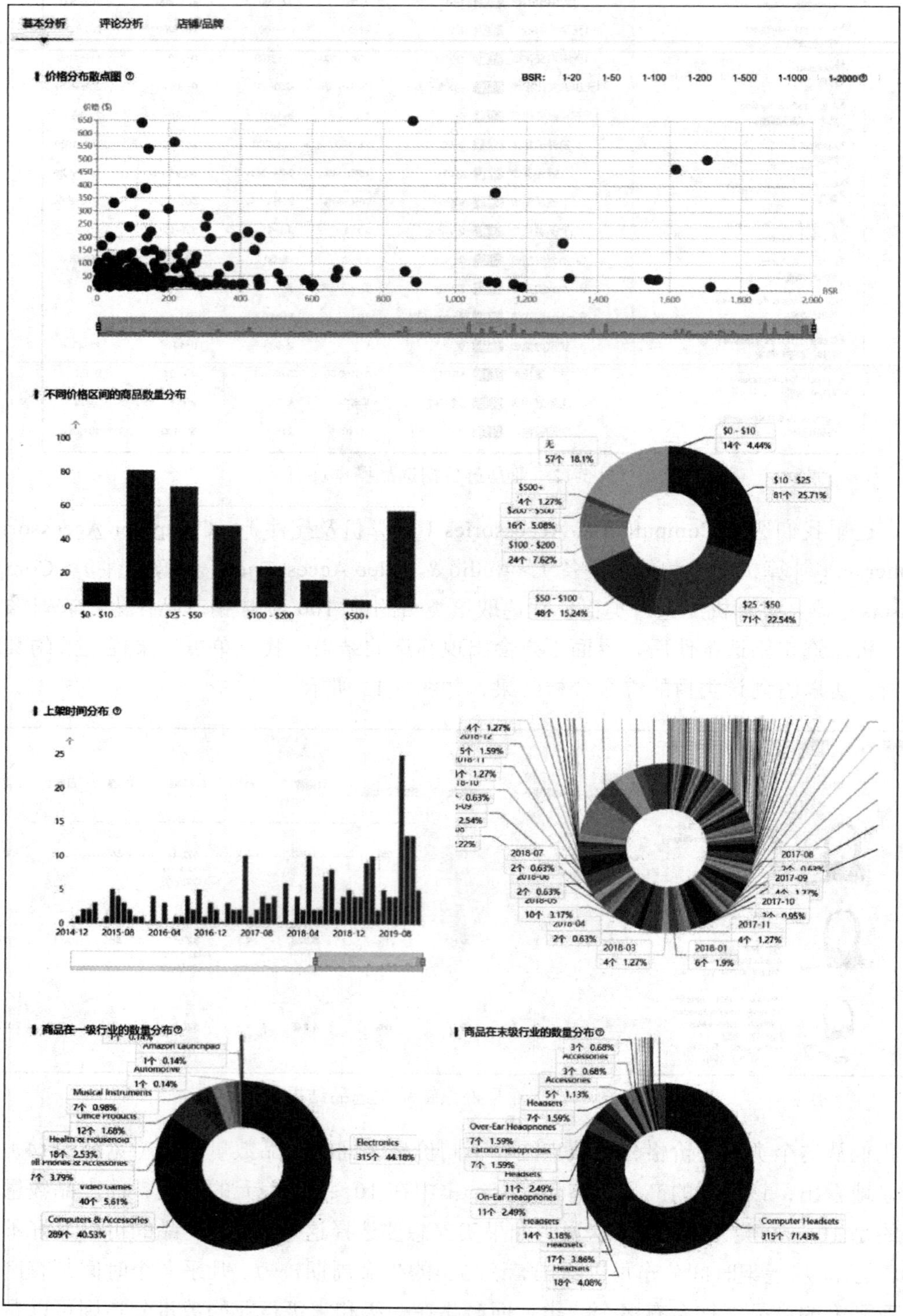

图 5-14　亚马逊热销品类实时综合分析

除了分析品类销售情况外，我们还可以通过易得客了解每个热销品类的销售情况。回到搜索结果页，点开该品类热销排行第一名的链接，就可以看到该商品的详情，同时了解到该商品的趋势，如图 5-15 所示。该商品有 3 个行业路径，在红色（主要路径）的路径上，该商品获得了第 2 级类目的第 91 名和第 3 级类目的第 3 名，这代表该商品在这条行业路径上十分具有统治力。因此卖家可以将其作为对比商品，详细研究其获得业绩增长的原因，进而选出类似的商品。而最下面的购物车（Buybox）价格趋势、评论趋势、不同星级评论趋势等销售信息的历史统计也为卖家选择商品提供了参考。

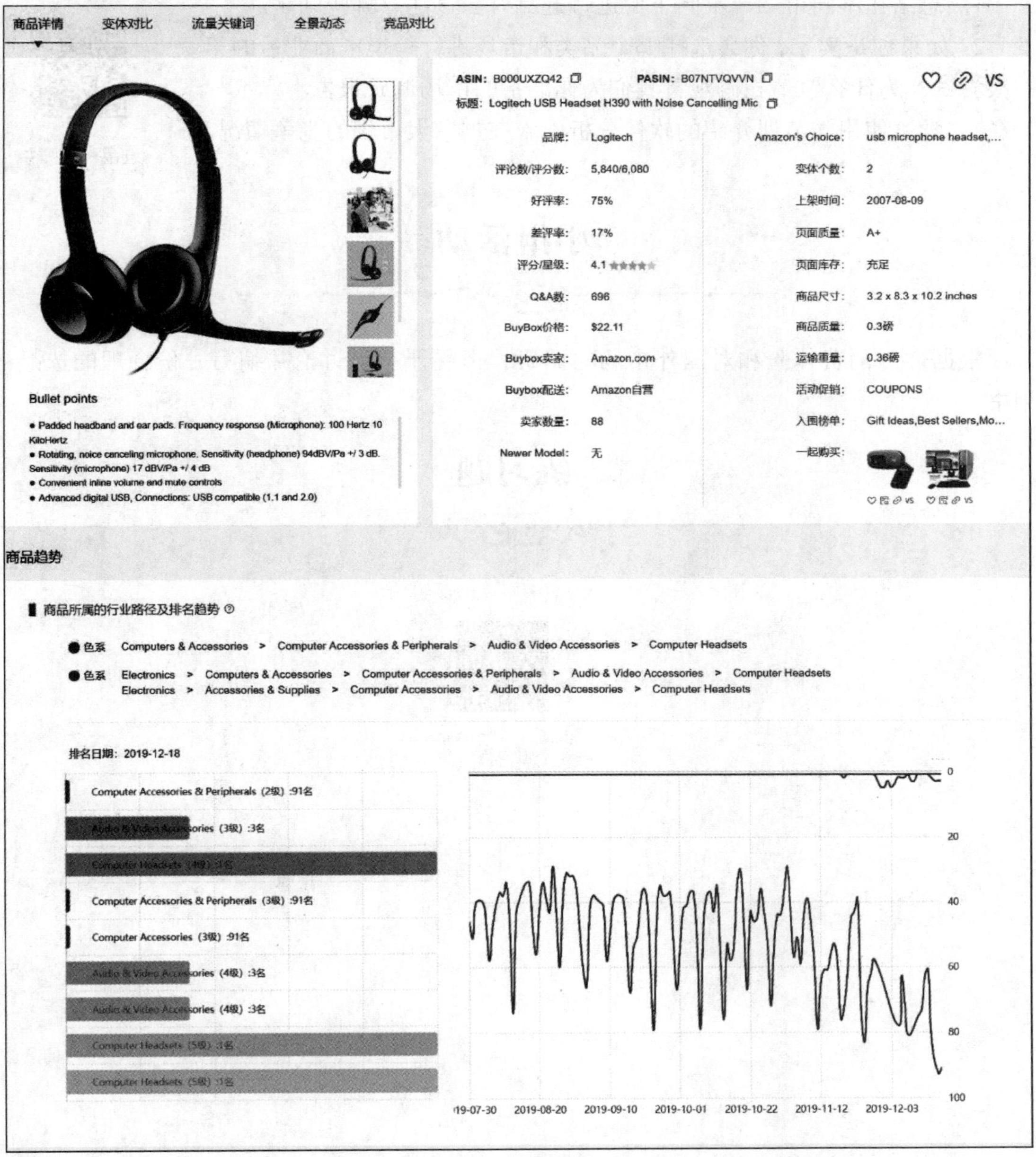

图 5-15 亚马逊热销商品详情

除了商品详情外，易得客还为卖家提供了该商品的变体对比、流量关键词、全景动态和竞品对比模块。卖家可以围绕该商品展开更多的分析，确保最终的选品能够满足消费者的需求，并获得市场的认可。

复习思考题

1. 总结在不同市场、不同平台进行选品时应该注意哪些问题。

2. 如果你是卖家，你会选择哪个品类和市场进行跨境电商业务的第一次尝试？为什么？请扫码观看我们为你准备的市场调研报告。

3. 尝试使用本节课介绍的软件分析雨衣在加拿大市场的竞争情况。

选品——睡袋

小组活动

根据你的消费体验和对国外市场的调研，请展开小组讨论并编写一份合理的选品计划书。

练习题

第 5 章

第 6 章

开店注册与创建商品页面

学习目标

了解开店注册的基本步骤和流程。

了解亚马逊平台商品页面的内容。

掌握在亚马逊平台创建商品页面的两种方式以及注意事项。

学会应用本章知识在亚马逊平台创建商品页面。

关键词

商品识别代码　商品分类　商品标题　搜索关键词　跟卖　创建页面

经过前期的市场调研和选品准备，卖家现在可以在电商平台上销售自己的商品了。本章将以亚马逊平台为例，详细介绍在平台开店的第一步，即注册账号和创建商品页面。通过本章的学习，读者能够了解平台账号注册的基本流程，掌握创建商品详情页面的文案准备工作和要求，掌握创建商品页面的具体方式和步骤。

6.1 开店注册

一般来讲，在跨境电商平台上开店注册主要包括以下步骤：创建账号、选择身份、设置收款账号等。注意，个别平台还要求填写税务身份信息。下面我们以亚马逊平台为例，详细介绍注册账号的流程。

6.1.1 注册账号

卖家在中国境内注册公司后，准备好公司名称、地址、联系信息、具有有效账单地址的国际信用卡、在注册期间可以联系到的电话号码、个人所得税号等资料后，就可以在亚马逊平台上注册账号了。注册账号的具体流程如下。

（1）输入电子邮箱地址及密码创建新账户；

（2）填写营业执照上的公司名称；

（3）填写包括联系方式在内的卖家基本信息等；

（4）添加信用卡信息；

（5）填入电话号码并通过电话或短信进行身份验证；

（6）美国税务身份信息验证；

（7）完成注册。

亚马逊的注册页面如图 6-1 所示。

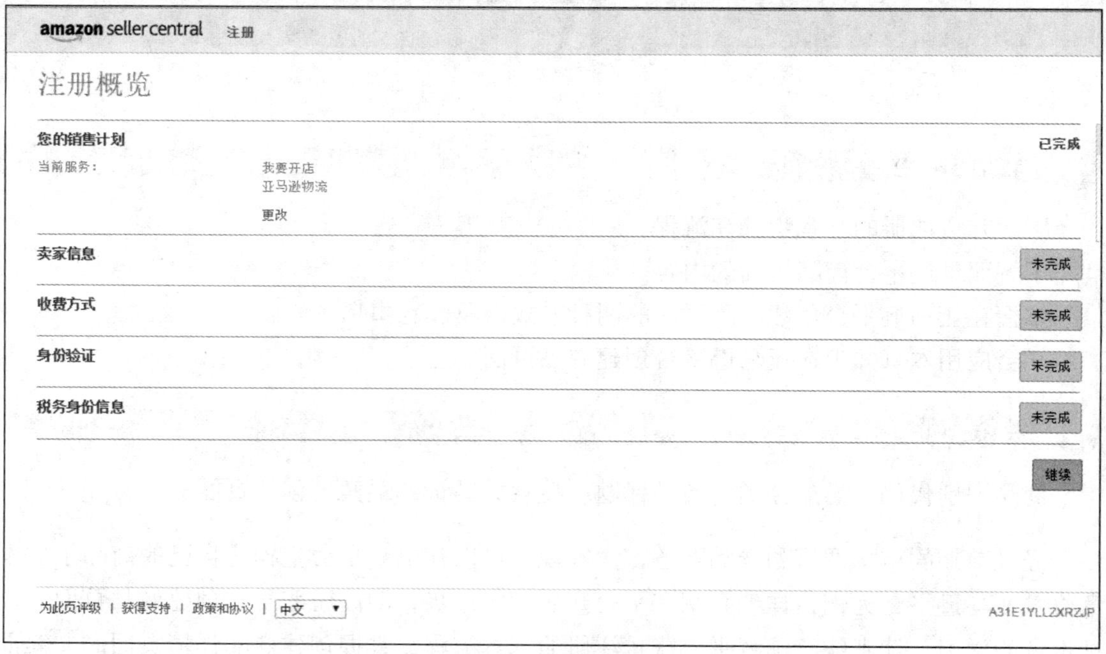

图 6-1　亚马逊的注册页面

值得注意的是，在美国亚马逊站点注册账号，根据美国国税局的要求，非美国纳税人需要提交 W-8BEN 表格。具体填报信息如下。

（1）是否为美国人；

（2）组织位置；

（3）国籍；

（4）全名；

（5）组织名称；

（6）永久地址；

（7）邮寄地址；

（8）是否同意提供电子签名。

在亚马逊欧洲平台上注册账号（包括英国、法国、德国、西班牙、意大利等），则根据欧洲有关监管机构的要求，亚马逊有义务对在欧洲平台上开店的卖家进行公司和公司所有人身份审核（以下简称“KYC 审核”）。卖家只有在欧洲验证团队审核通过后，才能在欧洲平台销售。为此，亚马逊欧洲站点要求卖家在注册时及注册后，通过卖家后台如实填写有关信息并按照要求上传所需文件。

6.1.2　选择身份

亚马逊全球开店业务平台分为北美平台、欧洲平台、亚洲平台以及南美平台。北美平台主要包括美国、加拿大、墨西哥 3 个站点；欧洲平台主要包括英国、德国、意大利、法国、西班牙 5 个站点；亚洲平台主要包括日本、印度、中国、新加坡 4 个站点；南美平台主要是巴西站点。但无论在哪个站点开店，亚马逊都允许卖家以两种身份开店：专业卖家和个人卖家。专业卖家可以获得更多的反馈资源，如订单报告、在产品展示页面优先排序、参与允许的 10 类产品类别销售等。当然，这两种不同身份的开店模式成本也不同。表 6-1 比较了两种身份在不同站点开店的收费标准。

表 6-1　　在美国、英国以及日本站点开店的收费标准

	美国站点	英国站点	日本站点
专业卖家	$39.99/月+销售费	£25/月+销售费	¥4 900/月+销售费
个人卖家	$0.99/件+销售费	£0.75/件+销售费	¥100/件+销售费

注：以上信息更新时间为 2020 年 4 月 13 日。

6.1.3　设置收款账号

在完成上述步骤后，亚马逊平台还会提醒卖家设置收款账号。付款账户绑定的信用卡用于支付平台费用和佣金费用，收款账户用于收取在平台上销售产品的所得费用。亚马逊会在一个会计周期内与卖家进行结算，并把扣除亚马逊管理费用之后的余额转至卖家指定的收款账户。由于卖家收款不是在商品销售后立刻获得，所以收款账号的设置可以稍后再准备。卖家收到亚马逊平台账款的方式有以下三种。

1. 在开店平台所在国家开设当地银行账户

为了顺利获得亚马逊平台支付的账款，卖家需要提供一个亚马逊支持的国家或地区的银行账号。目前，亚马逊支持在澳大利亚（AUD）、加拿大（CAD）、欧元区（EUR）、印度（INR）、新西兰（NZD）、英国（GBP）和美国（USD），以及我国香港（HKD）地区开设的银行账号，但仅能以开户地的货币进行支付。

2. 使用亚马逊卖家货币转换器（ACCS）

如果卖家没有在开店平台所在国家开设银行账户，则可以选择使用亚马逊卖家货币转换器服务。表 6-2 所示为亚马逊卖家货币转换器针对各个平台支持的货币。如果卖家是在以下国家开设银行账户，就能借助亚马逊卖家货币转换器用自己所在地银行账户直接收到当地货币形式的款项。无论卖家居住在哪国，其银行账户都只能收到亚马逊卖家货币转换器支持的国家和货币的付款。例如，英国卖家在亚马逊美国平台上开店，但开设的收款账户不是美国银行账户而是英国银行账户，则必须接受使用亚马逊卖家货币转换器收款，这样每一笔付款都会自动转换成英镑被打入卖家英国银行账户。卖家可以单击“货款汇总”页面上的“查看汇率”按钮了解转款到卖家银行账户的汇率。使用亚马逊卖家货币转换器的所有费用和收费都已包括在汇率中。

表 6-2　亚马逊卖家货币转换器服务的货币种类

	平台（Amazon.__）						
付款货币	.com	.ca	.co.uk	.de	.dr	.it	.es
欧元（EUR）	✓	✓	✓	默认	默认	默认	默认
英镑（GBP）	✓	✓	默认	✓	✓	✓	✓
美元（USD）	默认	✓	✓	✓	✓	✓	✓
澳元（AUD）	✓	✓	✓	✓	✓	✓	✓
加元（CAD）	✓	默认	✓	✓	✓	✓	✓
港元（HKD）	✓	✓	✓	✓	✓	✓	✓
印度卢比(INR)	✓	✓	✓	✓	✓	✓	✓
纽元（NZD）	✓	✓	✓	✓	✓	✓	✓

注：以上信息更新时间为 2020 年 4 月 13 日。

3. 使用第三方货币兑换服务

在开店平台所在国家开设银行账户，虽然可以充分掌控自己的财务账户，但开户过程比较复杂，需要卖家在该国建立合法的企业实体，还要咨询法律、税务和银行顾问一些相关事宜。中国卖家如果没有上述国家或地区的银行账户，也可以用中国的银行账户接受亚马逊以人民币结算的货款，但需要与第三方支付机构绑定银行卡，如派安盈（Payoneer）。所以，第二种和第三种方式是中国卖家常用的收款方式。

6.2 创建商品页面前的资料准备

卖家在发布新商品之前，需要准备好所售商品的文案资料和图片，并在后台界面设置搜索关键词。亚马逊、eBay、速卖通对上传商品的具体要求有所不同，但基本操作步骤一致。下面我们以亚马逊平台的规则为例，详细介绍商品上架前的资料准备工作。

6.2.1 了解专业术语

在亚马逊平台上，我们经常会见到各种商品代码，现在就来了解一下这些代码。

1. SKU

SKU［Stock Keeping Unit，库存量单位（库存进出计量的单位）］，由卖家创建的唯一编码，用来对商品页面的产品统一编号进行管理。亚马逊公司通过使用卖家库存文件中的 SKUs，把卖家的商品和当前亚马逊目录中已经存在的合适的商品详情页面关联起来。对于电商行业而言，SKU 指的是一款商品，每款都会出现一个 SKU。同一款商品，如有不同颜色、尺寸、型号等属性，则视为不同的 SKU。例如，一件衣服有黑、白两种颜色，S、M、L 三种尺寸，则 SKU 的数量为 6（2×3）。亚马逊的很多报告，如销售报告都使用 SKU 来区别商品。

2. UPC或EAN

UPC（Universal Product Code，商品通用条码），适用于美国和加拿大站点。在亚马逊平台上大家可以通过 UPC 搜到对应商品，UPC 是上传商品必备元素之一。EAN（European Article Number，商品通用条码），和 UPC 近义，适用于欧洲站点。UPC 或 EAN 是一个 12 位或 13 位的条形码，每一个 UPC 或 EAN 只能有一个商品页面。通常来说，在亚马逊平台上销售的每款商品都应该有 UPC 或 EAN 代码，但某些商品可以申请豁免或例外。

3. GTIN

GTIN（Global Trade Item Number，全球贸易项目代码），也可作为商品的唯一代码。但相比之下，UPC 和 EAN 的使用更广泛。

4. ASIN

ASIN（Amazon Standard Identification Number，亚马逊标准识别号），是由亚马逊根据 UPC 代码自动生成的一种唯一的商品标识代码，每个亚马逊经销的商品都有一个唯一对应的 10 位的 ASIN 编码。所以当卖家创建商品页面建立 SKU 时，亚马逊也会生成唯一一个 ASIN 与之相关联。

5. GCID

GCID（Global Catalog Identifier，亚马逊内部生成的品牌标识符），当品牌在亚马逊成功备案后，亚马逊会自动分配独一无二的十六位字符，包括字母和数字。GCID 与 ASIN 的不同之处在于，ASIN 针对的是商品页面，而 GCID 直接与商品相关联，且永久不变。获得 GCID 的优势是，可以增加卖家在共享商品详情页面时对页面编辑权的影响力。GCID 是自动被创建并分配到每个商品上的，并不会出现在商品页面或库存管理页面。

6.2.2　设计商品标题

商品标题对于卖家而言可谓至关重要，因为好的标题有助于买家很快搜索到商品。卖家在设计商品标题时一定要做到言简意赅，不要出现诸如价格、促销等字样。商品标题是可供买家找到商品的重要信息，所以描述一定要准确。

（1）标题应包括商品品牌及描述（Product Brand and Description）、品类（Product Line）、材料或原料（Material or Ingredient）、颜色（Color）、尺寸（Size）、数量（Quantity）。

例如，Best Token 2-piece Vintage Pillow Cover Case Without Insert 18"×18"（Blue）

Breville BJE200XL Compact Juice Fountain 700-Watt Juice Extractor。

（2）首位必须是品牌；若无品牌，首位应标明无品牌“Generic”。

（3）标题中不能有公司、促销、物流、运费或其他与商品无关的信息。例如，Best seller、Free Delivery（免运费）。

（4）如果是批量销售，商品名称后一定要注明一批是多少。例如，a pack of 10（一包十个）。

（5）标题长度不能超过 150 个字符，空格算 1 个字符，且不能出现特殊字符或标点符号。除了冠词和介词（a、the、for）外，首字母要大写。

6.2.3 设置搜索关键词

搜索是可供买家在亚马逊上查找商品的主要方式。买家一般通过输入关键字进行搜索，而关键字要与商品输入的搜索词相匹配。选择恰当的搜索词，可提高商品的可见性和销量。商品的名称、UPC、制造商、销售商会自动添加为搜索选项，所以卖家在设置关键词时不必再添加这些信息。商品名称中的每个词都可被单独搜索，所以蓝色中号双人床枕头套（300 纱线密度）比蓝色枕头套更好。

卖家可以设置五个关键词小组，每个小组的关键词最多为 50 个字符，并可以将近义词或是同义词作为搜索关键词。例如，jacket or blazer 都可为休闲西服外套，airplane or aeroplane 都表示飞机。

库存管理功能不同，默认的关键词元素也不同。如果卖家通过添加新商品的方式创建商品页面，那么商品名称、品牌/设计者/制造商、搜索词、动作关键字都会被默认为商品关键词，如表 6-3 所示。

表 6-3　关键字元素

库存管理功能	用作关键字的元素
添加新商品	商品名称、品牌/设计者/制造商、搜索词、动作关键字
文本文件模板	标准商品编码（UPC、EAN、全球贸易项目代码）、商品名称、品牌/设计者、制造商/制造商零件号（制造商零件号）、搜索词 1—搜索词 5
商品上传数据（XML）①	商品名称、标准商品编码（UPC、EAN、全球贸易项目代码）品牌/设计者、制造商/制造商零件号、搜索词（最多为 250 个字符）

6.2.4 准备商品图片

为了给买家提供最佳的购物体验，卖家一定要上传商品图片，有效的商品图片可激发买家的想象力并促使他们做出购买行为。在搜索结果页面，每个商品只会显示一张图片，

① 高级卖家可以利用 XML（可扩展标记语言）来管理亚马逊系统。XML 是一种包含结构化信息的文档标记语言。在 XML 文档中，数据以文本字符串的形式存储。XML 允许卖家对其系统与亚马逊系统进行集成，与平台系统进行通信，使用预定义的 API（应用程序编程接口）来发布文件至亚马逊系统，并接受来自亚马逊系统的文件。当处理大量数据时，卖家使用 XML 可以很方便地发送和接收数据。XML 一旦集成全面实施和测试，就会很少需要人工干预，甚至不再需要人工干预。

即主图；当商品页面被打开后，我们才能在商品详情页面的左侧看到更多的商品图片，即副图。通常来讲，主图是从整体展示商品的最主要的图片，而副图可以是细节展示或场景展示。副图的功能如表 6-4 所示。

表 6-4　副图的功能

核心卖点展示	数据直观展示商品尺寸

展示全部商品	**使用场景模拟和商品尺寸的直观展示**

亚马逊平台对商品图片的要求比较严格：图片是照片，而非绘画，不允许有水印或文字，背景简单明了，不会对商品本身造成干扰。图片在尺寸、颜色等方面与商品说明相符，可在图片上识别商品，图片描绘出完整的商品，图片中商品应占据至少 85%的页面。卖家在上传图片时应注意以下事项。

（1）每件商品必须有主图，主图是第一个图，也是显示在搜索页面的图，大小至少为 1 000 像素×1 000 像素。

（2）主图必须用纯白背景（RGB 值为：255,255,255），无水印、无任何文字、无边框，不能出现所售商品以外的配件或商品，不能带有包装盒。

（3）副图建议从多角度展示商品，可以不用纯白背景，但不允许有商品、水印或文字。

表 6-5 总结了主图常见的错误。

表 6-5　主图常见的错误

	错误	正确
背景必须纯白		

续表

	错误	正确
背景中必须无任何文字		
背景中必须无水印		
必须展示单一图片		
主图不能带有包装盒		

6.2.5 准备商品描述文案

商品描述分为两部分：一是商品要点简介，显示在商品报价后，概括商品的主要特点，以吸引买家的注意力。卖家需要用一些简洁的语句对商品进行描述，且这种描述最好能够抓住买家的兴趣点。二是商品详细信息，可以用图文并茂的方式详细介绍商品的大小、参数、性能、服务等各个方面。商品详细信息必须以开店的亚马逊商城的当地语言发布。如果卖家要在亚马逊德国站或亚马逊日本站开店，则商品详细信息必须相应为德语的或日语的。

1. 商品要点简介

精心制作商品要点简介，可以提高店铺的销售额。买家依赖这些商品要点来理解关键的商品功能，因为其中突出展示了与商品有关的、重要的或与众不同的元素，如图 6-2 所示。制作产品要点简介时，请遵守以下准则。

（1）突出展示希望买家考虑的五个关键特点，如尺寸、适龄性、商品的理想条件、技能水平、成分含量、原产地等。

（2）保持一致的顺序。如果第一个商品要点是原产地，那么请保持所有的商品使用相同的顺序。

（3）重申标题和说明中的重要信息。

（4）请在每条要点开头使用大写。

（5）请以句段书写，不要在结尾加上标点符号。

（6）请勿包含促销和定价等相关信息。

图 6-2　商品要点描述

2. 商品详细信息

卖家在介绍商品详细信息时，不能仅仅提供简明扼要的说明。一份精心撰写的商品说明可以帮助买家想象拥有或使用商品所带来的体验，如感受、触摸、商品的体验、使用和优势等。

我们来对比下列两种表述，看看哪种更有吸引力。

（1）专为音频专业人士打造的、坚固耐用的麦克风。

（2）秉承 SM58®的传统，Beta 58A 动态麦克风早已成为声乐家和巡回演出歌手的首选。Shure Beta 58A 是一款高输出超心型动态声学麦克风，专为专业扩声和项目工作室录音而设计。它在自身的整个频率范围内都保持了真正的超心型模式，从而确保了极高的反馈前增益、最大程度地把其他音源隔离以及最低程度的离轴音色。即便遭遇粗暴操作，这款麦克风的卓越性能也不会受到影响，因为其坚固的结构、经得起考验的减震架系统以及加固的钢制网罩有助于抵御各种损伤。Beta 58A 拥有极为适合人声特写的成形频率响应，其典型用途包括主唱、和声和演讲。

另外，亚马逊品牌注册（Brand Registry）的卖家可以利用图文结合的 A+页面来展示商品的真实属性。A+页面就是图文版商品详情页面，通过它可以使用额外的图片和文本进一步完善商品描述。在图片上，卖家应选择能够突出商品特性、卖点、细节、尺寸和使用环境者。

6.3 创建商品页面

亚马逊为卖家提供了两种方式来创建商品页面：单个添加新商品和批量上传商品。如果选品较少（少于 50 件），可以使用单个添加新商品发布工具，并逐个发布商品信息。如果拥有专业卖家账户，选品数量较大，并且这些商品已经在亚马逊平台上发布过，则可以使用批量上传商品工具，通过修改 UPC/EAN 代码来创建自己的商品页面。不过，无论以哪种方式创建商品页面，都需要首先确定商品发布的类别。

6.3.1 确定商品类别

1. 商品分类

如图 6-3 所示，亚马逊的商品分类是指商品归属于哪个类别，卖家商品分类指南（ICG）中的词语为商品分类。例如，榨汁机可以归属于家居用品→厨房用具→蔬菜与水果工具，也可以归属于家用电器→小电器类别。买家浏览路径的每个步骤，被称作分类节点。有时候买家会在搜索框内搜索商品，同时在左侧商品类别中缩小搜索范围。因此，卖家准确找到商品所属节点对于提高商品浏览量和转化率至关重要。

分类越准确和详尽，亚马逊就越能将卖家的商品放置到网站中相关的分类节点下。如果卖家选择了不明确的一般描述词，商品可能就不会被显示出来，因为买家往往会浏览定义更加清晰的商品分类。目前，亚马逊商品的一级分类主要有：①鞋靴；②服装服饰；③箱包、腕表首饰；④母婴用品；⑤玩具；⑥美妆护肤；⑦家具厨具、食品；⑧电子数码；⑨户外运动；⑩办公用品。每个一级类目之下都有更详细的二级类目，如鞋靴类目中包括男鞋、女鞋、童鞋、运动户外鞋和热门运动鞋。二级类目后也有对应的三级类目，如女鞋类目中包括高跟鞋、芭蕾鞋、乐福鞋等，如图 6-3 所示。也就是说，详细的分类能够帮助买家快速找到自己想要的品类。

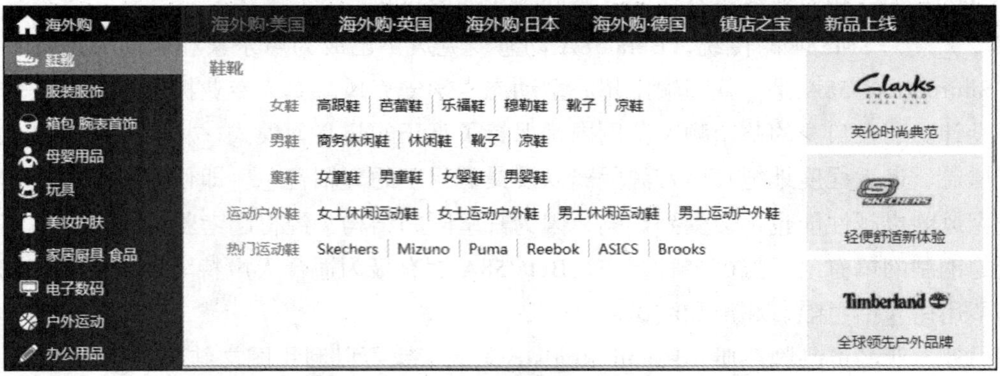

图 6-3 亚马逊二级商品分类图

2. 类目错放

（1）定义

类目错放是指商品实际类别与发布商品所选择的类目不一致，分为有意错放类目和无意错放类目。有意错放类目是指有意使发布商品时选择的类目与商品实际类目不相符，以骗取曝光的行为。无意错放类目是指用户对平台和类目结构的了解不够深入，导致发布商品时选择的类目与商品实际类目不相符的行为。

（2）类目错放的惩罚

如果类目相关度太低，类目错放会影响页面的曝光和后期排名。如果卖家跨类目做变体，可能会被移除页面，也可能会被亚马逊警告，严重者可能会被移除销售权限。

（3）如何避免类目错放

首先，要对亚马逊平台的各个行业、各个类目有所了解，知道自己所售商品从物理属性上来讲应该放到哪个大类目下；其次，可以在线上通过商品关键词查看此类商品的类目展示进行参考；最后，针对自己所要发布的商品逐层查看类目层级，也可以参考使用商品关键词搜索推荐类目，从而在类目推荐列表中选择最准确的类目，在发布的同时要注意正确填写商品重要属性。

6.3.2　单个添加新商品

亚马逊平台采取单一商品详情页面的规定，意味着一个商品只能有一个商品详情页面，销售同一个商品的卖家只有商品定价权而没有页面编辑权。因此，卖家在发布新商品之前，首先要清楚这个商品是否已经在亚马逊平台上存在商品详情页面。如果是，则卖家可以选择跟卖；如果不是，则可以添加新商品。

1．添加新商品：跟卖

添加新商品是卖家账户库存下拉菜单中提供的在线工具，卖家通过平台上的添加新商品页面发布待出售商品。如果已经有人在亚马逊平台上销售该商品，那么卖家必须使用现有商品详情页面创建报价。需要注意的是，卖家应确保所销售的商品与页面商品完全一致，并且拥有商品的销售权。在发布商品之前，卖家务必准备好以下内容。

（1）UPC、EAN 或 ISBN（国际标准书号）：大部分商品都有一个唯一的识别码，如 UPC、EAN 或 ISBN。该识别码可确保商品详情页面上显示的信息是准确的。

（2）商品图片：商品图片能够让买家清楚地看到所销售的商品，并可用于突出特殊的功能特性。将商品图片调整为合适的尺寸，并做好上传准备。

（3）报价详情：报价包括商品的价格、状况、数量和配送选项，卖家可以随时更新报价信息。

（4）关键词和搜索词：使用准确有效的关键词有助于买家更轻松地找到商品。

我们以跟卖一款望远镜为例，介绍其具体操作步骤。

（1）从库存下拉菜单中选择添加新商品，然后搜索该类目商品在亚马逊平台上的销售情况。如果搜索商品编码（如 UPC 或 ISBN），则可获得更准确的搜索结果。例如，搜索“望远镜”，如图 6-4 所示。

（2）如果卖家找到了想发布的商品，单击“出售您的”按钮，添加报价详情，如图 6-5 所示。报价详情包括以下信息：商品价格、数量、状况、配送选项等。例如，我们写上价格“20”，保存更改。

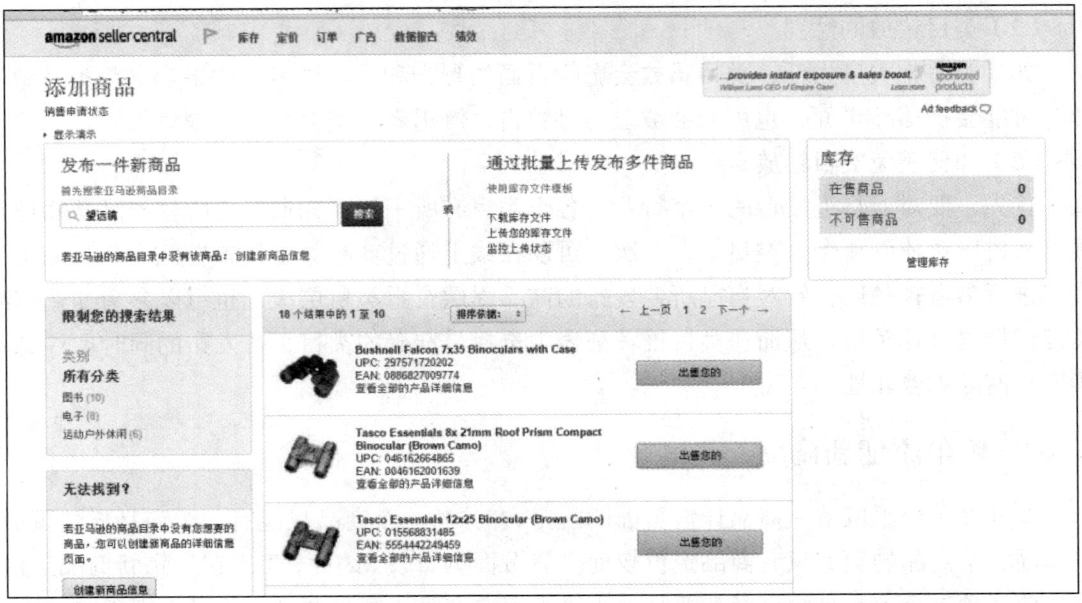

图 6-4　搜索商品结果

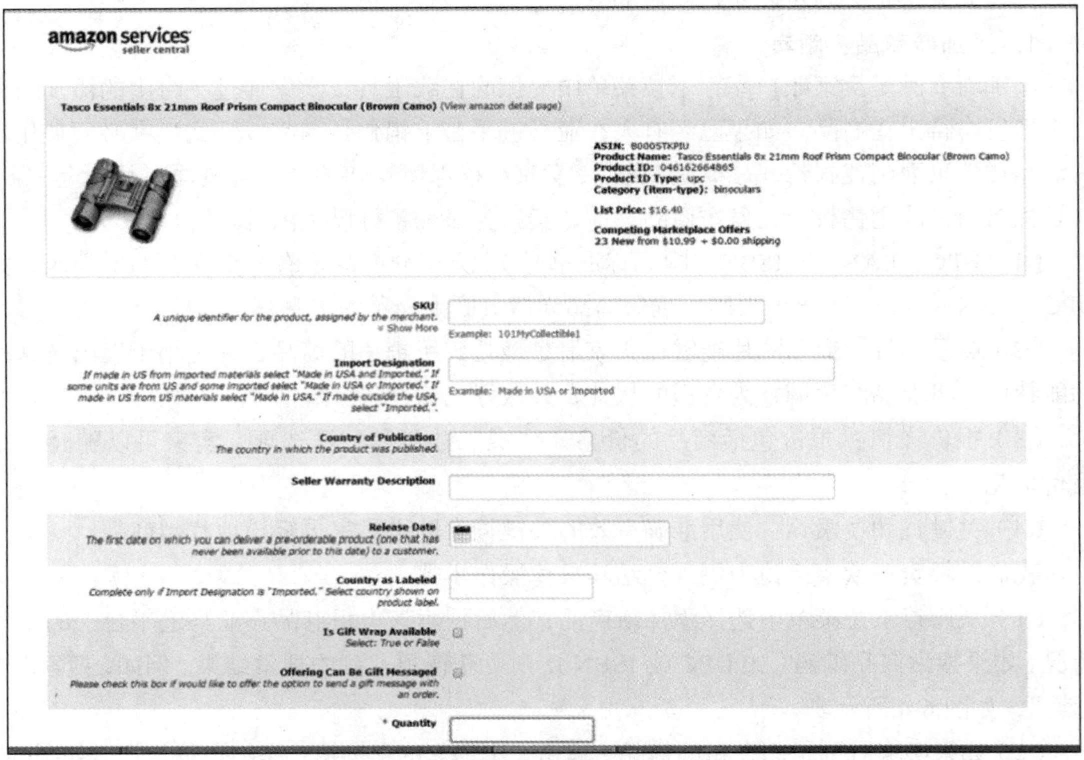

图 6-5　添加报价详情

15 分钟后，在商品详情页面中即可看到刚才更改的报价。注意，这个案例所选的望远镜的跟卖不需要审核，但是有些商品的跟卖还需要通过亚马逊的审核。例如，在亚马逊平台上销售泳衣，搜索“swimsuit”即得到图 6-6 所示的界面，但每个现存商品页面都需要经过批准才能销售。

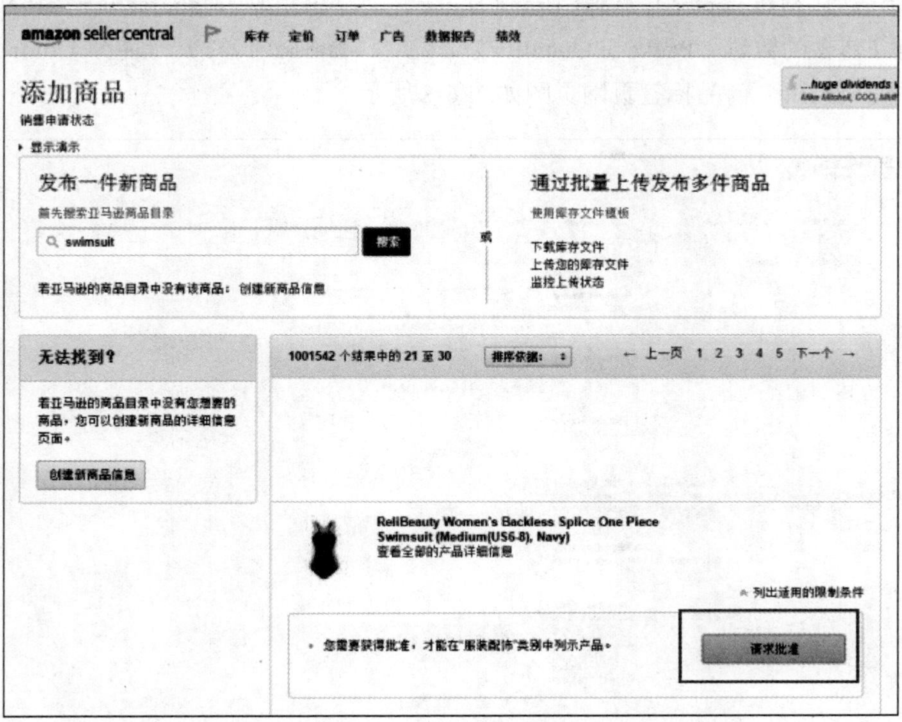

图 6-6　添加商品请求批准界面网页图

2. 添加新商品：创建新页面

如果亚马逊平台上没有卖家准备销售的商品，那么卖家可以发布新商品，亚马逊将创建一个新的商品详情页面。例如，卖家想要销售一款望远镜，其具体操作步骤如下。

（1）单击“创建新产品”按钮，选择想要发布的商品所对应的分类。选择的分类越精确，买家就越容易找到该商品。如果卖家不清楚商品的具体分类，可以通过搜索关键词“Binoculars”进入图 6-7 所示的界面，然后选择第一个商品类别单击进入。

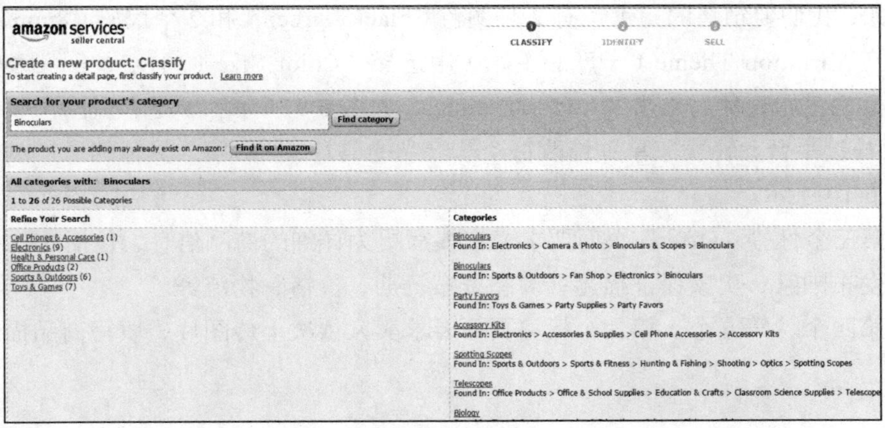

图 6-7　创建新商品网页图

（2）第一个标签页“Vi+al Info”要求我们输入重要的商品信息，包括商品标题（Product Name）、制造商（Manufacter）、品牌（Brand Name）、商品识别码（Manufactuer Part Number）、每单位商品包含的数量（Package Quantity）、材质（Material Type）、颜色（Color）等，然后保存并完成报价。商品标签页网页图如图 6-8 所示。

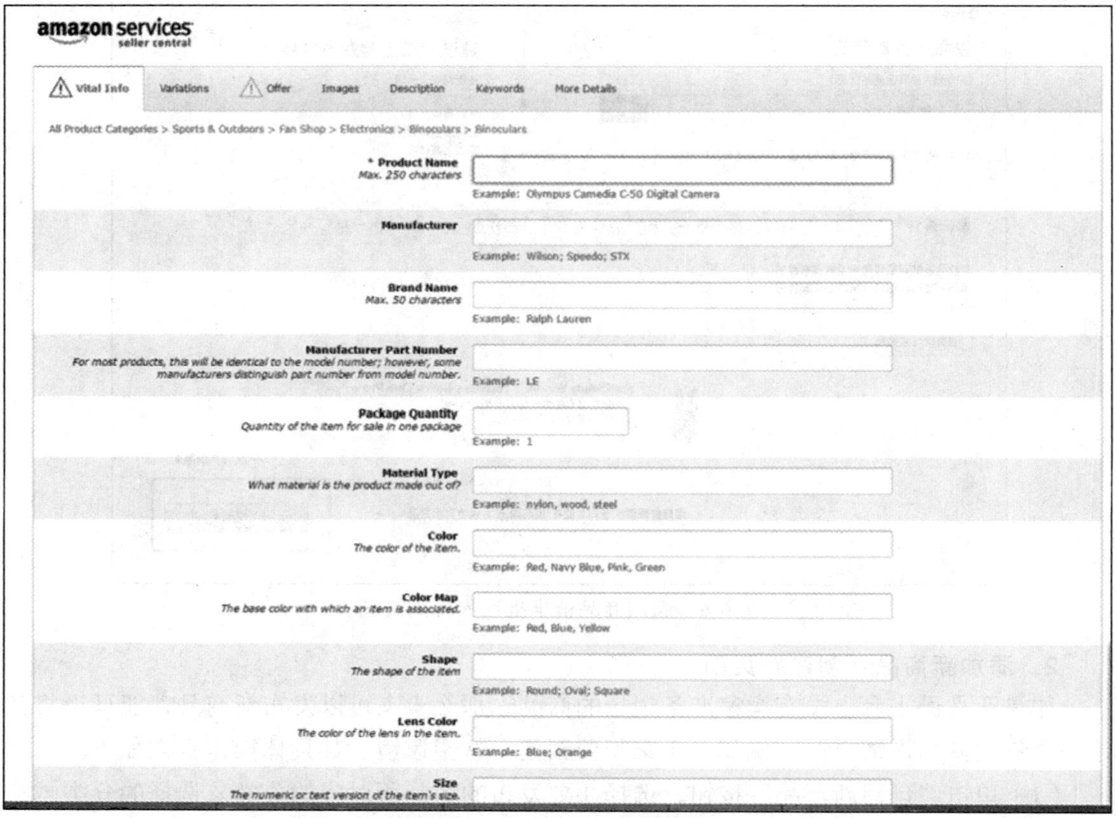

图 6-8　商品标签页网页图

（3）第二个标签 Variations（子产品）页面允许我们在建立“父”产品后，继续建立“子”产品。例如，我们要销售的望远镜有 2 种颜色（black、green）和 2 个尺码（8mm、12mm），那么我们在 Variation Theme（子产品主题）中选择“Color Size（颜色尺寸）”表示我们的子产品区分的主题，然后单击“Add Variation”，如图 6-9 所示。于是，就生产了 4 个“子产品”。亚马逊平台允许卖家单独修改每个子产品的信息，然后填入具体的子产品的报价信息，如图 6-10 所示。

（4）第三个标签“Offer”页面要求卖家填写更为详细的商品信息，包括 SKU、进口地点、商品发布国家、卖家保证描述、商品发布日期、价格、物流等。

（5）第四个、第五个、第六个标签页面要求卖家依次上传图片、填写商品描述、设置关键词等。

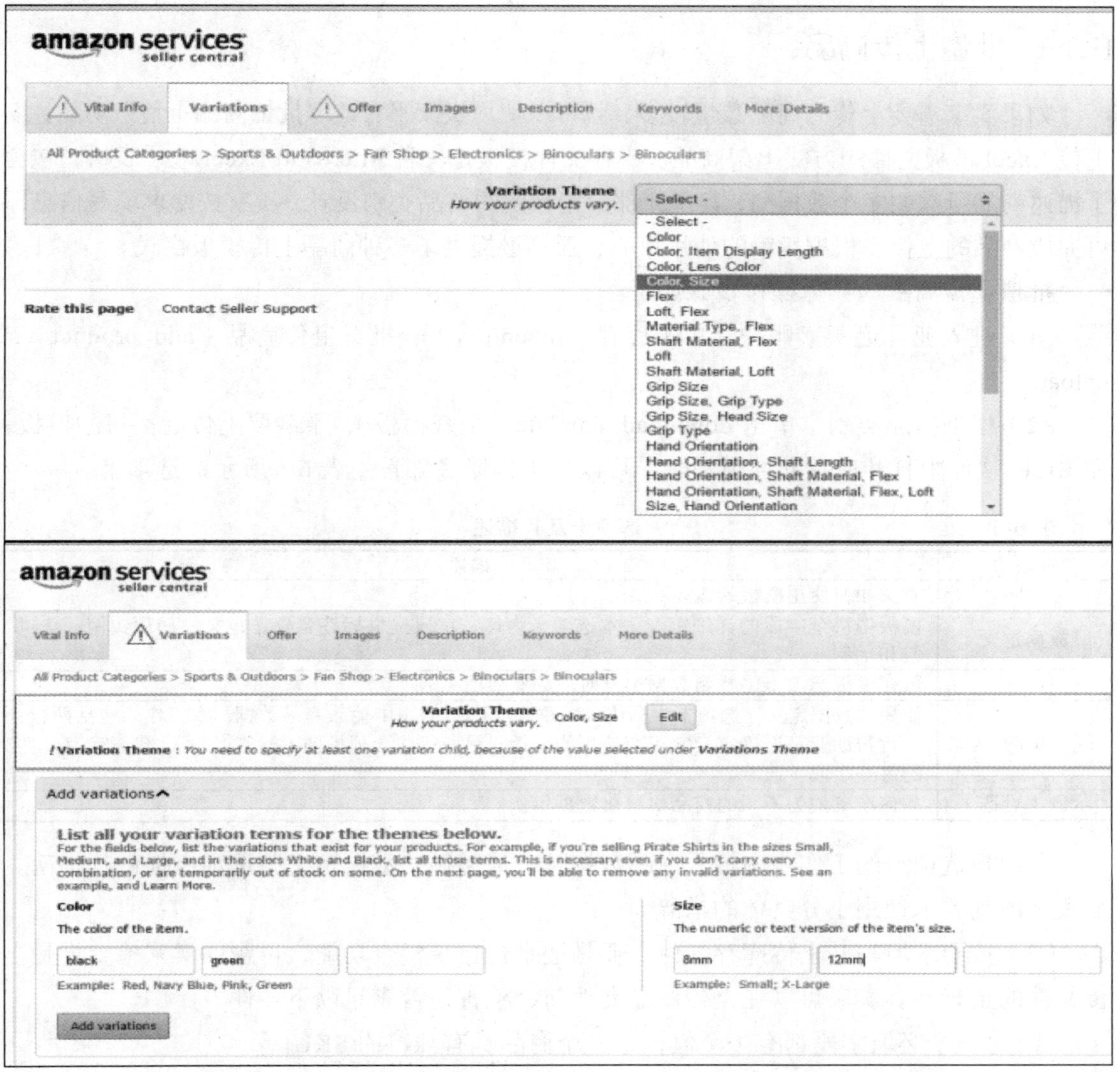

图 6-9　添加子产品网页图

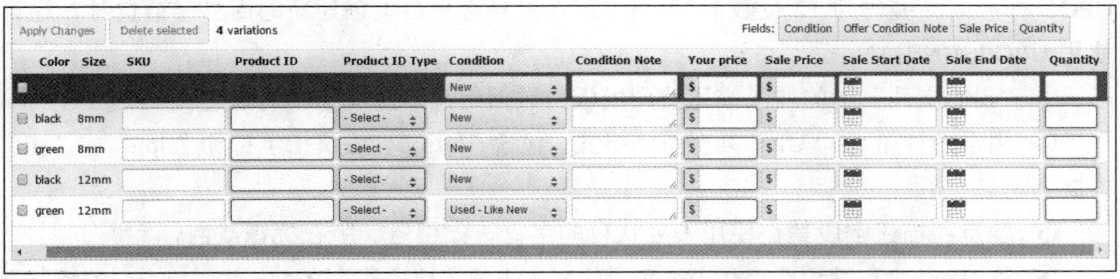

图 6-10　添加子产品报价网页图

（6）提交的信息会在 15 分钟内被发布到亚马逊平台，之后卖家便可以通过搜索和浏览查看报价。

6.3.3 批量上传商品

如果卖家需要上传的商品数量较多，就可以使用卖家平台的“批量商品上传”功能，以上传 Excel 模板文件的方式上架商品。库存文件模板是一种 Microsoft Excel 电子表格，包含了描述商品所需的多个数据列，其中大部分为特定的商品类别设计。卖家按要求填写信息即可完成商品的上传。根据卖家的使用目的，亚马逊提供了多种商品上传模板格式。

批量上传商品的具体操作步骤如下。

（1）进入亚马逊卖家账户，单击库存（inventory）→批量上传商品（add product via upload）。

（2）根据商品类别，单击 download template（下载模板），下载要上传的类目的模板。在 Excel 软件中打开库存文件模板时，可以在工作簿底部看到表 6-6 所示的选项卡。

表 6-6　选项卡及其描述

选项卡	描述
说明	有关如何使用模板的概述
数据定义	模板中每个字段的详细审查。本选项卡为每一字段提供标签名称、定义、使用实例、认可值和示例
有效值	可在模板选项卡中找到数据类型对应的有效值列表
模板	使用“数据定义”选项卡中列出的规格在实际工作表中输入商品数据。本工作表包括两行：一行帮助亚马逊确定卖家正在使用的模板，另一行包含列标题（标签名称），代表库存文件的每一字段
示例（可选）	如何准确地为不同的商品格式化数据示例

在模板选项卡的工作表内输入商品数据时，请遵循“数据定义”选项卡提供的指南。很多字段均要求使用十分具体的措辞。

（3）按要求填写并上传库存文件。亚马逊平台自带检查功能，可帮助卖家检查批量上传文件的正确性。卖家可以在上传商品文件前，检查是否满足以下条件。

① 每一个必填字段都有一个值；每一个商品都有独特的 SKU。

② 标准商品编码值符合适于商品编码类型的格式。（也就是说，如果商品编码类型为 UPC，标准商品编码为 12 位数字。）当卖家在亚马逊平台上创建新的商品详情页时，建议使用 UPC/ISBN/EAN。

③“我的文件”中的商品描述使用模板“数据定义”选项卡中的描述。

④ 用于图片参考的 URL 具有正确格式，包含“http://”协议指示符和“.jpg”或“.gif”扩展名。

⑤ 要点和描述字段禁止使用未经认可的字符，如引号、版权标识或商标标识。

⑥ 从 Word 中粘贴到要点和描述字段的文本未格式化（选定文本，然后单击“编辑”→“清除”→“格式”，清除 Word 或 Microsoft Excel 中的格式）。

⑦ 如果使用模板建立父项/子项关系，以下内容为真：

父项商品的关系类型字段为空。

父项商品和子项商品都拥有相同的变体主题值。

变体主题中使用的术语有效。

父项商品的数量和商品价格为空。

⑧ 商品拥有相应的重量和/或尺寸。

⑨ 商品拥有推出日期（如果此字段存在）。

⑩ 出售中的商品拥有比正常商品价格低的特价；而且每一商品拥有一个特价，包含销售日期。

⑪ 所有日期必须采用 YYYY-MM-DD（2004-02-29）的正确格式。

⑫ 每一可售商品包含商品数量。（注意：无数量值的商品将不会出现在运行站点和测试站点内。还需注意：父项商品不应包含商品价格或数量。）

（4）单击上传，完成页面的批量创建。

复习思考题

1. 以下商品名称的描述是否有问题？为什么？

New phone Case for Ipad

Free shipping Generic Boss Ultimate Ears Triple Earphones

2. 请搜索亚马逊美国站点的商品，看看什么样的商品标题更能吸引消费者。

3. 请比较单个添加和批量上传两种添加新商品方式的区别。

小组活动

请扫码观看本书视频“第一次发布新商品”，总结创建商品页面需要准备的材料和信息包括哪些？以小组选定的商品为例，准备这些信息。

新品发布的文案准备

练习题

第 6 章

第7章

跨境电商物流

学习目标

掌握卖家自行配送订单的分类。
掌握海外仓物流服务基本知识。
掌握亚马逊物流的利与弊。
熟悉亚马逊物流的操作流程及平台收费标准。

关键词

自行配送订单　海外仓　亚马逊物流

跨境电商物流是跨境电子商务中极为重要的一个环节，本章将介绍跨境物流的主要方式，并以亚马逊物流为例详细介绍其利弊、收费标准及操作流程等知识。

7.1　跨境电商物流的主要方式

随着跨境电商的不断发展，跨境电商的物流配送模式也日益丰富。卖家可以通过自行配送订单或者建立海外仓的方式将商品送至客户手中，下面分别介绍其具体分类和优缺点。

7.1.1　自行配送订单

自行配送订单的卖家可以选择国际快递或者专线来邮寄商品。

1. EMS国际快递

EMS 国际快递是各国邮政开办的一项特殊的邮政业务，其在各国邮政、海关、航空等部门均享有优先处理权。该业务以高速度、高质量为用户传递国际紧急信函、文件资料、金融票据、商品货样等各类文件资料和物品，同时提供多种形式的邮件跟踪查询服务。

EMS 国际快递资费标准如表 7-1 所示。卖家可登录其官方网站，根据具体的货物情况，输入图 7-1 所示信息，查询具体费用。

表 7-1　　EMS 国际快递资费标准　　单位：元

资费区	国际及港澳特快专递邮件通达国家、地区	起重 500 克		续重 500 克或其零数
		文件	物品	
一区	中国	90	130	30
二区	朝鲜、韩国、日本	115	180	40
三区	菲律宾、柬埔寨、马来西亚、蒙古、泰国、新加坡、印度尼西亚、越南	130	190	45
四区	澳大利亚、巴布亚新几内亚、新西兰	160	210	55
五区	美国	180	240	75
六区	爱尔兰、奥地利、比利时、丹麦、德国、法国、芬兰、加拿大卢森堡、马耳他、挪威、葡萄牙、瑞典、瑞士、西班牙、希腊、意大利、英国	220	280	75
七区	巴基斯坦、老挝、孟加拉、尼泊尔、斯里兰卡、土耳其、印度	240	300	80
八区	阿根廷、阿联酋、巴拿马、巴西、白俄罗斯、波兰、俄罗斯、哥伦比亚、古巴、圭亚那、捷克、秘鲁、墨西哥、乌克兰、匈牙利、以色列、约旦	260	335	100
九区	阿曼、埃及、埃塞俄比亚、爱沙尼亚、巴林、保加利亚、博茨瓦纳、布基纳法索、刚果（布）、刚果（金）、哈萨克斯坦、吉布提、几内亚、加纳、加蓬、卡塔尔、开曼群岛、科特迪瓦、科威特、克罗地亚、肯尼亚、拉脱维亚、卢旺达、罗马尼亚、马达加斯加、马里、摩洛哥、莫桑比克、尼日尔、尼日利亚、塞内加尔、塞浦路斯、沙特阿拉伯、突尼斯、乌干达、叙利亚、伊朗、乍得	370	445	120

注：计算公式运费={（重量/0.5-1）×续重+首重}×折扣+处理费

数据来源：EMS 国际快递官网。以上信息更新时间为 2020 年 4 月 13 日。

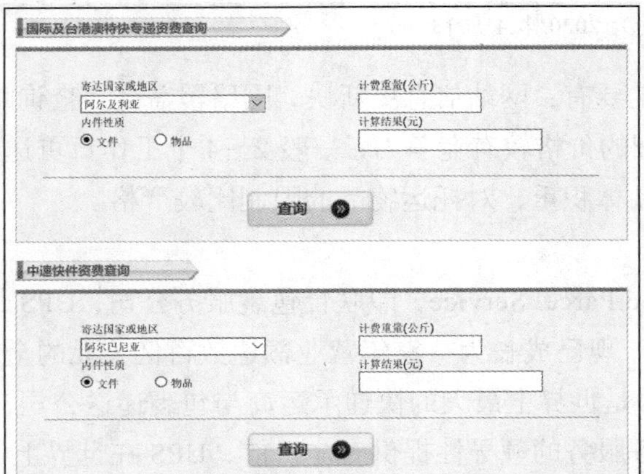

图 7-1　EMS 国际快递费用查询

2. 国际快递

（1）FedEx

FedEx 即联邦快递，是全球最具规模的速递运输公司之一，提供隔夜快递、地面快递、重型货物运送、文件复印及物流服务，可送达全球 220 多个国家及地区，总部设于美国田纳西州孟菲斯。联邦快递在中国的快递服务主要分为优先型服务和经济型服务两大类，它们的服务时间均为周一至周五，如有需要，对某些市场亦可提供周六服务，具体如表 7-2 所示。

表 7-2 FedEx 服务类型

服务类型	特点	递送时间及覆盖范围	包裹尺寸及重量
联邦快递国际特早快递服务	保证当晚发出包裹，第二天托运顺利完成。准时递送，代理清关，上门服务	通常 1～3 个工作日送达全球各地	上限：宽度上限为 274cm；长度和周长总和不超过 330cm；重量不超过 68kg
联邦快递国际优先快递服务	递送签收服务，代理清关，保证退款，灵活付款，在线跟踪	通常 1～3 个工作日送达全球各地	上限：宽度上限为 274cm；长度和周长总和不超过 330cm；重量不超过 68kg
联邦快递国际优先快递——重货服务	适合同时递送单个及散装货件，通过高端空运服务可统一运送单一包裹	通常 1～3 个工作日送达全球各地	高度超过 178cm、长度超过 302cm 或者宽度超过 203cm 的货件，需提供垫木搬运许可；重量下限 68kg；对于重量超过 997kg 的货件，需提供垫木搬运许可
联邦快递国际优先——分送快递服务	帮助卖家轻松运送散货。卖家告知快递公司货件的出发地和目的地，便可按单个货件进行散货清关	支持一个目的地国家或地区的多个地址和收件人。通常 2～4 个工作日送达全球各地	单个货件的长度不超过 274cm、长度和周长总和不超过 330cm。单个货件重量不超过 68kg
联邦快递国际经济快递服务	价格实惠，服务准时	通常 2～5 个工作日送达全球各地	上限：宽度上限为 274cm、长度和周长总和不超过 330cm、重量不超过 68kg
联邦快递国际经济快递——重货服务	适用于预算有限的卖家。所有货件均无重量限制。递送目的地涵盖亚洲和北美的主要市场，价格实惠，服务准时，代理清关	通常 2～6 个工作日送达大多数全球主要市场	高度超过 178cm、长度超过 302cm 或者宽度超过 203cm 的货件，需提供垫木搬运许可；重量下限为 68kg；对于重量超过 997kg 的货件，需提供垫木搬运许可；货物总重不限

注：以上信息更新时间为 2020 年 4 月 13 日。

联邦快递的优点主要有：网站信息更新快，网络覆盖全，查询响应快；适宜邮寄 21kg 以上的大件，到南美洲的价格较有竞争力；一般 2～4 个工作日可送达。其缺点主要有：价格较贵，需要考虑产品体积重；对托运物品的限制比较严格。

（2）UPS

UPS 全称为 United Parcel Service，即联合包裹服务公司，UPS 最初作为一家信使公司于 1907 年在美国成立，现已成长为一家年营业额达数百亿美元的全球性公司，以支持全球商业发展为目标。UPS 是世界上最大的快递承运商与包裹递送公司，同时也是专业的运输、物流、资本与电子商务服务的领导性提供者。目前，UPS 在世界上 200 多个国家和地区管理着物流、资金流与信息流。

UPS 提供的全球快递服务主要分为以下四种。

① UPS 全球特快加急服务（Worldwide Express Plus）

此服务保证上午递送，领先于竞争对手，在工作日一早将货件送达。上午递送服务涵盖 GDP 排名前 20 的国家/地区（范围超过 FedEx 或 DHL）。

② UPS 全球特快服务（Worldwide Express）

该服务为全球的国际快递寄件服务，保证准时递送，否则立即退款，提供内部海关清关服务，最多 3 次递送尝试，凭借全球最大的空运网络之一，保证优质服务。

③ UPS 全球速快服务（Worldwide Saver）

此服务保证当天送达，集快速送达和经济实惠于一身，提供内部清关服务，最多 3 次递送尝试。

④ UPS 全球快捷服务（Worldwide Expedited）

此服务为无须特快递送的重要货件提供快速与可靠的服务，为亚洲之内以及从亚洲到欧洲和南美洲、北美洲主要商业中心的货件提供仅需 3 个工作日的递送服务，服务于 220 多个国家和地区。此服务适用于对时间要求不太紧迫的货件。

UPS 的优点主要有：其强项在美洲等线路，特别是美国、加拿大、南美、英国、日本，适合发快件；货件可送达全球 200 多个国家和地区，可以在线发货，在我国 109 个城市有上门取货服务；速度快，服务好；一般 2～4 个工作日可送达，发往美国的货件基本上 48 个小时就能送达；查询网站信息更新快，解决问题及时。

UPS 的缺点主要有：运费较贵，要计算产品包装后的体积重量，适合邮寄 6～21kg 或者 100kg 以上的货物；对托运物品的限制比较严格。

（3）DHL

DHL 国际快递是全球快递行业的领导者，可寄达全球 220 个国家及地区，有涵盖超过 120 000 个目的地的网络，向企业及私人卖家提供专递及速递服务。DHL 提供的服务主要分为国际空运和国际海运。

国际空运分为灵活的非随身空运服务、紧急国际空运、快速实惠的国际空运、经济型国际空运等多种服务。DHL 还提供 DHL Same Day Speedline（包括加急提货和派送服务）、DHL Airfreight Plus（适用于处理高价值、超大尺寸或危险品）、DHL Air Charter（适用于处理超大尺寸货物、超重货物、危险货物、易腐品和贵重物品货运）、DHL Air Thermonet（标准温控国际空运，提供全年全天候的先一步货运监控）。

国际海运业务范围十分广泛，提供不同设备类型和拼箱服务，确保货件在正确的时间，以实惠的方案抵达正确的地点。为了确保最高的可靠性，DHL 针对全球每个集装箱港口制订了舱位保护计划。

DHL 的优点主要有：速度快，去西欧、北美有优势，可送达国家网点比较多；去欧洲一般 3 个工作日可达，去东南亚一般 2 个工作日可达；查询网站货物状态更新也比较及时，解决问题速度快；21kg 以上的物品更有单独的大货价格。

DHL 的缺点主要有：发小货不划算，价格较贵，适合发 5.5kg 以上或者 21～100kg 的货件；对托运物品的限制比较严格，拒收许多特殊产品；部分国家不支持 DHL 包裹寄递服务。

3. 专线

跨境专线物流一般是通过航空包舱方式运输到境外，再通过合作公司进行目的地的派送。专线物流的优势在于其能够集中大批量到某一特定国家或地区的货物，利用规模效应降低成本，因此价格一般比商业快递低。在时效上，专线物流稍慢于商业快递，但比邮政包裹快很多。市面上最普遍的专线物流产品是美国专线、欧洲专线、澳洲专线、俄罗斯专线等，也有不少物流公司推出了中东专线、南美专线、南非专线等。

7.1.2 海外仓

随着跨境电商业务的蓬勃发展，跨境物流模式越来越丰富。由于传统物流配送模式存在成本高、效率低、风险高等劣势，海外仓模式应运而生。运用这一模式，卖家可在订单产生之前，基于对需求的预测，提前将商品运送到海外的仓储空间。这样卖家就能对海外订单快速响应，提高顾客满意度，进而实现批量运输的规模经济。

海外仓服务是指为卖家在销售目的地进行货物仓储、分拣、包装和派送的一站式控制与管理服务。海外仓物流包括头程运输、仓储管理和本地配送三个部分。其中，头程运输是指卖家通过海运、空运、陆运或者联运将商品运送至海外仓库；仓储管理是指卖家通过物流信息系统，远程操作海外仓储货物，实时管理库存；本地配送是指海外仓储中心根据订单信息，通过当地邮政或快递将商品配送给客户。

现如今，海外仓的模式主要分为三种：跨境电商平台自建仓库、卖家自建海外仓库和与第三方合作建仓。

1. 跨境电商平台自建仓库

跨境电商平台自建仓库，为卖家提供拣货、保障及终端配送服务，并收取一定的服务费。其中，最具代表性的就是亚马逊 FBA。

跨境电商平台自建仓库的优势：为卖家提供便利，可以将部分物流工作交给平台，通过标准化流程进行处理；仓库覆盖面广，比卖家自建海外仓更具选择性；仓库选址更合理，配送时效快；大多数平台设有专业客服，可提供更优质服务。

跨境电商平台自建仓库的劣势：平台掌握更多物流控制权，灵活性相对较差。

2. 卖家自建海外仓库

跨境电商卖家若资金实力雄厚，可以在目标客户市场自投资金建设海外仓，提供高效物流服务。

卖家自建海外仓的优势：长期成本可控，形成规模经济，降低单位货物的仓储成本，提高物流效益和效率；物流控制权掌握在自己手中，能及时、快速回收货款，提高库存周转率；便于物流管理，在和其他物流环节的对接中更加灵活。

卖家自建海外仓的劣势：建设海外仓需要在海外购买设备、租赁场地，要投入大量资金；建设海外仓时间周期长，对卖家实力要求极高；仓储管理成本高，跨境电商订单存在许多不确定性，旺季缺货、淡季库存积压情况较为常见；若卖家对物流管理缺乏专业经验，需要雇用专业人才，这将增加成本。

3. 与第三方合作建仓

由于建设海外仓需要大量的资金资本以及专业的物流运作知识，因此卖家可以与物流第三方展开合作，借助第三方物流企业的专业化满足自身跨境物流需求，从而规避风险。

与第三方合作建仓的优势：第三方的专业知识和经验能为卖家提供高效的物流服务；降低卖家运营风险和资金投入，帮其分担成本，规避运营风险。

与第三方合作建仓的劣势：卖家不能直接控制货物，难以保证物流质量符合预期；双方可能存在沟通问题，卖家需要在库存、费用、时间、信息查询等方面进行全方位了解，并仔细挑选合作对象。

7.2 亚马逊物流

亚马逊物流（Fulfillment by Amazon，FBA）是亚马逊提供的代发货服务，即卖家把货物发往亚马逊物流中心，亚马逊提供包括仓储、拣货打包、派送、收款、客服退货处理在内的一系列服务。亚马逊物流为卖家提供全套的物流及电商运营解决方案，让卖家体验优质的服务，提高商品竞争力，从而提升销量，帮助卖家全面发展电子商务。

7.2.1 亚马逊物流概述

亚马逊物流为卖家提供世界一流的商品配送方案，以及值得信赖的当地语言客户服务，能帮助卖家不断提升在线销量。亚马逊物流与卖家的亚马逊销售账户充分结合，按次计费，无库存门槛限制。

最初，亚马逊仅有两个物流中心，分别位于西雅图和特拉华州。其中，93 000 平方英尺的西雅图物流中心基本上依靠手工操作。1999 年，亚马逊扩充了物流中心的选址，分别在芬利（Fernley）、科菲威尔（Coffeyville）、麦克多诺（McDonough，2001 年后关闭）、康伯斯威尔（Campbellsville）、列克星敦（Lexington）增设物流中心。与此同时，亚马逊物流也开始向欧洲扩张，建设了德国雷根斯堡（Regensburg）和巴德黑尔斯费尔德（Bad Hersfeld）、英国马斯顿（Marston Gate）等仓库。自 2005 年起，FBA 网络迅猛发展，以惊人的速度在世界各地不断扩展。截至 2020 年 4 月，亚马逊以物流中心（Fulfillment Center）、配送中心（Distribution Center）、分拣中心（Sortation Center）、会员专用中心（Prime Now Hub）等多种形式，在全球建立了 1 137 个物流处理站（见表 7-3）。

表 7-3　亚马逊的全球配送能力

国家	设施类型	现有设施数	未来设施数	现占地面积（平方英尺）	未来占地面积（平方英尺）
美国	物流中心、增补中心及退货中心	170	51	124 179 666	31 439 495
	食品储藏室/新鲜食品储藏	22	1	3 095 362	197 905

续表

国家	设施类型	现有设施数	未来设施数	现占地面积（平方英尺）	未来占地面积（平方英尺）
美国	全食零售百货仓储	12	0	1 053 850	—
	会员专用中心	54	0	2 019 537	—
	入境分拣中心	10	3	5 914 354	1 276 416
	出境分拣中心	47	2	15 907 290	456 136
	配送站	97	71	18 282 119	14 901 445
	航空枢纽	7	5	2 614 000	4 196 750
	美国总计	519	133	173 876 178	52 468 147
加拿大	物流中心	10	3	6 085 083	2 403 500
	会员专用中心	1	0	—	—
	配送站	7	0	468 076	—
墨西哥	物流中心	3	0	1 576 000	—
巴西	物流中心	1	2	127 440	1 043 720
英国	物流中心	32	5	12 651 061	2 019 769
	入境分拣中心	1	0	430 400	—
	出境分拣中心	4	0	1 244 580	—
	配送站	46	8	4 194 850	461 594
	会员专用中心	13	0	350 998	—
德国	物流中心	26	1	12 051 602	1 076 000
	入境分拣中心	2	0	2 022 880	—
	出境分拣中心	4	0	1 137 450	—
	配送站	11	14	1 308 251	1 457 565
	会员专用中心	4	0	26 900	—
奥地利	配送站	1	0	105 448	—
法国	物流中心	10	2	5 656 940	591 800
	分拣中心	3	0	817 240	—
	配送站	8	0	769 253	—
	会员专用中心	1	0	43 040	—
意大利	物流中心	6	2	3 959 680	—
	会员专用中心	2	0	16 140	—
	分拣中心	2	0	473 440	—
	配送站	17	0	1 061 323	—
西班牙	物流中心	8	2	4 680 156	322 800
	食品储藏室/新鲜食品储藏	1	0	301 280	—
	会员专用中心	4	0	—	—
	分拣中心	0	1	—	301 280
	配送站	16	0	1 010 542	—
波兰	物流中心	6	1	6 232 895	—
	入境分拣中心	1	0	484 380	—

续表

国家	设施类型	现有设施数	未来设施数	现占地面积（平方英尺）	未来占地面积（平方英尺）
斯洛伐克	物流中心	1	0	645 600	—
新加坡	会员专用中心	1	0	170 000	—
日本	物流中心	17	1	6 792 564	778 949
	会员专用中心	9	0	306 170	—
印度	物流中心	60	0	7 274 923	—
	分拣中心	6	0	251 667	—
	会员专用中心	15	0	157 000	—
	配送站	250	0	1 625 000	—
澳大利亚	物流中心	3	2	899 235	516 480
阿联酋	物流中心	2	0	677 880	—
埃及	物流中心	1	0	195 958	—
科威特	物流中心	1	0	28 750	—
沙特阿拉伯	物流中心	1	1	91 342	100 000
其他国家总计		618	45	88 403 416	11 073 456
全球总计		1 137	178	262 279 594	63 541 603

数据来源：供应链咨询公司 Mwpvl 官网

注：以上信息更新时间为 2020 年 4 月 13 日。

7.2.2　亚马逊物流的利与弊

1. 卖家使用FBA的优势

（1）增加商品曝光度，从而提升销量。使用 FBA 的商品在全站的各类页面都将得到优先展示，包括搜索页、浏览页、亚马逊自动推荐、商品详细页等。卖家更容易抢到购物车（Buy Box），拿到 Prime 会员标志，触及优质的亚马逊会员，从而提高转化率。

（2）提高客户信任度，使卖家省时省力。亚马逊为卖家提供快速配送，专业客服服务，让卖家省时省力。卖家只需要将商品发送到亚马逊运营中心，亚马逊就会自主完成仓储、分拣、包装、配送、收款及退换货流程，大大节省了人力成本。

（3）关于物流派送、包裹挤压问题产生的中差反馈，卖家可以联系 FBA 将其删除。

（4）支持多渠道配送，满足跨平台运营需求。

（5）由于亚马逊仓库大多靠近机场，因此商品收货时间短、配送时效快。

（6）降低成本。亚马逊物流支持灵活的付费模式，无最低费用、设置费或月租金；亚马逊物流保证优质服务，降低卖家物流和客服成本；大幅提高客户满意度和后台绩效。

2. 卖家使用FBA的弊端

（1）增加压货成本。压货会造成库存压力，欧洲地区还涉及 VAT，从而降低利润水平。

（2）客服灵活性差。FBA 的客服只能回答物流退换货等简单问题，而无法回答专业的产品问题。如果客户要求退换货，亚马逊客服会无条件答应。

（3）FBA 仓库不能为卖家的头程发货提供清关服务。

（4）如果卖家前期工作未做好，如外箱标签有问题，将会影响入仓，甚至无法入仓，而卖家要处理标签问题就会产生额外的处理费。

（5）如果选择 FBA，退货地址只能选择销售目的地，如退回境内则算作进口，这样将承担境内高昂的关税。尽管可以申请 FBA 销毁，但还要支付销毁费用。

7.3 亚马逊物流操作流程及卖家平台操作方法

7.3.1 FBA操作流程

亚马逊物流的基本操作流程主要分为以下四个步骤：卖家发送商品至亚马逊运营中心；亚马逊存储并管理卖家商品；亚马逊对商品进行拣货和包装；亚马逊快捷配送商品。

下面，我们具体介绍各个步骤的操作和注意事项。

1. 卖家发送商品至亚马逊运营中心

在选择商品入库前，卖家应确保该商品不在限制清单上。例如，亚马逊物流不支持运送以下商品：受限商品（处方药）、有害物品（有毒化学物质）、不当包装物品等。

如果卖家的库存不在亚马逊物流中心所在国，那么卖家首先就需要自行将商品出口到境外国家，然后储存在亚马逊物流中心，最后由亚马逊来完成当地的订单配送。卖家既是出口国的海关登记出口商，也是进口国的海关登记进口商，并且必须严格遵守出口国和进口国的法律法规。为此，卖家需要做好以下准备工作。

（1）准备好表明海关登记进口商身份的商业发票；

（2）选择报关公司（此服务可交给卖家选择的货运公司）；

（3）将商品从工厂或仓库运送到港口；

（4）在海关为商品出口清关；

（5）将商品装载到要前往目的地港口的运输工具上；

（6）将商品运输到目的地港口并卸货；

（7）在海关为商品进口清关；

（8）装载并运输货物到亚马逊物流中心。

如果卖家已在亚马逊的某个欧洲平台开店，并且使用亚马逊物流配送货件，则可以通过欧洲统一配送网络或多国库存，用其当前的亚马逊物流服务账户从其他欧洲平台进行订单配送。注意，欧洲平台所在国之间的商品配送不需要办理进出口手续。从境内寄往欧洲的物流往往时间长、费用高，如果卖家不能保证买家在 7～10 天内收到包裹，就会严重影响其综合评分。所以，这时选择 FBA 是明智之举。

亚马逊物流中心对于接收的货物制定有相关要求，包含托盘的尺寸和开往物流中心的卡车类型。将货物送达物流中心之前，卖家应尽量为货物打好托盘并提出入库申请。卖家可以在货物被送至亚马逊物流中心之前要求采用无托盘运输方式，但如果货物需进行额外处理，则可能会收取费用。如果货物是少于半个托盘的散货，而且每件重量不足15kg，则建议最好采用快递服务运送。由于不同的快递公司提供的服务不一样，卖家就要根据目的地选择快递公司。如果卖家决定采用快递公司将自己的商品运送到物流中心，则需要询问快递公司，其是否能够根据卖家提供的商业发票在海关为货物清关。如果不能，则卖家可能还需要联系报关公司。

卖家将货物发至亚马逊仓库后，可以在后台上传商品并转换为亚马逊物流配送。随后，系统将引导卖家创建“发货补货”订单，输入商品数量并选择承运商，同时向卖家提供可以打印出来的商品标签、装箱单和配送标签。如收货时出现问题商品，亚马逊会及时通知卖家，并提供提示辅助卖家改善发运质量。

2. 亚马逊存储并管理卖家商品

亚马逊运营中心接收库存后，会逐一扫描商品条形码并输入系统中，完成商品上架。同时，亚马逊物流还会采集尺寸和重量信息，以便进行存储和配送。商品将历经以下状态：运输中、已发运、正在接收和已完成。这时，卖家可以在“货件处理进度”中跟踪查看接收的状态。

亚马逊运营中心提供安全的仓储环境。媒介类商品存放在书架式货架上，以竖直、书脊朝外的方式松散摆放，以避免商品受“货架磨损”。特殊商品，如食品或高价值商品，将被妥善存放在运营中心特定的安全区域或者温控区域。如果库存在亚马逊保管期间（在运营中心存储、配送给客户或从客户处接收过程中）因亚马逊的过失而受损，亚马逊将赔偿卖家的受损库存。

卖家仅需就近入仓，亚马逊就会自动将库存智能分配到全国各仓库。卖家需按商品实际体积重及存储天数支付仓储费用。

3. 亚马逊对商品进行拣货和包装

客户下单后，亚马逊会利用先进的联网仓储、高速拣货和分类系统快速定位商品。亚马逊将重新包装商品，并采用带有亚马逊商标的标准包装箱进行配送，同时填充以气泡垫、气泡枕。亚马逊物流一般按件收取基础服务费。

4. 亚马逊快捷配送商品

亚马逊物流具备的优势之一，就是可以通过亚马逊客户服务提供客户咨询、退款和退货支持。亚马逊物流支持包括货到付款在内的多种支付形式，货到付款既接收现金，也支持POS机。对于从亚马逊平台下单并由亚马逊物流配送的订单，亚马逊将提供程序中与商品配送相关的所有客户服务。对于满足退货要求的商品，卖家可通过在线退货中心进行操作，也可登录帮助中心查询信息或者联系客服进行处理。

目前，亚马逊还无法将存储在亚马逊物流中心的商品退回至美国、欧洲或日本境外的地区。此外，亚马逊物流目前还不支持卖家在亚马逊物流中心取货。如果卖家希望将使用亚马逊物流进行配送的商品退回给自己，则必须在创建/移除订单表中提供美国、欧洲和日本境内的退货地址。

5. 注意事项

卖家无论是选择使用亚马逊物流配送订单，还是选择第三方物流公司配送订单，都需要了解进出口流程中的卖家义务：卖家必须遵守所有进口和出口法律，并确保进口商品符合适用的法律和法规。若未得到所有必需的允许和授权，卖家不得进口任何被禁止或限制的商品。卖家可以选择自己处理部分或全部的进出口事务，或聘用物流服务商，如报关公司或货运代理。卖家联系报关公司或货运代理后，需要决定由谁承担哪项责任。

海关登记出口商（EOR）：一般而言，发货人就是海关登记出口商。亚马逊不会担任海关登记出口商，卖家可以自己联系报关公司或货运代理作为海关登记出口商。

海关登记进口商（IOR）：海关登记进口商负责确保将货物成功进口到目的地，具体责任包括提交法律要求的文件和支付核定的进口关税及税金。请务必注意，亚马逊及亚马逊物流中心不会为使用亚马逊物流进行配送的任何商品之运输担任海关登记进口商。任何试图以亚马逊作为海关登记进口商运输使用亚马逊物流进行配送的商品，无一例外都将被拒收并退回给发货人，且相关费用由发货人承担。注意，运至亚马逊物流中心的所有货运需采用完税后交货（DDP）运输条件。

最终收货人（美国）：在美国的货物的最终收货人就是货物的实际预期收货人。尽管亚马逊不能作为海关登记进口商，但可以被列为卖家发货单证上的最终收货人。

收货人（欧洲）：收货人指货物所有人，即申报清关和支付关税及税金的人。虽然亚马逊不会成为收货人，但卖家可以在要发货的亚马逊物流中心的名称和地址前面写下“由其转交”字样。

7.3.2 FBA卖家平台具体操作

FBA 卖家平台的具体操作分为以下五步：判断商品是否可以入库；新品申报（仅适用于手机、保质期商品、危险品、高价品）；创建入库计划；为商品和货件贴标；预约与发运。

1. 判断商品是否可以入库

亚马逊物流无法处理“限制商品”，因此卖家应先判断后发货，否则可能会导致仓库无法接收。

“限制商品”主要包括三无商品，保质期信息缺失、已过期或剩余保质期不足的商品等。其中，三无商品指商品外包装或商品本身缺少中文名称、中文厂名、中文厂址等信息的商品，这类商品不能入库。对商品保质期的入库要求为：外包装上须有明确、可读的保质期信息；进口商品至少剩余 2/3 保质期；非进口商品至少剩余 1/2 保质期。

2. 新品申报

高价品、危险品、保质期商品三类商品，首次入仓前需要提前 3 天做新品申报，否则将影响入仓。

高价品是指“价值高，体积小”的商品。例如，手机；所有单反相机及镜头；200 元及以上的珠宝首饰和黄金制品；系统软件、杀毒软件、含序列号和加密狗的软件、其他 500 元及以上的软件；上网卡、电话卡、充值卡、汽车服务卡及其他有价卡片；箱包和配件产品售卖价≥2 000 元及以上的，且长/宽/高均小于等于 50 厘米的；其他售卖价≥2 000 元，且出厂包装的长/宽/高均小于等于 20 厘米的商品。手机类商品在申报时需准确填写串号位数并确保外包装有可扫描的串号信息，手机主品需要在首次入仓前一天进行新品申报。

危险品是指具有爆炸、易燃、毒害、感染、腐蚀、放射性等危险特性，在运输、储存、生产、经营、使用和处置中，容易造成人身伤亡、财产损毁或环境污染而需要特别防护的物质和物品。

对于保质期商品，卖家应在卖家后台下载保质期商品申报模板，填写完数据，另存为 Unicode 文本格式，在卖家后台“库存—批量上传产品”处，选择“库存文件”完成上传。对于高价品，在卖家后台下载高价品申报模板，填写完成后，单击“联系卖家支持”以邮件形式发送。对于危险品中锂电池类商品在编辑该商品信息时，将相关电池信息自助填写完成即可；对于其他危险品则在卖家后台下载危险品申报模板，填写完成后，单击“联系卖家支持”以邮件形式发送。

3. 创建入库计划

（1）准备货件——检查货件中的商品

如图 7-2 所示，单击“检查并修改商品”后，即显示商品详情和打印商品标签。

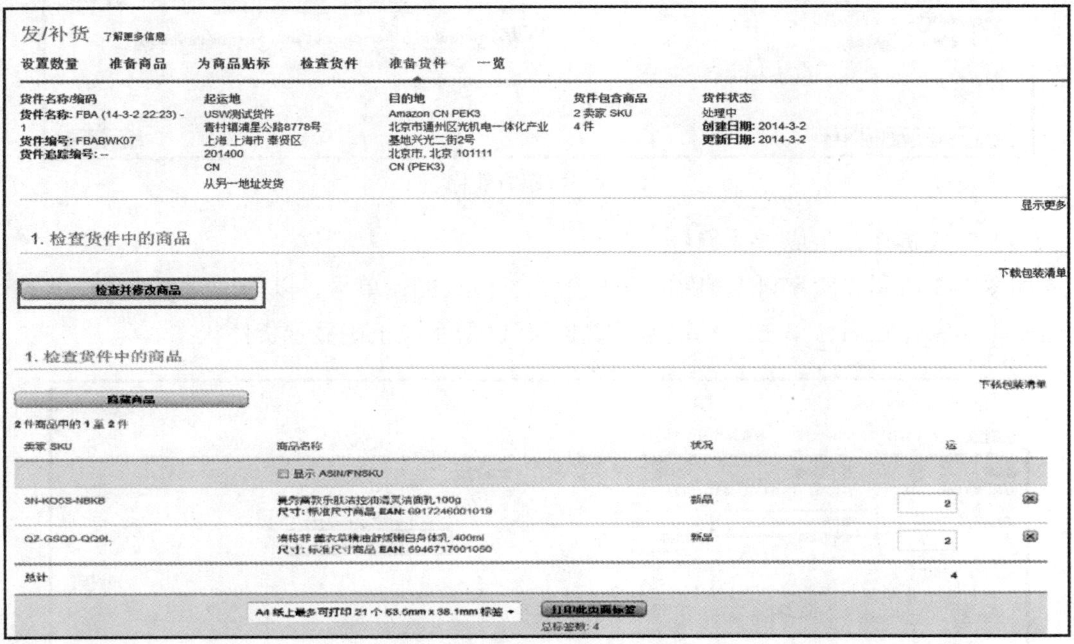

图 7-2　检查货件中的商品

（2）准备货件——选择运输服务

如图 7-3 所示，卖家需要选择正确的运输方式和承运人。如果选择全峰快递，可以使用亚马逊库房发货专线，且在地域允许范围内，卖家拨打大客户电话并按照物流单模板填写，可以免除预约。如果选择其他快递，包括卖家自己送货，则需要向仓库预约送货。

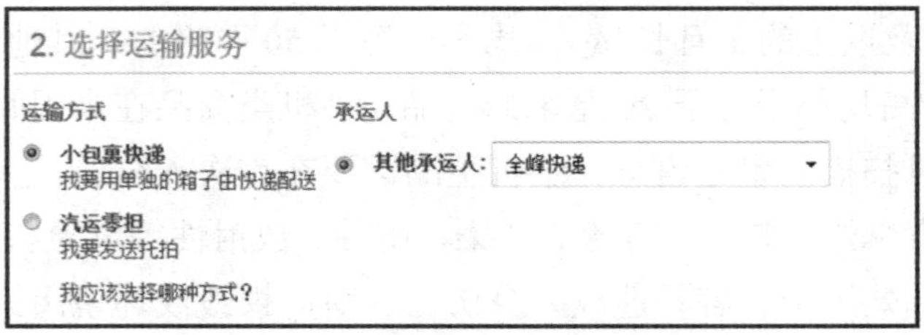

图 7-3　选择运输服务

（3）准备货件——打印货件标签

卖家预估并填写发运箱子的数量，然后单击“打印箱子标签”。应该注意的是，每个箱子的标签都是唯一的，因此卖家预估发运几个箱子，就需要打印几个箱子的标签。

如果已连接打印机，用 A4 纸进行普通打印即可（确保标签清晰，可以扫描）。如果没有连接打印机，单击后，系统会提示保存标签，选择保存，稍后打印。

完成打印后，单击“完成货件”，如图 7-4 所示。

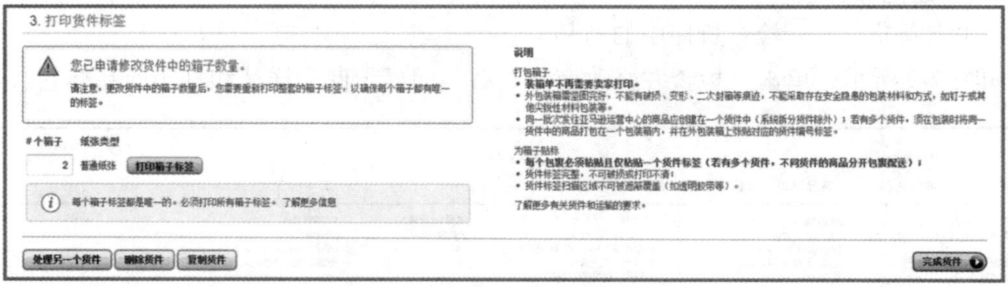

图 7-4　打印货件标签

（4）完成货件，生成货件编号

如图 7-5 所示，卖家可在追踪编码栏输入承运人的运单号，以便后续跟踪货件状态。发运后，卖家需在后台单击“标记为已发货”，以便系统正确显示货件状态。

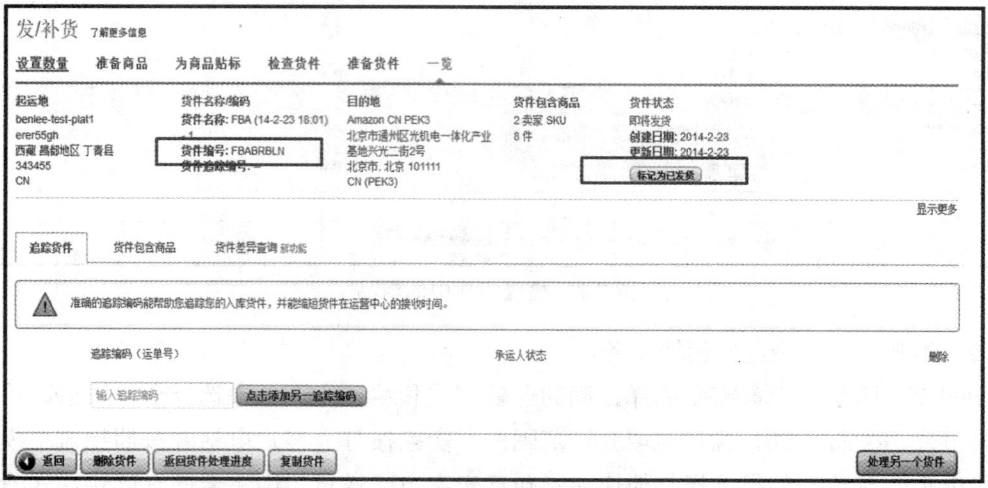

图 7-5　生成货件编号

4. 为商品和货件贴标

（1）商品标签

商品标签如图 7-6 所示，有条码区域、X00 区域和名称区域。

图 7-6　商品标签

对每个入库的商品，都要在销售包装上贴上对应的 X00 标签，以区分不同卖家的商品。卖家应避免漏贴和错贴的情况，否则仓库将无法接收。

商品标签的贴标要求主要有：尽量使用激光打印机打印标签，如果使用条码打印机打印，需将条码格式设置为 128B 制式；商品标签应覆盖商品的原始条形码，但不可覆盖商品包装的关键信息（如保质期等），以便仓库进行检查；商品标签应张贴平整、不弯曲、不破损，避免漏贴码、错贴码的情况；套装商品还应在外包装的封口处张贴“套装勿拆”的标签。

（2）货件标签

物流包装必须贴有货件标签（见图 7-7），以供收货扫描时使用。卖家应注意将货件标签统一贴在发运箱子侧面。货件标签需与箱内商品匹配，避免贴错箱子，从而影响收货。每个箱子的标签都是唯一的，尾数有编号，不能重复使用。货件标签扫描区域不可使用透明胶等覆盖、污损、破坏，以免影响扫描。

图 7-7　货件标签

5. 预约与发运

卖家选择承运人后，应按示范填写发货单，在确保新品申报成功的前提下，提前至少 24 小时向亚马逊仓库预约，预约后将预约号写在货件标签和快递单上。

发运后，卖家将入仓商品的商品价格设置成包邮价格。发运后，商品会显示“不可售”，此时无须后台操作，商品入库接收完毕将会自动转为“可售”。

7.4 亚马逊物流的费用

7.4.1 头程的方式与费用

FBA 头程是指货物从境内至境外亚马逊仓库的运输过程。其主要有以下几种方式。

1. 国际快递

如 DHL、UPS、FedEx 等，一般运送货件超过 20kg，其价格较为合适。采用这一方式时效快，适合紧急补货，均为免预约入库。但是需注意，亚马逊不作为清关主体，不负责清关和缴税，卖家要做好申报和关税预付，并且提前准备好当地清关进口商。

2. 空运+本地派送

先使用空运方式运到仓库所在地，再使用当地快递派送至亚马逊仓库，时效比国际快递慢一些，但价格较便宜，免预约入库非常方便。在计算国际空运头程物流费用时，要先计算商品的体积重（单个商品体积×商品个数/5 000，单位：cm），再计算商品毛重（单个商品重量×商品个数），并选择二者中较大的作为计费重量，接着对照运费报价单算出所需运费。需要注意的是，计算国际空运头程物流费用时，还需考虑较大重量较低运费问题。例如，计算出计费重量为 44kg，对应运费为 32 元/kg，当计费重量达到 46kg 时，对应运费为 30 元/kg，则最终运费为 46×30=1 380 元。

3. 海运+本地派送

这一方式包括海运、当地清关、目的地派送，时效较长，一般需要 30～35 天。此外，拖车将货物送至亚马逊仓库，一般需要进行入库预约，操作比快递麻烦。在计算国际海运头程物流费用时，要先计算货物的尺码吨（商品个数×单个商品体积），再计算货物的重量吨（商品个数×单个商品重量），再对照运费报价单，分别算出按尺码吨计算所需运费与按重量吨计算所需运费，最后选择两者中较大的一个计算运费。

7.4.2 亚马逊物流费用明细

亚马逊物流费用的计算公式为：

亚马逊物流费用=配送费（根据尺寸和重量每件商品固定费用）+仓储费（每月每立方英尺，按比例收费）

这里以美国平台为例，具体说明收费标准和计算方法。美国亚马逊将商品分为标准商品（Standard Size）和大件商品（Over Size）。标准商品是指重量小于 20 磅，并且体积小于 18 英寸×14 英寸×8 英寸的商品。超过标准商品尺寸的则为大件商品。

1. 仓储费

亚马逊一般根据商品在亚马逊物流仓库存储的自然月度和体积收取仓储费。在美国，仓储费用的单位为每月每立方英尺。

美国平台具体仓储费用如表 7-4 所示。

表 7-4　　美国平台库存仓储费用

储存月份	标准尺寸	大件
1—9 月	每立方英尺 0.75 美元	每立方英尺 0.48 美元
10—12 月	每立方英尺 2.40 美元	每立方英尺 1.20 美元

注：以上数据获取更新时间为 2020 年 4 月 1 日。

2. 配送费

配送费以体积重计算：亚马逊按照商品体积（长×宽×高，以英寸为单位）除以 139 这种方式来计算体积重。体积重仅适用于重量超过 1 磅的大号标准尺寸商品以及所有小号、中号和大号大件商品。

具体配送费用如表 7-5 和表 7-6 所示。

表 7-5　　美国平台具体配送费用（除服装商品外）

尺寸等级	最大尺寸	装运重量	包装	每单位配送费
标准小号	15"×12"×0.75"	不超过 10 盎司	4 盎司	$2.50
		10～16 盎司	4 盎司	$2.63
标准大号	18"×14"×8"	不超过 10 盎司	4 盎司	$3.31
		10～16 盎司	4 盎司	$3.48
		1～2 磅	4 盎司	$4.90
		2～3 磅	4 盎司	$5.42
		3～21 磅	4 盎司	$5.42+$0.38/磅（超出首重 3 磅的部分）
小号大件	60"×30"	不超过 71 磅	1 磅	$8.26+$0.38/磅（超出首重 2 磅的部分）
中号大件	180"（最长边）	不超过 151 磅	1 磅	$11.37+$0.39/磅（超出首重 2 磅的部分）
大号大件	180"（最长边）	不超过 151 磅	1 磅	$75.78+$0.79/磅（超出首重 90 磅的部分）
特殊大件	大于 180"（最长边）	不限	1 磅	$137.32+$0.91/磅（超出首重 90 磅的部分）

注：以上信息更新时间为 2020 年 4 月 13 日。

表 7-6　　美国平台具体配送费用（服装商品）

尺寸等级	最大尺寸	装运重量	包装	每单位配送费
标准小号	15"×12"×0.75"	不超过 10 盎司	4 盎司	$2.92
		10～16 盎司	4 盎司	$3.11
标准大号	18"×14"×8"	不超过 10 盎司	4 盎司	$3.70
		10～16 盎司	4 盎司	$3.81
		1～2 磅	4 盎司	$5.35
		2～3 磅	4 盎司	$5.95
		3～20 磅	4 盎司	$5.95+$0.38/磅（超出首重 3 磅的部分）

注：以上信息更新时间为 2020 年 4 月 13 日。

3. 其他费用

（1）租书服务费

如果卖家出租教科书，则需为每次出租支付 5 美元。

（2）大体量页面服务费

如果卖家有大量 12 个月内未售出的活跃的、非媒体产品，亚马逊将对每个符合条件的产品页面收取每月 0.005 美元的费用，用以支付编目成本（平台对前 10 万个产品免收这笔费用）。

（3）退款管理费

如果卖家为已收到付款的订单向客户退款，亚马逊将退还其为该产品支付的转介费，但需扣除适用的退款管理费（5.00 美元和转介费的 20%中的较小者）。

复习思考题

1. 简述卖家自行配送订单的类型。
2. 总结海外仓建仓的类型及优缺点。
3. 总结亚马逊物流服务的利与弊。
4. 亚马逊物流的具体操作流程是怎样的？
5. 本书介绍了美国市场亚马逊物流收费标准，请利用网络资源总结亚马逊欧洲市场的收费标准。

小组活动

1. 计算以下产品在美国的 FBA 费用和在英国出售至意大利的 FBA 费用。

Mobile device case

Dimensions:13.8"×9.0"×0.7"

Unit Weight:0.71b

Outbound Shipping Weight:11b

2. 扫描二维码观看视频，学会使用亚马逊成本计算器来核算销售成本。

亚马逊成本计算器

练习题

第 7 章

第 8 章

网络营销与推广

学习目标

了解站内推广、站外推广的相关内容。

掌握亚马逊进行站内推广常用的商品推广、展示广告、头条搜索和官方旗舰店的操作方法；掌握亚马逊进行站外推广常用的谷歌推广和社交媒体推广的操作方法。

将亚马逊平台进行站内推广和站外推广的方法应用在实际业务中。

关键词

站内推广　站外推广　头条搜索广告　站内促销　谷歌推广

流量之于网店，相当于心脏之于人体，其重要性不言而喻。人没有心脏，就无法生存；同样，网店没有流量，就只能面临倒闭。正如开实体店，大多数人都会选址于繁华的商业街道而不是无人问津的小巷中，因为只有这样商家的产品才能被更多的人看到。要知道酒香不怕巷子深的时代已然过去，获取更多流量是提高店铺销量的重要因素。本章将介绍进行站内平台推广和站外平台推广的方法，并以亚马逊平台为例介绍平台推广的具体操作。

8.1 站内平台推广概述

站内平台推广就是把平台的流量引到卖家个人的店铺中。本节将细分所有站内流量并说明获取这些流量入口的方法。

什么是流量

8.1.1 商品类目流量

1. 类目流量的定义

什么是类目流量？当我们访问一个购物网站时，可以通过很多路径找到我们需要的商品。例如，我们想要在某跨境电商平台上搜索一件连衣裙，则可以在平台网站的搜索框中输入“连衣裙”，也可以单击网站首页的分类“女性”→“衣服”→“裙子”→“连衣裙”，之后便可看到各种连衣裙的展示。首页的导航栏就是类目，且该类目会一直显示在浏览商品的页面中，可以精确地帮助浏览者对商品进行精准定位，从而更快捷地找到自己需要的商品。从类目进入商品页面的流量，就是类目流量。类目流量是商铺流量中非常重要的组成部分，所以提高类目流量是店铺运营的关键。

2. 类目流量的优化

引流的第一步，就是要为商品发布选择正确的类目。当卖家发布新商品时，第一件事情就是选择好发布的类目。因为这个类目和消费者在客户端看到的是相互对应的，只要发布正确，消费者就可以快速找到卖家的商品。如何选择正确的类目呢？一般来说，大部分商品都可以对应到正确的商品类目中。例如，连衣裙要发布在“dress”的类目下，半身裙则要发布在“skirt”的类目下。如果卖家无法确定商品所属的类目，可以通过查询网站中的同类商品来确定。如果卖家要增加类目流量，就一定要将商品放在正确的类目中，只有类目正确、相关性高，才会使消费者找到需要的商品，也才会增加访问商品的深度，降低跳出率。

类目引流就是通过类目带来流量。我们会发现有些商品是没有类目流量的，而有些商品则有很多类目流量。在平台上，每个类目之间本身就存在差异性，所以有的商品就算是发布到正确的类目，流量可能也会相对较低。所以卖家应尽量选择流量大的类目，当然前提是商品与类目必须具有相关性、准确性。例如，“连衣裙”不仅可以发布在连衣裙类目下，还可以发布在礼服等类目下。

确定好类目后，商品属性的确定也十分关键，卖家应该选择与商品本身相关的属性。与选择类目一样，当商品适合多个属性时，还要选择流量大的属性。

8.1.2 自然搜索流量

1. 自然搜索流量的定义

自然搜索流量是指消费者在搜索框中输入关键词出现搜索结果后，单击搜索结果为卖家带来的流量。例如，消费者想在某跨境平台上买一件 T 恤，于是在搜索框中输入“T-shirt”，出现搜索结果后单击其中的某款商品。对于卖家来说，这就是自然搜索流量。

2. 自然搜索流量的影响因素

（1）店铺活跃度

店铺的活跃度越高，获得曝光的机会就越多。在跨境电商店铺的运营过程中，卖家应该注意从以下几个方面来保持店铺的活跃度：首先，经常留意平台网站是否有新的模块推出并及时更新，包括平台大型促销活动及店铺优惠券的设置；其次，保持店铺每日上传新产品或按频率上传新产品；最后，保证店铺服务等级及物流等以提高店铺综合评分。

（2）关键词

标题中关键词的相关性就是与产品类目以及属性的相关性。有时在操作的过程中为了流量的更大化，卖家会习惯性乱加一些关键词。这样虽然能暂时引流入店，但是引进的不精准流量对点击率与转化率都是一种伤害，且对权重影响很大。

其实，标题的优化就是一个找词与组合词的过程。通过数据分析找到最近搜索热词，然后将这些热词加以组合，在保证相关性与字符限制的前提下对标题进行设置。

8.1.3　站内广告流量

站内广告流量属于付费流量，其主要分布在搜索结果页和产品详情页的关联流量位置。卖家要想利用好站内广告的流量，投放广告是必需的。站内广告分为自动型广告和手动型广告，这两种广告又有多种内在的设置。在运营的过程中，要想长期利用广告流量，就必须保证广告投放的持续性。另外，投放广告的关键是投入产出比。所以在投放广告的过程中，卖家要紧紧围绕投入产出比做持续优化，以达到预期的转化效果。当卖家计划把站内广告纳入自己的运营中时，首先要做的就是产品的选择，投放广告的产品必须是有足够利润空间和消费者基数的产品。如果产品售价非常低，那么并不适合投放广告；如果产品属于偏冷门产品，那么也不适合投放广告。本章最后一节将以亚马逊跨境电商平台为例，详细介绍站内广告的种类，以便读者更直观地了解站内广告的作用。

8.2　亚马逊站内平台推广

亚马逊跨境电商平台为境外消费者和中国卖家之间搭建起一座双向流动的桥梁，通过进行积极的沟通和开展网络推广活动，能够加强买卖双方的合作关系，也能够方便销售信息和服务的传递。亚马逊平台有多种推广方式，最常用的是针对单个亚马逊商品的推广服务和产品展示广告。另外，亚马逊官方推出的头条搜索广告、官方旗舰店和站内促销也是目前很常用的推广方式。

8.2.1　亚马逊平台商品推广

站内推广介绍

1. 概述

商品推广也被称为“关键词广告”，是根据消费者搜索词条匹配商品关键词，在亚马逊平台上精准定向展示商品的广告形式（见图 8-1）。这意味着能将卖家的商品展现在搜索结果或者更加醒目的位置，从而直接影响消费者的购买决策，而且不存在广告突兀或给消费者带来较差体验的现象。

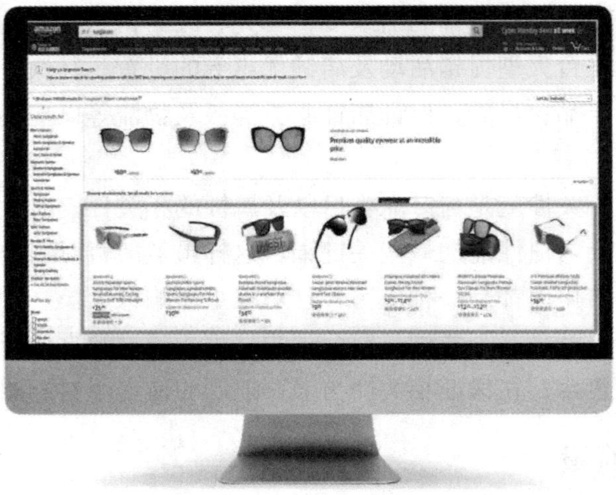

图 8-1 商品搜索页面

在商品推广中，亚马逊会根据商品相关性和竞价情况确定广告展示页面。当卖家的广告竞价成功后，无论是在桌面还是移动设备上，投放的商品都将获得极佳的广告展示位置，包括搜索结果页上方、商品详情页上（见图 8-2）。此外，亚马逊还会不断测试新的广告展示位置和设计，力图为买家打造最佳的购物体验。商品推广基于 CPC 竞价模式进行收费，即按点击量收费。这十分容易理解，如果卖家的广告在展示后，没有人点击，是不用支付广告费用的。此处的竞价是指卖家选择为单次点击支付的竞价金额，当竞价成功时，就能获得相应的广告展示位。

图 8-2 商品搜索页面

另外，在亚马逊平台商品推广中，广告目标决定着广告策略。如果投放广告的首要目标是提高销售额，那么重点就是将广告点击转化为订单。这时可通过跟踪广告成本销售比（ACoS），这是广告支出总额除以广告带来的总销售额所得的计算结果，设置一个有助于实现销售额目标的 ACoS 目标。如果首要目标是提高品牌认知度，那么重点则是产品展示次数或者广告的出现次数。这时可设置有竞争力的单次点击竞价，以赢得更多关键词竞拍。

2. 确定宣传产品

如果卖家投放广告的首要目标是提高销售额，那么选择能够帮助其实现目标的产品是十分重要的，且要确保这些产品能够以最高的概率（最好在 90%以上）赢得"购买按钮"。这时，可以在卖家后台的"报告"标签下查看相关信息。单击"业务报告"，在带有"by ASIN"（根据商品）标记的部分，单击"Detail Page Sales and Traffic by Child Item"（子商品详情页面上的销售量与访问量）。在这里，可以按"购买按钮赢得率"排序，找出效果最好的 ASIN。

理想的 ASIN 应该有很高的购买按钮百分比，其商品详情页的绝对访问量（sessions or unique visits）也应该很高。卖家要赢得"购买按钮"，必须保证产品有充足的库存和价格优势。因此，卖家在决定对哪些产品进行广告宣传时，一定要考虑产品的价格和库存状况。如果产品没有赢得"购买按钮"或者库存不足，广告将无法显示。

3. 操作流程

第一步：卖家要创建自己的第一个广告活动，可以在卖家后台单击"广告"标签，然后选择"创建广告活动"。

第二步：为了避免广告活动在一天中的某个时刻突然停止展示，应该设置充足的每日预算。建议至少设置 10 美元（美国站点），采用"始终在线"模式，注意不要为广告活动设置结束日期。通过将结束日期留空，可以将错失机会的风险降到最低，从而避免错过节日活动或错过寻找类似产品的客户。选择自动投放，让亚马逊自动选择与广告匹配的搜索词。这些选择都是基于卖家的商品详情页信息进行的（见图 8-3）。

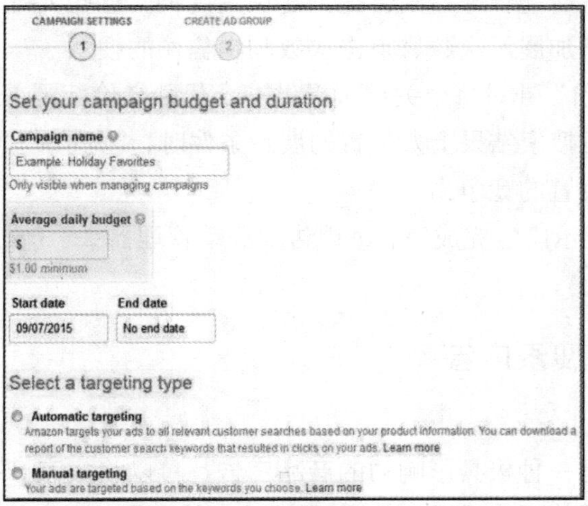

图 8-3　创建商品推广页面

第三步：一周之后，在“报告”标签页下方的“广告报告”中查看搜索词报告，观察哪些搜索词可以提高点击率和销售额（见图 8-4）。

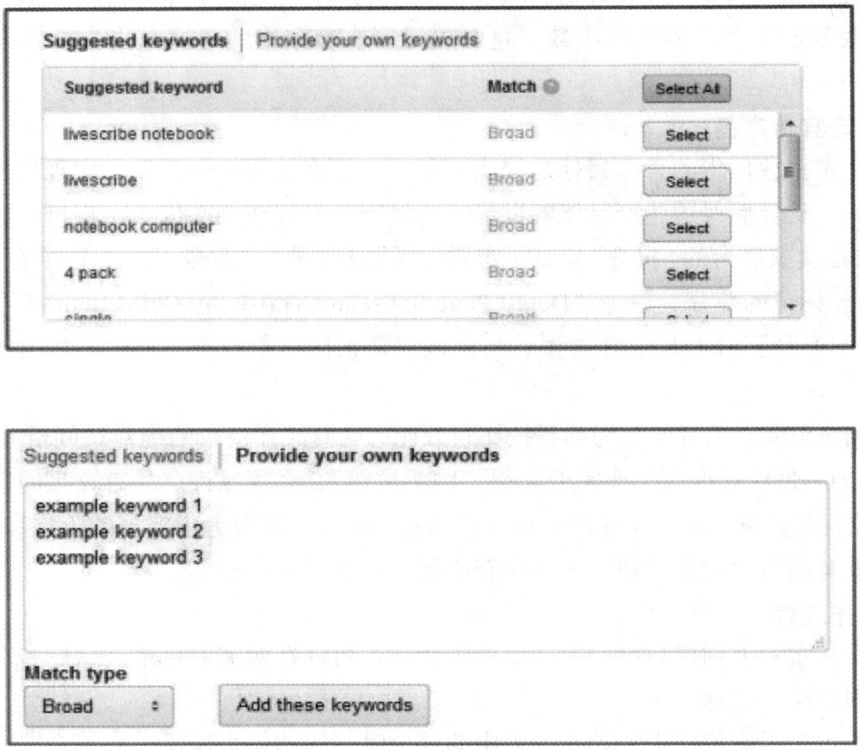

图 8-4　搜索关键词设置

第四步：通过对“广告报告”的观测，创建手动投放的“商品推广”广告活动，以高绩效搜索词作为目标关键词。关键词的数量应足以体现多样性，并确保覆盖率。手动广告活动让卖家能够更好地控制关键词的优化方式；为效果较好的关键词提高竞价，为效果欠佳的关键词降低竞价。活动管理器则会提供建议关键词，这些关键词选自用户搜索，即曾经为相同或相似产品增加展示次数、点击次数和销售额的搜索。

第五步：“建议竞价”针对每个关键词提供一个优胜竞价范围，让卖家能够做到有的放矢。当卖家的广告满足搜索结果上方位置的展示条件时，“竞价+”可以在 50%的范围内提高竞价，增强对显眼位置的竞争力。

第六步：在平台展示广告完成后，每周访问活动管理器 2～3 次，以便查看广告活动业绩并及时进行调整。

8.2.2　亚马逊头条搜索广告

1．概述

亚马逊头条搜索是一种极具影响力的产品广告，可以将卖家产品展示在亚马逊搜索结果页面的显著位置，即搜索结果上方（见图 8-5）。在亚马逊平台搜索 Bedding 时，搜索结果上方会显示相关店铺以及三款产品。通过广告，消费者将进入商品集合页面或亚马逊品牌旗舰店的页面。

图 8-5　商品搜索页面的头条广告

针对头条搜索广告来说，广告结构是什么以及广告具体可以展现哪些内容仍是存在疑点。如图 8-6 所示，首先是品牌的商标，卖家可将自己的 LOGO 摆放于此处；其次是自定义的标题，可将品牌所想表达的内容填于此处；最后是在创意中可设置 3 个产品，这些都可根据卖家的自行操作来决定。

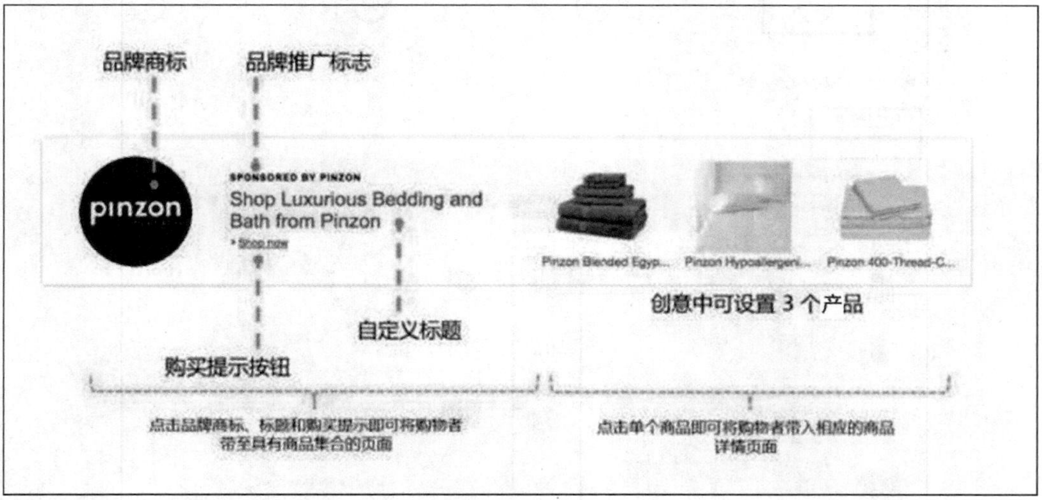

图 8-6　头条搜索广告设置

使用亚马逊头条搜索广告，可以使卖家的产品展示在移动端和计算机端拥有高度可见的显著位置，从而极大地帮助卖家提高自己产品的可见性。可自定义的创意允许卖家掌握品牌传递信息，美国卖家常常把自己要推广的重点产品叫作英雄产品（Hero Products）。在头条搜索广告出现之前，亚马逊上的卖家是无法推广自己的英雄产品的。头条搜索广告的出现正好弥补了亚马逊平台的这一缺陷，满足了卖家的实际推广需求。卖家可以通过一个广告推广 3 款英雄产品。另外，头条搜索广告出现的前提是关键词关联购物者，也就是说只有卖家指定了关键词，买家搜索了关键词，同时满足了亚马逊的关键词匹配标准（广泛、词组、精准），这个横幅广告才会出现。由此可见，它可以精准把握意向客户。在付费方面，亚马逊头条搜索广告是点击付费制（CPC）广告，即客户只需为广告效绩买单。

2. 操作流程

第一步：进入卖家中心（见图 8-7），单击广告（ADVERTISIING），然后单击头条搜索广告（Headline Search Ads），在下面的界面单击 Create Campaign（创建广告）。

图 8-7　卖家中心的广告设置标签页

第二步：添加至少 3 款产品到广告中（见图 8-8）。

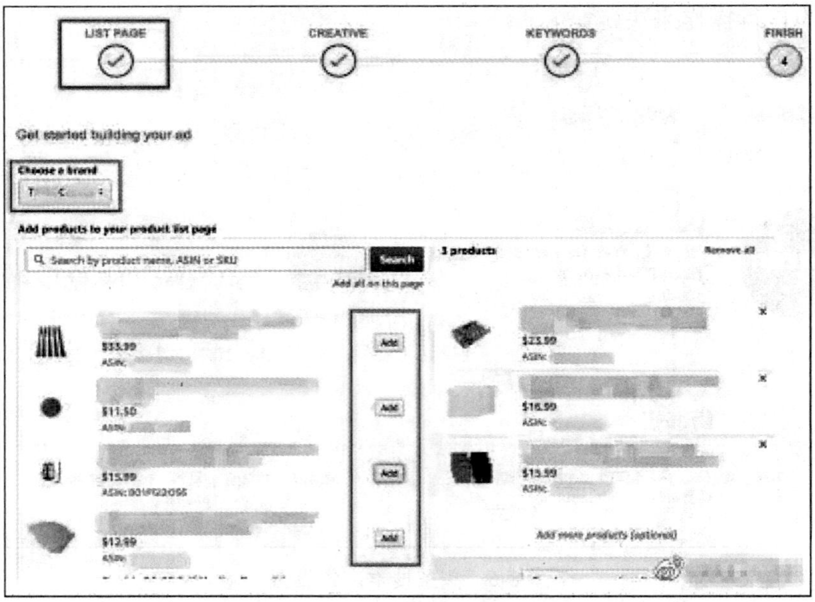

图 8-8　添加产品至头条搜索广告中

第三步：选择要在头条搜索广告中展示的主推产品，并设置广告宣传语，注意仅首个字母需要大写，其他需要小写。

第四步：设置广告默认竞价、匹配类型、关键词（见图 8-9）。这里需要特别说明的是，亚马逊的头条搜索广告设置中可以直接针对选择的关键词评估流量。

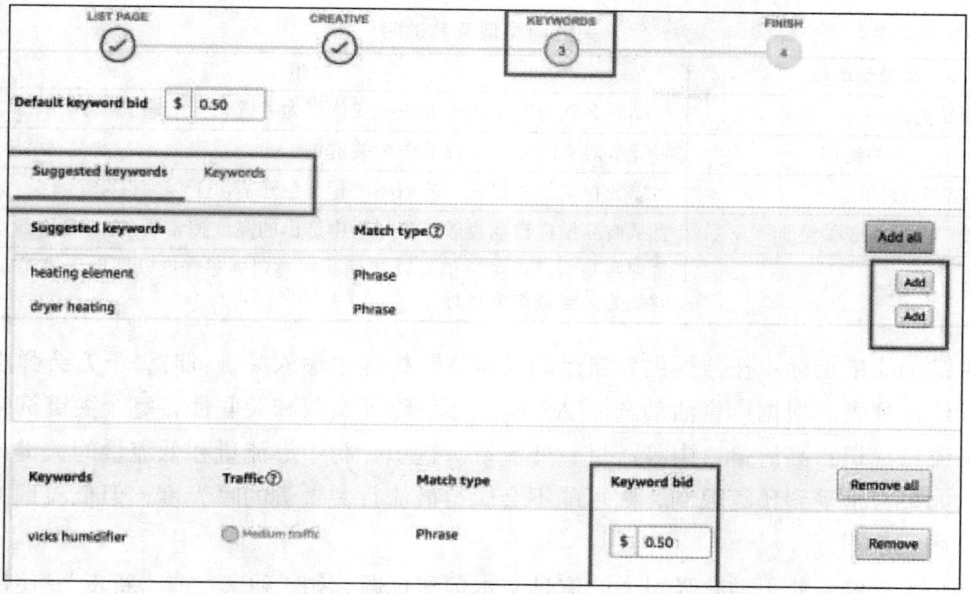

图 8-9　为头条搜索广告设置竞价信息

第五步：设置广告名称、每日预算、广告时间，如图 8-10 所示。在填写完成后，预览自己的产品着陆页，并单击“完成”提交广告。

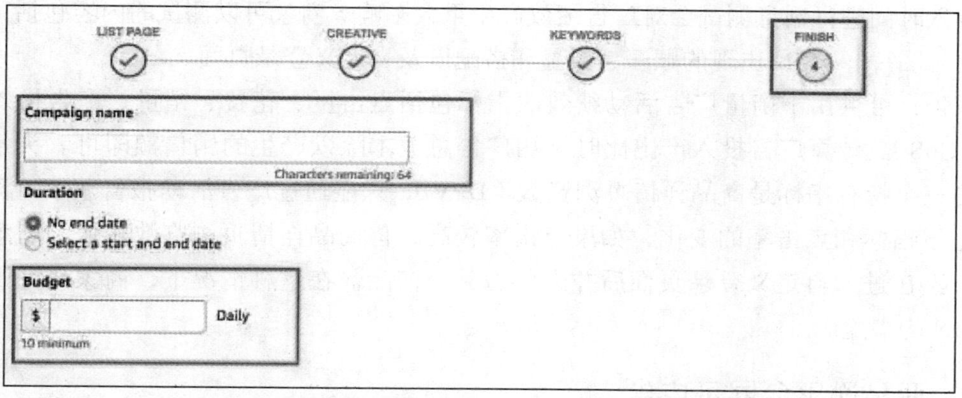

图 8-10　为头条搜索广告设置每日预算

第六步：等待广告审核和批准。

3. 亚马逊头条搜索广告优化指南

竞价策略：亚马逊采用基于竞价的定价模式，这意味着每次点击成本的最终收费都会在符合条件的广告竞争者中选出，且收取的费用会在排名第一位与第二位的广告之间。如果商家的商品曝光度较低，并且已经扩大了关键词列表的范围，则可以尝试提高竞价，以帮助其获得更多曝光次数。如果竞价太低，尤其是当关键词具有较高流量时，则会被其他人的广告取而代之。

关键词定向：尽量使用包罗广泛的关键词列表，增加广告展示机会。

关键词类型及其说明如表 8-1 所示。

表 8-1　　　　关键词类型及其说明

关键词类型	说明
品牌商品关键词	将品牌名称与商品名称或一些变体作为关键词
竞争对手品牌关键词	将竞争对手的品牌与商品作为关键词
补充商品关键词	将单独售卖但一起使用的商品（相互创建需求）作为目标
商品推广自动生成关键词	将从商品推广自动投放广告活动中选出的高效搜索词条作为目标
类别外关键词	将那些与商品无关，但可以获得一些类别外曝光度以帮助促进买家购买商品的关键词作为目标

关键词流量指标：在“提供您自己的关键字”标签中输入关键词时，下方会弹出一个关键词建议列表。根据广告活动选用 ASIN 的预估曝光次数和关联性，每个关键词旁边都有一个流量标识：高流量、中等流量、低流量。这里，将中等流量和低流量的关键词纳入在内。如果报价受到预算限制，则可能不会赢得最流行关键词的曝光度，但低流量关键词则很有可能获得。

自定义标题：使用具有吸引力的信息文本创建标题，如“独家”或“新货”；使用一些号召性的措辞，如“现在购买”或“现在收藏”；所有描述声明必须出现在商品详情页上；避免使用无根据的声明描述，如“#1”或“最畅销商品”，否则这类推广消息将不被审批。

测试：头条搜索广告允许部分广告创意自定义，又因其位于搜索结果上方的显著位置，所以投入时间进行创意测试会对广告绩效产生重大影响。商家可以测试的内容包括：自定义标题与图片、ASIN 出现的顺序、数量和搭配以及自定义登录页面。

报告：可供用于衡量广告活动绩效的指标包括点击量、花费、销量、广告投入产出比（ACoS）。计算广告投入产出比时，用广告总成本除以产生的销售额即可。头条搜索广告的一个特有指标是商品详情页浏览数（DPV），只能通过广告活动报告获取。卖家可以对比该指标和点击率的变化，如果点击率较高，但商品详情页浏览数较低，则意味着有些买家在进入自定义登录页面后并未单击某个商品。在这种情况下，商家最好开始测试 ASIN 的搭配。

8.2.3 亚马逊平台展示广告

1. 概述

亚马逊展示广告是通过关联人群、客制创意，在亚马逊站内、手机端和第三方平台上，把正确的品牌信息传递给正确的客户的广告，显示在相关商品页面的购物车下。商家可以通过将广告展示在竞争产品或是相关互补商品页面，在较窄但是较准确的范围内设置广告；也可以通过兴趣点设置广告展示的位置，从而获得更广泛的消费者。

例如，图 8-11 所示为 TIMEX（天美时）的一款手表，在这款商品的购物车右边有一个 Burgi（伯基）机械手表的展示。购物车右边出现的商品展示为展示广告，这个展示广告不是因为消费者搜索了手表而出现的，而是广告投放者在 TIMEX 这个竞争品牌页面定点设置的广告。

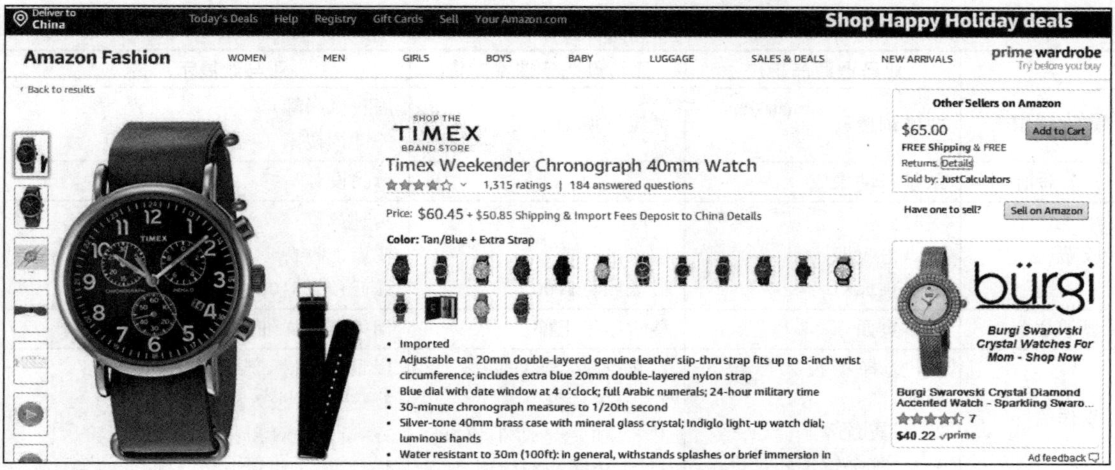

图 8-11　商品详情页面的展示广告

亚马逊展示广告和亚马逊商品推广的不同点在于：商品推广是基于关键词搜索的搜索性广告，商家无法选择特定的广告位进行展示。也就是说，消费者搜索什么才会展示什么类别的广告，不搜索就不会展示，如消费者搜索口罩，那么只会展示与口罩相关的广告。但是，展示广告是根据所选择商家的兴趣点和广告位进行投放的展示性广告。亚马逊基于消费者在亚马逊平台上的浏览和购物行为，归纳出 30 个大兴趣点和 100 个小兴趣点。商家可以选择目标客户群的兴趣点进行广告投放，还可以选择特定的广告位置进行展示。

2. 操作流程

第一步：登录亚马逊广告平台，按要求填写信息即可完成注册。

第二步：填写广告活动名称、预算总额、起止日期和投放方式，填写完毕即可在页面右上角“广告活动概述”部分看到广告活动设置的总情况，确认无误后单击“继续下一步”。

第三步：填写广告组名称，选择广告位。商家可以选择亚马逊默认的所有广告位，如果想把广告放在某一特定位置，也可以单击指定广告位。值得注意的是，不同广告位的创意尺寸有所不同，对广告效果的影响也不同。

第四步：设置展示广告相关的兴趣点。亚马逊系统默认正对所有的群体展示商家的广告，商家也可以基于兴趣点对展示对象做定向选择，选择竞价（CPC）及愿意为该广告位单次所支付的最高费用。

第五步：创建广告界面。选择促销目标及买家单击展示广告后将会跳转进入的详情页面，可以选择跳转链接到产品详情页、卖家店铺以及自定义 URL 链接（仅限亚马逊网站内链接）。

亚马逊广告平台推广方式对比如表 8-2 所示。

表 8-2　亚马逊广告平台推广方式对比

	亚马逊商品推广	亚马逊头条搜索广告	亚马逊展示广告
广告客户群	第三方卖家	供应商	供应商
宣传内容	单个产品	品牌店铺	单个产品

续表

	亚马逊商品推广	亚马逊头条搜索广告	亚马逊展示广告
定性逻辑	关键词搜索	关键词搜索	消费者兴趣点 关键词搜索（特定广告位置）
广告设计	系统自动生成		自己设计
收费	实时竞价 按点击收费 最低预算$1	实时竞价 按点击收费 最低预算$100	实时竞价 按点击收费 最低预算$100
显示位置	搜索页面	搜索结果上部	相关产品详细页面
操作简介	1. 选择待投入广告的商品 2. 设置预算 3. 添加关键词和竞价	1. 选择广告页面 2. 设置预算 3. 添加关键词和竞价 4. 上传图片和标题	1. 选择目标产品或是兴趣点 2. 选择待投入广告的产品 3. 设置预算和竞价 4. 添加企业标识和标题
效果	消费者通过关键词搜索	消费者通过关键词搜索	广告可以展示在竞争产品或是互补产品页面。通过消费者兴趣点可以接触更广泛的潜在客户

注：以上信息更新时间为 2020 年 4 月 13 日。

8.2.4 亚马逊品牌旗舰店

亚马逊品牌旗舰店

1. 概述

亚马逊品牌旗舰店是亚马逊给平台卖家提供的品牌展示服务，其作为一款免费自助服务产品允许商家为品牌创建单页面或多页面的理念和商品展示。消费者在亚马逊平台上浏览商品时，通过商品详情页或者品牌推广上的品牌名称链接可以进入品牌旗舰店。另外，商家也可以通过亚马逊站内站外的广告、博客、社交媒体或其他营销活动宣传品牌，包括分享通往品牌旗舰店的按钮，为品牌产品带来更多流量和曝光率。品牌旗舰店适用于 PC 端、移动端和平板电脑，可以打造一种以卖家的品牌、产品和价值主张为中心的高品质亚马逊购物体验。

在旗舰店内，商家可以通过“品牌旗舰店透视”查看流量和归隐销售额报告。同时借助来源标记，商家还可以查看特定广告活动、创意内容或营销活动的流量和销售额。

2. 操作流程

亚马逊品牌旗舰店操作界面有四部分，具体如下。

（1）页面管理器用于亚马逊品牌旗舰店页面的创建、选择、移动和删除，如图 8-12 所示。①页面管理器：用于完成品牌旗舰店的设置，打开面板，可以在其中更改品牌旗舰店的商标或颜色。②预览窗口：可在添加页面后，创建新页面，预览效果。③模块管理器：显示亚马逊品牌旗舰店中页面的层次结构，单击页面，打开后进行编辑。

（2）亚马逊品牌旗舰店添加页面，如图 8-13 所示：①单击页面管理中的“添加页面”按钮。②将显示“添加页面”窗体。③输入页面名称。④输入页面描述。⑤为新页面选择一个模板。⑥在模板中导入图片和链接。⑦单击“添加页面”以使用所选模板添加页面。

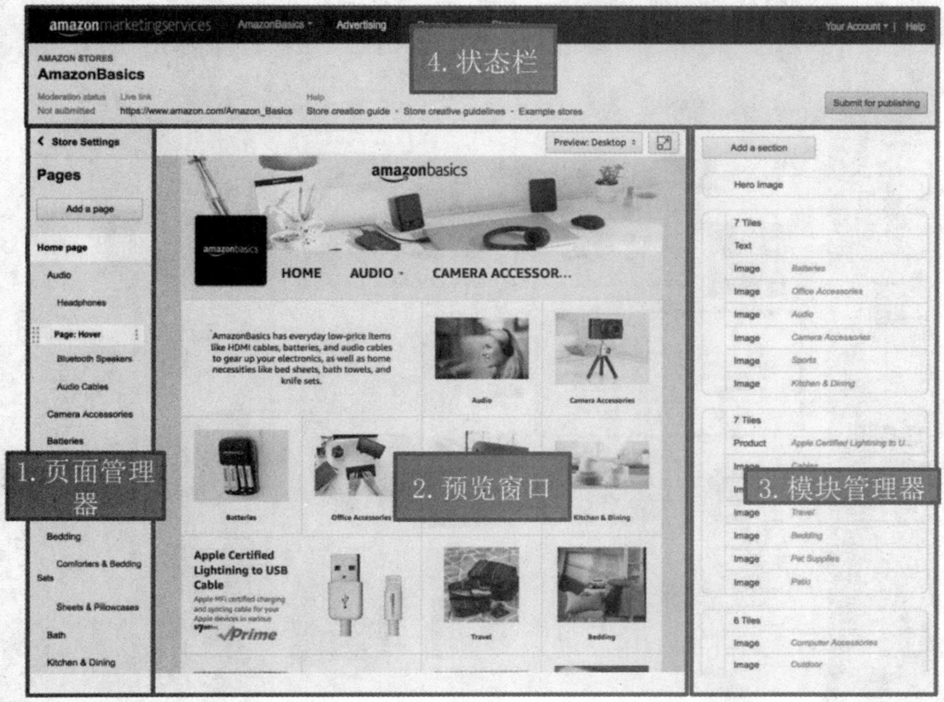

图 8-12　页面管理器页面

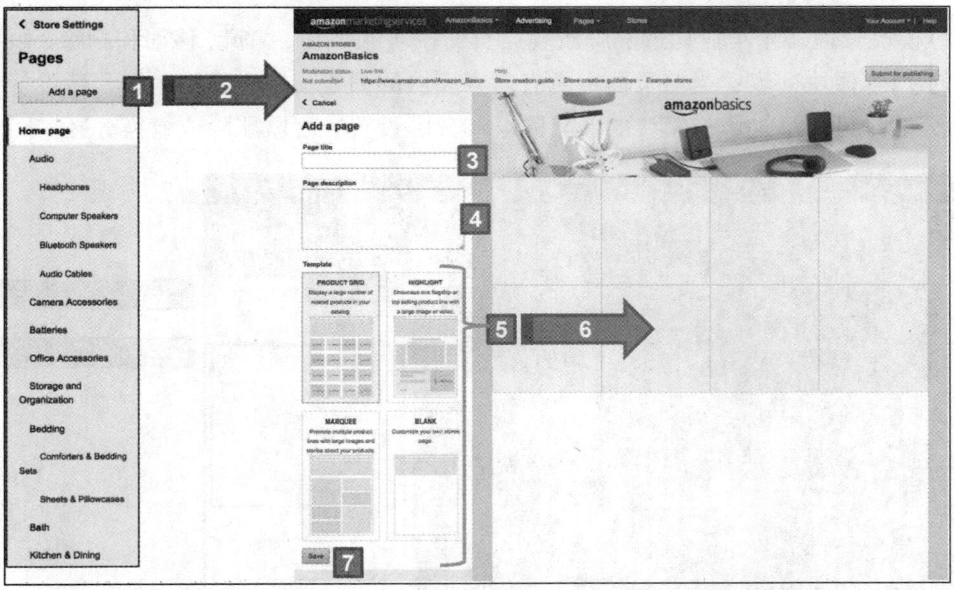

图 8-13　亚马逊品牌旗舰店添加页面

（3）预览窗口提供当前页面的实时视图，如图 8-14 所示，可以用于在模块管理器中选择需要编辑的模块。①预览类型：在桌面预览和移动预览之间切换。②全屏预览：以全屏模式打开所选页面。③内容模块选择：单击某个模块即可将其选中，然后在模块管理器中进行编辑。

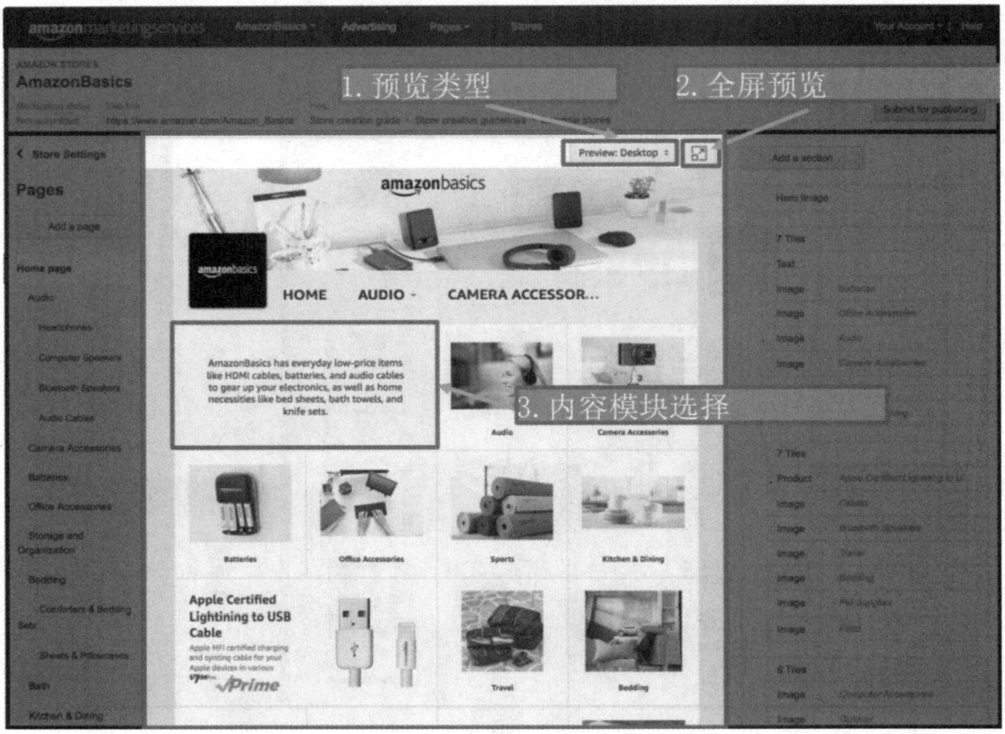

图 8-14　预览窗口页面

（4）模块管理器用于亚马逊品牌旗舰店页面模块的添加、编辑、移动和删除，如图 8-15 所示。①内容模块列表：当前页面上所有内容模块的列表。单击模块，打开后进行编辑。②添加分区：可以添加填充模块的新分区。③分区设置：可以删除或替换分区。

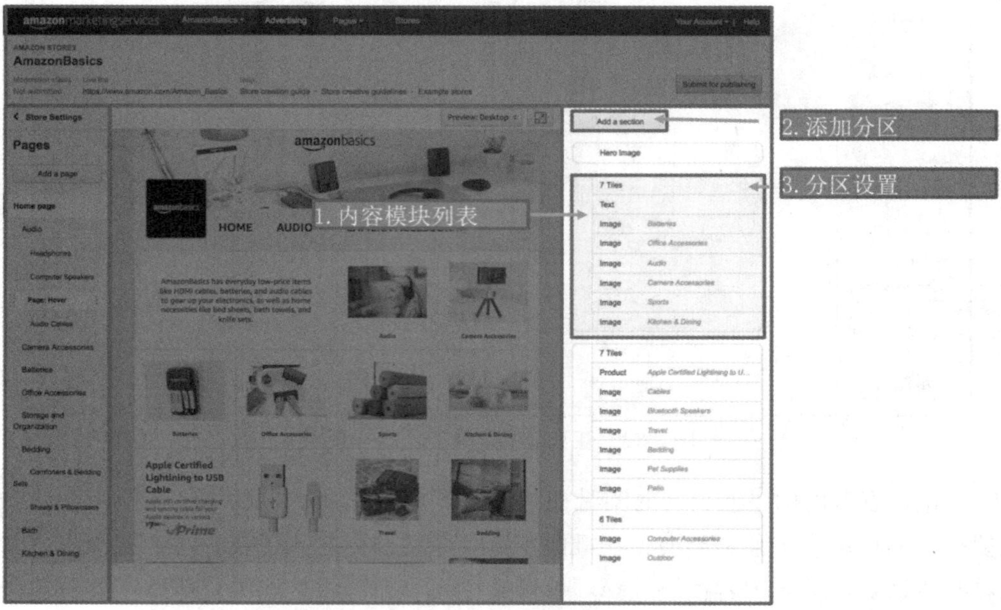

图 8-15　模块管理器页面

（5）状态栏显示亚马逊品牌旗舰店的当前审核状态，以及有关的错误消息，同时提供有关现有亚马逊品牌旗舰店和当前草稿的反馈：①审核状态：显示亚马逊品牌旗舰店的当前审核状态。②草稿状态：显示上次草稿保存到服务器的时间。③提交：提交当前的亚马逊品牌旗舰店草稿以供发布。在发布之前，亚马逊会对草稿进行审核。

3. 品牌旗舰店的优势

首先，亚马逊品牌旗舰店为客户营造了一种以商家的品牌、产品和价值主张为中心的高品质亚马逊购物体验。品牌旗舰店是一种有着规模化倾向的商业经营模式，其对产品线的要求往往比较高。品牌旗舰店有时会被作为证实自身实力的一种手段，或者作为展示品牌系列产品的一种途径。其次，品牌旗舰店支持多平台体验。商家只需构建一次，就适用于所有设备。另外，品牌旗舰店是持续运行的，不仅为消费者提供更好的购物体验，也有利于拥有自己品牌的专属空间，从而增加产品的曝光率。品牌旗舰店是用于表达品牌精神及发展概念的概念店，以“感动”链接消费者的生活习惯，成为品牌塑造的终极营销手段。最后，在品牌旗舰店从创立到运营过程中，商家可以借助各种模板，而不需要拥有专业的设计技能，就能快速生成多页面的品牌旗舰店。

8.2.5 站内促销

1. 概述

亚马逊站内有多种促销形式，卖家要了解每种促销形式，并把它们运用到产品的营销中，最终促进产品的销售。卖家可以进入卖家操作页面，单击图 8-16 中所标的“Advertising”按钮，接着选择自己所需促销形式进行设置。

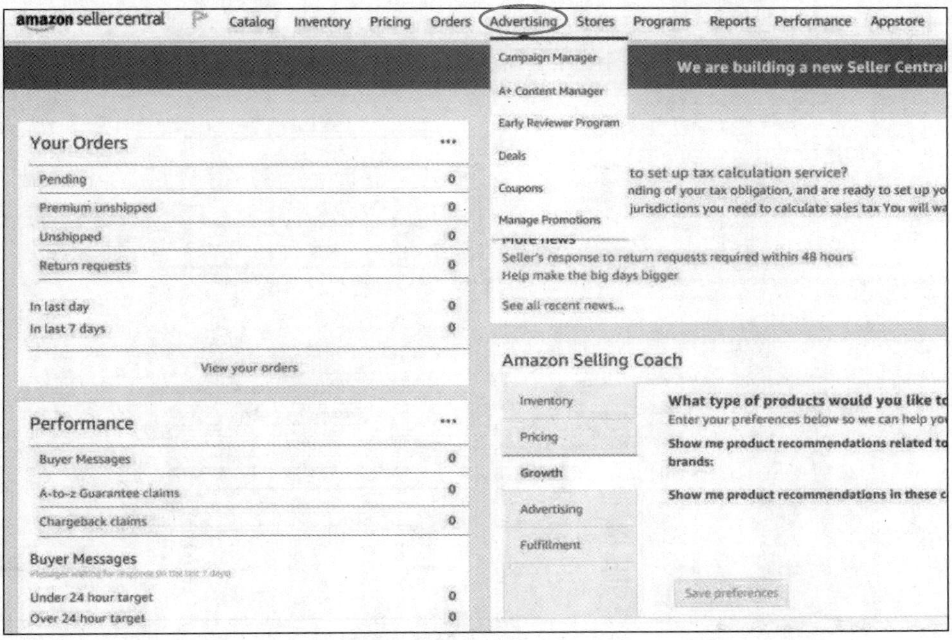

图 8-16　卖家操作页面

2. 免运费促销

（1）免运费促销简介

免运费促销是指为买家提供免除运费的服务，是卖家使用频率最低的一种促销折扣类型。因为 FBA 卖家大多不需要这种促销类型，而自发货卖家大都设置包邮。

（2）免运费促销操作流程

单击图 8-16 中的“Manage Promotions”（管理促销）按钮，接着单击“Free Shipping”下的“Create”按钮，进入图 8-17 所示的页面，在其中即可设置免运费促销。

第一步：在选项“Buyer Purchases”（买方购买）中可以设置参加该促销的买家门槛，如“至少购买 3 件”可享免运费；选项“Purchased items”（购买项目）用于选择促销的应用对象；选项“Buyer gets”（买家获得）用于选择买家可以获得的优惠，这里默认为 Free Shipping；选项“Qualifying Shipping Options”（运输选项）可供卖家选择免邮的运货方式。

第二步：在选项“Start Date”中设置促销开始时间；在选项“End Date”中设置促销结束时间。“Internal Description”是促销的识别代码，是卖家用来区分不同促销活动的代码；“Tracking ID”为追踪编码，供卖家在内部区分促销时使用。

第三步：卖家需要选择折扣类型，共分为 Single-use、Group、None 三种。其中，第一种是指卖家将优惠码发给某个或某几个人使用，第二种是提供给所有客户使用，第三种是指无须使用优惠码直接可以打折。

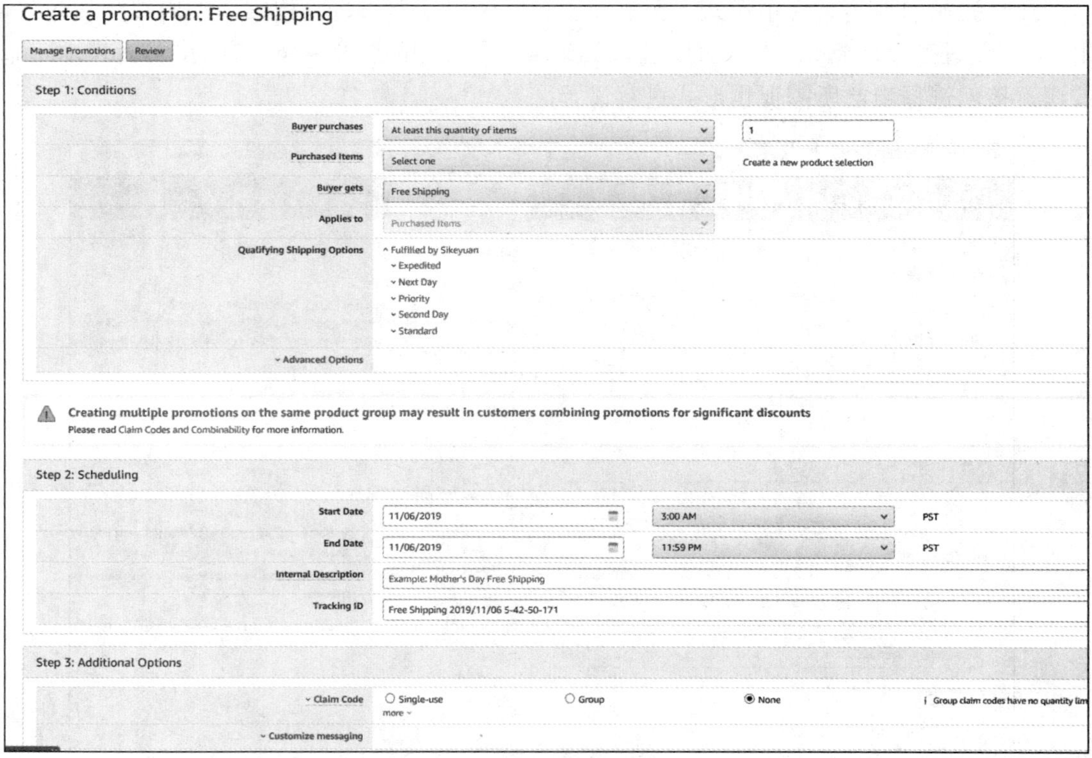

图 8-17　免运费促销设置界面

3. 满减折扣

（1）满减折扣简介

满减折扣就是我们常说的“满多少减多少”，是整个亚马逊用得最多的折扣方式之一。通过满减折扣，卖家可以把旧的有流量的产品和新的产品捆绑在一起给新上架的产品带来流量。这是新品期行之有效的推广方案之一，并且这种捆绑促销如果运用得当，能给新品推广带来很大的流量。

（2）满减折扣操作流程

单击图 8-16 中“Manage Promotions”按钮，接着单击“Percentage Off”下的“Create”按钮，进入图 8-18 所示页面，在其中即可设置满减折扣促销。

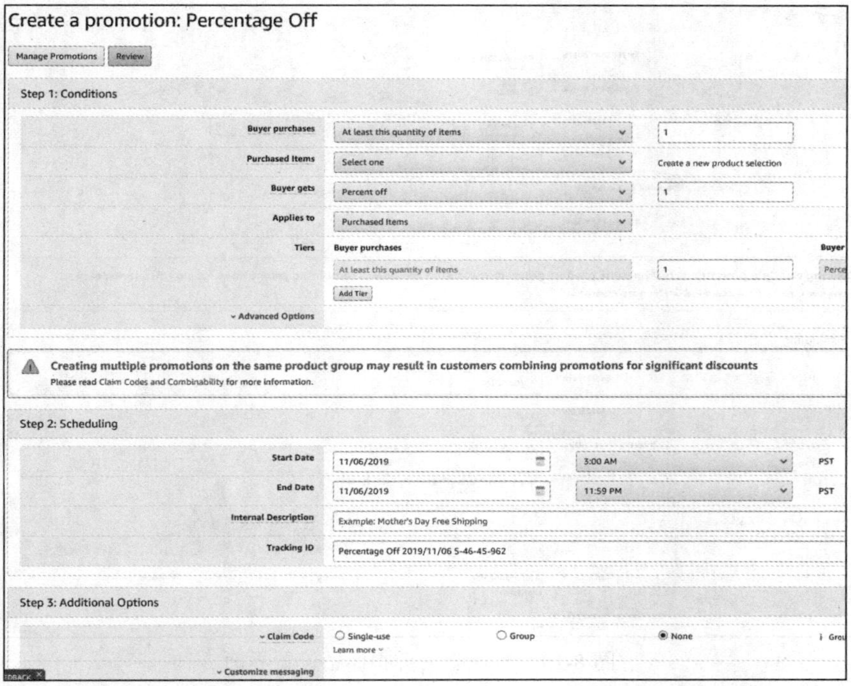

图 8-18　满减折扣促销设置界面

第一步：利用“Buyer Purchases”可以对参加该促销的买家设置门槛，如“至少购买 200 美元”；选项“Purchased items”用于选择促销的应用对象；选项“Buyer gets”用于选择买家可以获得的优惠，这里默认为 Percent Off，如果卖家想打 8 折就在后面方框里输入 20；选项“Applies to”可供卖家选择参加此促销的产品。

第二步：在选项“Start Date”中设置促销开始时间；在选项“End Date”中设置促销结束时间。“Internal Description”是促销的识别代码，是卖家用来区分不同促销活动的代码；“Tracking ID”为追踪编码，供卖家在内部区分时促销使用。

第三步：卖家需要选择折扣码类型，共分为 Single-use、Group、None 三类。其中，第一种是指卖家将优惠码发给某个或某几个人使用，第二种是提供给所有客户使用，第三种是指无须使用优惠码直接可以打折。

4. 买一赠一折扣

（1）买一赠一折扣简介

买一赠一折扣不是单指买家买一个产品获得一个赠品，其中的赠品数量可以由卖家自行设置。

（2）操作流程

单击图 8-16 中的“Manage Promotions”按钮，接着单击“Buy One Get One”下的“Create”按钮，进入图 8-19 所示的页面，在其中即可设置买一赠一折扣促销。

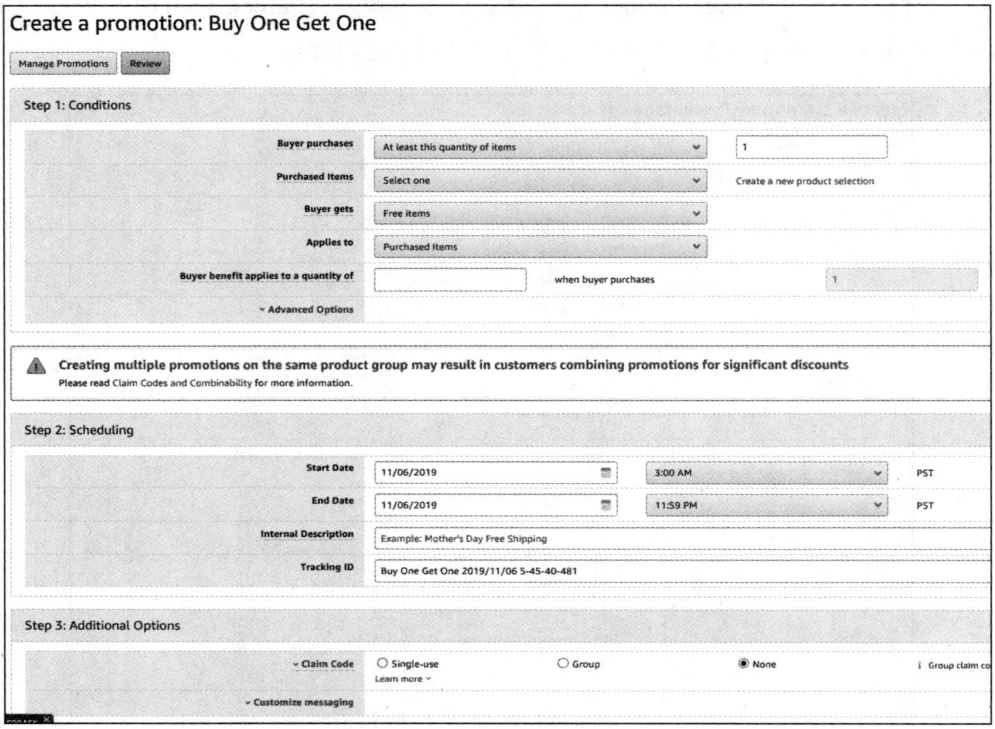

图 8-19　买一赠一折扣促销设置界面

第一步：选项“Buyer Purchases”用于对可以参加该促销的买家设置门槛，如“至少购买 2 件产品”；选项“Purchased items”用于选择促销的应用对象；选项“Buyer gets”用于选择买家可以获得的优惠，这里默认为 Free items。选项“Buyer benefit applies to a quantity of”用于设置买家购买一个产品可以获得几个赠品。

第二步、第三步与前两种促销方式相同，具体内容参考前文。

5. 抽奖促销

一方面，卖家需要按步骤选择想参加抽奖的产品及其数量。另一方面，卖家需要选择抽奖类型，具体如下。

彩票抽奖（Sweepstakes）：在抽奖活动结束后，从所有的活动参与者中随机抽取中奖者。

随机速赢（Random Instant Win）：可以设置每多少个人就随机产生一个中奖者，而不用等到活动结束再产生所有中奖者。采用这种类型，亚马逊会提醒卖家不要设置过低的中奖概率，以免买家失去兴趣。

幸运数字速赢（Lucky Number Instant Win）：可以设置每 N 个抽奖人中的第几个能立即获奖，而不用等到活动结束再决定最终的中奖者。它和上一种类型的区别在于，上面的数字是随机的，而这个数字是设定好的。例如，每 10 个人中的第五名可以获奖，那就是 5、15、25、35 等名次的参与者可以获奖。

先来先得（First-come，First-served）：这种抽奖方式类似于秒杀，谁先来谁得奖。这种方式非常不利于正常操作，因为后面的参与者看到该活动认为不会获奖而不予单击进入。但是，如果有卖家想要利用这种方式把产品送给自己的测评人，则可以选择。

6. 秒杀和优惠券促销

秒杀是指有时间限制的优惠促销活动。其在亚马逊首页有流量入口，是亚马逊买家最喜欢浏览的页面之一。秒杀一般将时间限制在 6 个小时以内，参与促销的商品一般需有大幅度的折扣。通过参与秒杀促销，商品将出现在拥有更高买家访问量的秒杀页面，从而提高秒杀商品的曝光量和品牌的影响力。同时，秒杀会带来高于平时的销量，也是帮卖家减少积压库存或者换季库存的极佳途径。此外，秒杀促销活动在结束后，也能给秒杀产品积累良好的销量和用户评价。

优惠券促销是指购买指定产品可以使用一定额度的优惠券。这种促销活动要求评分在 3.5 分以上的卖家才可以参与。当完成优惠券设置并提交后，优惠券将在 4 天后生效。买家在前端搜索产品时，可以直接看到该优惠券，十分有利于卖家的销售。不过，不要在提价之后才设置惠券。如果卖家把购物车价格提高后再设置优惠券，可能在此过程中丢失购物车，并且外国买家可能会因计算麻烦而放弃购买。

8.3 站外平台推广

站外平台的推广优化是建立在站内平台推广优化的基础上的，指网站外部的推广宣传，包括社交媒体推广、搜索引擎推广、网站外链的建设、网站友情链接的交换等。站外推广并不是越多越好，其精髓主要体现在推广的质量和相关性上。下面我们来介绍几种常用的站外平台推广方式。

8.3.1 谷歌推广

海外推广

谷歌是欧美网民最大的信息入口。迄今为止，很多客户都会选择从谷歌搜索自己想要的产品，然后进入自己需要的购物网站进行购物。据统计，每天会有上亿名用户在谷歌网站浏览网页。这表明，企业用谷歌投放的广告每天能被上亿名用户看到。同时，谷歌推广的广告投放服务还能利用大数据对用户的兴趣爱好、地理位置、行为等信息进行分析，从而匹配广告投放的目标人群，让广告可以实现定向、精准投放，增强广告的投放效果，提高广告转化率。

谷歌推广是一种广告刊登方式，企业借助该方式可以轻而易举地在谷歌及其广告合作伙伴的网站上刊登产品广告。广告形式多种多样，如视频广告、产品展示广告等，并且这种广告投放方法对企业的广告预算没有要求，即无论企业花费多少资金投放谷歌广告，都能获得高效的广告服务。谷歌广告会伴随用户的搜索结果在谷歌及合作伙伴的网站上进行显示，如 YouTube、Earthlink、Blogger（博客）等。

1．谷歌搜索引擎推广

（1）简介

搜索引擎推广是通过搜索引擎优化、搜索引擎排名以及研究关键词的流行程度和相关性在搜索引擎的结果页面取得较高排名的营销手段。搜索引擎优化对网站的排名至关重要，因为搜索引擎在通过 Crawler（爬虫）程序来收集网页资料后，会根据复杂的算法（各个搜索引擎的算法和排名方法是不尽相同的）来决定网页针对某一个搜索词的相关度并决定其排名。当客户在搜索引擎中查找相关产品或者服务的时候，一般通过专业的搜索引擎优化的页面可以取得较高的排名。巨大的访问量和影响力使得谷歌搜索排名成为网络营销商家的争夺地。稳定的首页排名可以带来商机和利润，落后的排名不仅意味着效益的损失，同时也意味着将宝贵的商机让与竞争对手。

（2）搜索关键词广告

搜索关键词广告是指当用户利用某一关键词进行检索时，在检索结果页面会出现与该关键词相关的广告内容。它属于网站商业广告投放的创新方式，一般位于搜索结果页面的右侧。如图 8-20 所示，在谷歌搜索引擎中输入“Outdoor tent”，在出现的页面中可以看到排在第一位的是来自 overstock 公司的广告。由于关键词广告是在对特定关键词进行检索时才出现在搜索结果页面的显著位置的，所以其针对性非常强，是性价比较高的网络推广方式。

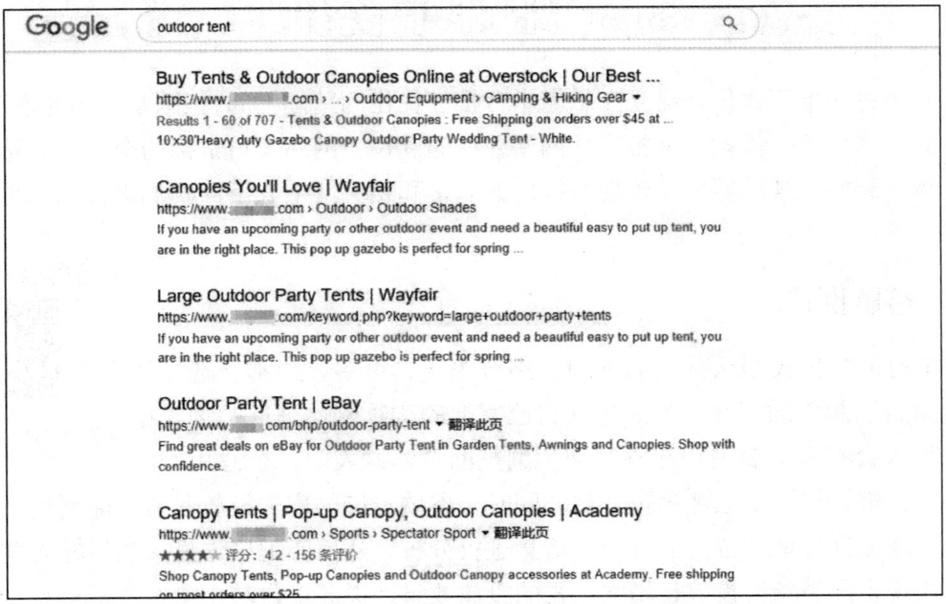

图 8-20　搜索关键词广告

卖家在选择某一关键词进行广告投放前，应慎重选择关键词。若某卖家主要经营户外帐篷产品，可在 Google Trends 分析工具中输入“Outdoor tent”，将看到图 8-21 所示信息。该图展示了与“Outdoor tent”相关的搜索热度最高的主题和查询，卖家可根据分析结果选择关键词进行广告投放。

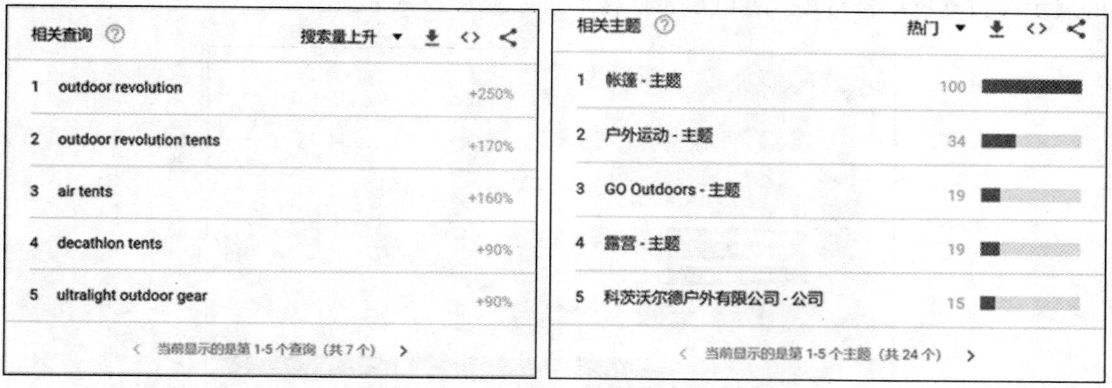

图 8-21　Google Trends 分析工具

（3）搜索引擎优化

搜索引擎优化通过增加指定关键词的暖光率来增加网站的能见度，从而提高点击率。搜索引擎优化是通过了解各类搜索引擎如何抓取互联网页面、如何进行索引以及如何确定其对某一特定关键词的搜索结果排名等技术，来对网页进行相关优化，从而提高网站访问量，最终提高网站的销售能力或宣传能力的技术。

搜索引擎在定位网站排名时，不仅会考虑网页的信息相关度，同时也会考虑网站的声望，如外部链接有多少、网页的点击率有多高等。可以排在搜索结果前列的网站通常具备以下特点：第一，网页中不过度采用图片或者 Flash 等富媒体形式，有可以检索的文本信息。第二，网页有标题，并且标题中包含有效的关键词。第三，网页正文中有效关键词比较多。第四，网站导航系统容易被搜索引擎清晰识别。第五，有被其他搜索引擎收录的网站提供的链接。第六，网站中没有欺骗搜索引擎的垃圾信息。第七，网站中没有错误或不良链接。

了解了排名靠前的网站具备的特点后，可以利用以下技巧进行搜索引擎优化。

① 加强标题与页面内容的相关性。网站页面内容相关，网站首页关键词尽量分散，越靠上的内容越重要，网站主导航和次导航、栏目名称和频道名称、文章标题等重要位置布局关键词和长尾关键字。

② 提高网站的更新频率。更新频率越高，蜘蛛程序光顾次数越多，被抓取的页面数量越多，关键字排名在首页的机会越多。

③ 提升导入链接质量：加入搜索引擎分类目录网站；与高网页级别且主题相关的网站进行友情链接；和数据量大、知名度高、频繁更新的网站进行友情链接；与相关内容网站交换友情链接。

2. 谷歌展示广告

（1）简介

卖家可以在 YouTube、谷歌搜索、LinkedIn（领英）等网站上投放文字广告、图片广告等。谷歌会在与其有合作的网站上展示卖家的广告，卖家只需对用户的点击次数或广告的展示次数支付广告费用。谷歌展示广告形式如图 8-22 所示。

图 8-22　谷歌展示广告

（2）展示广告既适合卖家获取订单也有利于推广品牌的原因

① 广告形式多样：更吸引客户，图片广告、视频广告、富媒体广告都要满足多种客户需求。

② 广告覆盖面广：覆盖全球 90%的主流网站，每日受众 35 亿人，975 亿次展示。

③ 广告智能化：通过跟踪客户，可对曾经访问过网站的老客户进行广告追踪。

④ 付费方式：费用透明，点击付费价格低廉，广告展示不需要支付费用，适合不同预算的客户。

⑤ 精准定位：获得精准客户，客户通过感兴趣的网站看到广告。

3. YouTube视频广告

（1）简介

YouTube 是一个视频分享网站，提供方便朋友之间分享录像片段的功能。2006 年 10 月 9 日，谷歌公司以 16.5 亿美元收购了 YouTube 网站，并把它当作一家子公司来经营。在 YouTube 上投放的广告形式如图 8-23 所示。

图 8-23　YouTube 视频广告

（2）利用 YouTube 频道吸引流量

近年来，随着视频营销的崛起，YouTube 视频即拍即成、声情并茂、灵活多变、容易理解，深受各方欢迎。要想使 YouTube 上的视频更有吸引力，卖家可以从以下几个方面入手。

① 给视频添加标签

添加标签与选择关键词相似，能确保卖家的视频出现在观众的搜索结果中。标签可以是单个字或短语。例如，一个有关早餐制作的视频，可以加“自制早餐”“美食”“三明治”“牛奶”等标签。注意要确保标签准确相关，否则会引来一些不想看该视频的观众，这样反而会流失更多观众。

② 积极互动

当有用户评论卖家视频时，卖家应积极主动回复，重视并感谢用户提出的意见，营造一个沟通顺畅的交流环境。卖家也可以发布视频的幕后花絮等用户可能感兴趣的内容，提升用户参与感。

③ 保证视频更新频率

保证一定的视频更新频率，能提高观众的忠诚度。如果不能保证每周 1～2 次的常规视频发布频率，可以用短小的花絮视频填补空缺，以减少观众的流失。同时，建议卖家选择在午饭或者晚饭这样的黄金时间向观众群发视频，以确保多数人能看到。

4. Gmail广告

（1）简介

Gmail（谷歌邮箱）广告是指放置在用户收件箱顶部的互动广告，其投放形式如图 8-24 所示。当用户点击折叠的 Gmail 广告时，广告就会像电子邮件那样展开。展开的广告大小与电子邮件相同，可以包含图片、视频或嵌入的表单。

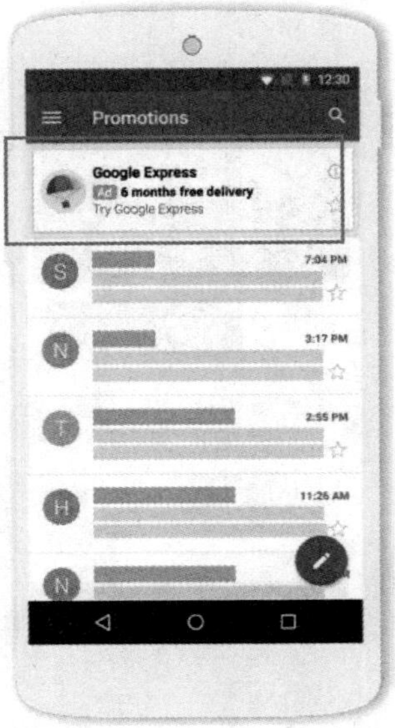

图 8-24　Gmail 邮箱广告

（2）Gmail 广告的定位方式

精准定位年龄、性别、兴趣、职业、地理 IP、语言、年纪、工作、职位、邮箱域名、关键字、产品购买等多种类型。独特的定位方式可实现对特定受众群体进行优化。

（3）Gmail 广告的优点

① 专为 Gmail 设计：大型的广告画布使得图片与文字易于展示。

② 广告覆盖面广：Gmail 广告每个月触及超过 100 万的 Gmail 全球用户。

③ 富有洞察力：在展开的 Gmail 广告上获得对用户行为的洞察，具体指标包括覆盖面、打开率、点击率、保存、转发等。

5. 谷歌商城购物广告

（1）简介

谷歌商城购物广告包括商品图片、价格和商家名称等丰富的商品信息。广告展示在谷歌搜索结果的首页，如图 8-25 所示。当用户搜索所需要的产品关键词时，卖家的谷歌商城购物广告将展示用户的搜索结果，从而使这些用户产生购买欲望。

图 8-25　谷歌商城购物广告

（2）谷歌商城购物广告优势

① 满足需求，多屏呈现。当用户搜索某类产品时，产品详情广告会提供产品的全方位信息。同时，Google Shopping（谷歌购物）全面覆盖 PC、平板电脑以及手机三大屏幕，做到无缝隙的广告呈现。

② 筛选用户，精准定位。用户在单击具体广告前，已经对各项信息一目了然。所以，继续单击的用户就是对产品真正感兴趣的高价值用户。

③ 成本不涨，曝光增长。谷歌商城可以同时显示文字广告，并在不增加成本的情况下提高产品曝光率。

8.3.2　社交媒体推广

境外消费者最常用的社交平台，用户活跃度非常高。下面将介绍社交媒体营销的基本步骤和注意事项。

1. 基本步骤

如果准备在社交媒体上做推广，需要进行以下基本设置：第一，设置自己的主页。在创建页面按钮处创建自己的页面，选好分类、填好名称，并通过这个主页展示自己企业的文化，同时通过活动让客户分享自己的产品信息，把自己的经营理念传达给客户，进而通过和客户的有效沟通建立起和客户之间的联系。第二，为了更精准地定位自己的客户，在选择主页类型时要慎重。例如通过多种属性的设置来满足客户的需求，比如地区、年龄、兴趣爱好及性别等。定位好这些信息，就可以更加精准地找到自己的潜在客户。第三，提供丰富的内容。如果卖家的页面没有丰富的内容，那么客户来到其页面上就会迅速弹出。第四，分享有价值的内容。这里的“有价值”是指分享的东西对卖家的受众有价值。第五，要保持活跃，多参与别人的话题，多评论、发言。如果卖家能够成为一个话题的领导者，或者能够引领别人的话题讨论，就会使别人产生信任，进而吸引粉丝并转化粉丝。第六，专注于粉丝营销。卖家应保持持续更新，抓住粉丝兴趣。

2. “粉丝”营销

如果卖家在社交平台上只是没有目的性地做广告，短时间内不会看到有效的转化。

但是，如果卖家以一种交友的心态来聚拢粉丝，帮粉丝解决实际问题、建立起粉丝忠诚度后，将较为顺利地推广自己的产品，提高销量。具体做法如下。

① 持续发布对客户有帮助的内容。粉丝营销需要一段时间的经营和积累，所以卖家必须持续发布能够帮助客户解决实际问题的内容，而不是抄袭其他成功推文。持续发布文字的卖家会被客户记住，并且如果卖家发布的内容对他们有帮助，他们有问题时就会想到该卖家。但卖家也要注意发布文字的频率，千万不要刷屏，否则适得其反。

② 保证资料详尽。既然是以卖家的身份维护该账户，那么客户进入页面之后，卖家就应让用户知道自己的经营范围、擅长领域，展现专业程度。完善的资料信息可以提升客户对一个卖家的信任感。

③ 保证一定活跃度。卖家应多参与活动，关注一些潜在用户，并保持活跃，可以点赞、转发、@他们，以吸引他们的注意力。目标用户有更新，卖家也应该积极认真地给出回复，切忌只写出“nice、good”等敷衍性文字，以免给买家留下负面印象。

④ 多使用话题功能。话题是一个能聚拢人气的功能，而且聚拢的大多是一些有着共同爱好的人。所以，卖家要积极参与别人的话题，并积极创建自己的话题。

⑤ 图文并用。如果卖家的推文全是文字，会使受众丧失兴趣。因此在发文时，卖家要尽量多使用图片、文字、视频相结合的形式，这样才会使客户觉得有趣而对其高度关注。

⑥ 积极关注新动态。世界各地每天都会有新的新闻发生，卖家对这些新闻要保持敏感并积极关注，从中选取恰当内容发布并@自己的客户，甚至可以创建相关话题来聚拢一部分客户。

综合案例

“首月单站点超过一万欧元”，这是上海婧馨国际贸易有限公司（以下简称“婧馨”）加入欧洲站点后收获的第一个成绩。对于其CEO徐晓鑫而言，这只是一个喜悦的开端。在未来两年，他希望欧洲站点的体量能够达到与美国站点持平，让世界了解这个由婧馨打造的运动服装品牌！信心从何而来？品牌化！

上海婧馨国际贸易有限公司成立于2013年6月，是一家集品牌设计与营销为一体的互联网企业。公司创业7年来，在业内赢得了良好的声誉，并致力于成为行业中的佼佼者。婧馨依托eBay、亚马逊、阿里巴巴等国际平台以及自有网站，长期出口于美国、加拿大、英国、法国、澳大利亚、比利时等全球176个国家和地区。现主要经营产品包括：箱包、服装鞋帽、汽车零配件、计算机软硬件（除计算机信息系统安全专用产品）、计算机专业领域内的技术开发、技术咨询、技术转让、技术服务、广告设计制作等。上海婧馨国际贸易有限公司运营销售业务部门位于上海，设计研发推广部门位于美国加州洛杉矶。公司成立以来，一直专注自有品牌的打造，专注品质、专注客户，为实现中国创造、货卖全球的梦想而努力。

1. 发展历程

（1）跨境电商先行者，认定品牌化运营才能走得更远

徐晓鑫作为上海婧馨国际贸易有限公司的CEO，是国内第一批经营跨境电商的卖家之一。2007年，刚走出大学校门的他，就做起汽配产品的电商生意，经历多年的摸爬滚打，积累了丰富的运营经验。“品牌化是我一直以来的诉求，因为我个人爱好运动，因此很想打造一个世界级运动服饰品牌。更何况，多年的经验让我意识到，唯有打造产品的独特性，走品牌化运营，才能在激烈的竞争中立于不败之地。”

“与其他电商网站相比，亚马逊更适合那些致力于打造品牌的企业和卖家，为我们提供了很好的营商环境。”基于这个考虑，婧馨看准了亚马逊，于2015年入驻亚马逊美国站，并在入驻的第一时间就注册了自己的品牌，专做户外运动服装品类。“我们有专门的设计师负责款式、面料的设计，当越来越多的用户认可我们的品质时，产品自然就有了更高的溢价空间”，这就是徐晓鑫选择亚马逊全球开店，坚持品牌化的原因。

（2）由美入欧，欧洲站点首战告捷

在亚马逊全球开店美国站运营的最初两年，婧馨先后实现了100万美元和250万美元的收益。美国站的成功大大增强了徐晓鑫布局欧洲站的信心。欧洲消费者更加注重品质，特别是服装品类，对面料的要求标准都会比美国高，卖家一定要有过硬的产品，并赋予品牌价值，才能在竞争中胜出，而这正是婧馨的优势所在。2018年年初，婧馨正式进军欧洲站，在上线德国站点的第一个月，销量就突破了一万欧元，首战告捷；后又相继布局了英国、意大利、法国和西班牙四个站点。

2．成功的关键所在

要想在欧洲站实现自己品牌化的愿景，徐晓鑫还必须带领婧馨攻破难关，一步步在运营上深耕细作。其中一个发力点，就是借助广告，打造品牌。“我认为，产品推广也是我们打造品牌的重要一环，特别是在新品上架的时候，亚马逊的服务和工具成为助推婧馨业务拓展的加速器。”

（1）亚马逊的CPC广告是首选

“在促进销量的同时，提高品牌的知名度。婧馨有一系列的运动紧身衣裤产品就是通过CPC广告做起来的，目前我们CPC广告的投入在整体营收中占比5%～10%。”凭借经验，徐晓鑫会根据产品的不同阶段来制定不同CPC广告的预算策略：新品的核心诉求点是曝光，所以会增加新品CPC广告的占比。当产品销量趋于稳定的时候，再依据数据适当降低CPC广告的占比。此外，还要把握好节日和旺季期间的“黄金机遇”，“打响”自己的品牌。

（2）使用亚马逊站点秒杀

“参加Deal（秒杀）之后，流量一般能增加三倍到八倍，销量能够增加三倍到六倍。”亚马逊的Deal分为三种：展示6小时的Savings and Sales from Across Amazon（Best Deal）、展示14个自然日的Best Deal，以及展示24小时的Deal of the Day（DOTD）。尤其是DOTD，被人们称为“镇店之宝”和“亚马逊站内秒杀的王中王”，如果能有机会获得这个黄金席位，不但不愁爆品，还能带火品牌。

（3）计划利用亚马逊站外精准引流

未来，徐晓鑫还计划在YouTube等社交媒体或网站上进一步“打响”自己的品牌，同时提高自然流量和产品销量，帮助进一步抢占市场。在亚马逊站点之外，还有很多帮助品牌造势的发力点，相信一定能帮助婧馨进一步打造品牌优势。

思考题：

在本案例中，上海婧馨国际贸易有限公司为了在欧洲站实现品牌化战略具体采用了哪些网络营销工具？

复习思考题

1. 比较平台产品推广和产品展示广告的区别。
2. 如何优化头条搜索广告？
3. 总结头条搜索广告和亚马逊品牌旗舰店的优势。
4. 通过对本章谷歌推广的学习，作为亚马逊卖家，你获得了哪些启示？
5. 运用社交媒体进行站外推广应注意哪些问题？

小组活动

作为亚马逊卖家，你将如何利用站内、站外推广提高店铺曝光度？编写一份提高店铺曝光度的行动计划书。

课外延伸

O2O 平台
商业模式

练习题

第 8 章

第 9 章

收款与售后

学习目标

熟悉亚马逊、速卖通和 Wish 三个跨境电商平台的收款规则与收款方式。

了解第三方收款工具和收费标准。

了解与售后相关的售后评价、售后服务、客服职责等内容。

关键词

平台收款　结算方式　售后客服

现如今，全球市场上存在很多跨境电商平台，它们的收款方式有着很大的不同，因此本章分别介绍了亚马逊、速卖通和 Wish 平台的收款规则、其所使用的收款工具以及跨境电商售后相关问题，并从实务方面来具体介绍跨境电商客服系统。

9.1 亚马逊平台结算方式

9.1.1 亚马逊平台的收款规则

平台收款

1. 付款时间

亚马逊通过自动清算中心（ACH）或电子转账系统直接向卖家账户

指定的银行账户转账。一般来说，卖家销售产品后不会立即收到货款，亚马逊则每隔 14 天进行一次结算。所以，亚马逊会在注册卖家平台 14 天后，向卖家的银行账户存入第一次销售收入。如果买家在交易中同意收到商品或服务完成之时或之前付款，则亚马逊将通过亚马逊支付公司（Amazon Payments Inc.）付款；如果买家在交易中同意收到商品或服务完成之后付款，则亚马逊将通过亚马逊服务公司（Amazon Services LLC）付款。

2. 付款条件

卖家要接收付款，必须满足以下条件：（1）有效账户余额。这是指在结算周期内，销售金额应大于产生的费用和退款金额。卖家账户中至少要有 1 美元才可接收付款。（2）卖家账户中有有效的银行账户信息。在获得付款前，卖家应有一个与账户相关的业务地址，而且必须提供美国支票账户或受亚马逊货币转换器支持的国家/地区的银行账户。亚马逊不能向信用卡或支付宝账户付款。（3）卖家账户中提供有效的信用卡信息。保证卖家注册时的信用卡是有效的，其有效账单地址必须位于卖家注册接受的国家/地区。如果在结算时账户余额为负，可能会向信用卡扣款。亚马逊接收的有效信用卡是美国运通（American Express）、大来卡（Diners Club）、发现卡（Discover）、JCB 信用卡（JCB JAPAN CREDIT BUREAU CARD）、万事达卡（MasterCard）、维萨（Visa）。

3. 收款账户

完成结算后，卖家可以在卖家平台的“报告”部分看到结算报告。亚马逊通过银行转账将销售收入存入卖家的银行账户，3～5 个工作日即可完成。

9.1.2 亚马逊平台的收款方式

1. 亚马逊卖家货币转换器（ACCS）

根据前面的介绍，我们将卖家收到亚马逊账款的方式总结为三种：（1）于开店平台所在国家开设当地银行账户；（2）使用亚马逊卖家货币转换器（ACCS）；（3）使用第三方货币兑换服务。然而，在开店平台所在国家开设银行账户，虽然可以充分掌控自己的财务账户，但开户过程比较复杂，需要卖家在该国建立合法的企业实体，还要咨询法律、税务和银行顾问。所以，第二种方式和第三种方式是境外卖家常用的收款方式。

如果卖家不想在开店平台所在国家或地区开设账户，可以选择使用亚马逊卖家货币转换器。表 9-1 总结了亚马逊卖家货币转换器针对各个平台支持的货币。无论卖家居住在何地，卖家的银行账户都能收到亚马逊卖家货币转换器支持的货币的付款。卖家可以单击“货款汇总”页面上的“查看汇率”按钮，了解转款到卖家银行账户的汇率。注意，含使用亚马逊卖家货币转换器相关的所有费用和收费都已包括在汇率中。

卖家创建账户后，可按照以下步骤注册使用亚马逊卖家货币转换器。

（1）在“设置”页面单击“账户信息”；

（2）单击“存款方式”旁的“编辑”；

表 9-1 亚马逊卖家货币转换器针对各个平台支持的货币

付款货币	平台（Amazon.__）						
	.com	.ca	.co.uk	.de	.dr	.it	.es
欧元（EUR）	✓	✓	✓	默认	默认	默认	默认
英镑（GBP）	✓	✓	默认	✓	✓	✓	✓
美元（USD）	默认	✓	✓	✓	✓	✓	✓
澳元（AUD）	✓	✓	✓	✓	✓	✓	✓
加元（CAD）	✓	默认	✓	✓	✓	✓	✓
港元（HKD）	✓	✓	✓	✓	✓	✓	✓
印度卢比（INR）	✓	✓	✓	✓	✓	✓	✓
纽元（NZD）	✓	✓	✓	✓	✓	✓	✓

（3）从“开户国家”旁的下拉菜单中选择卖家银行账户所在地；

（4）如果卖家开户的银行在除美国外的其他任意亚马逊卖家货币转换器支持的国家，请务必阅读并接受“银行账户”中“协议”的条款和条件，以便使用当地货币进行收款；

（5）输入卖家的银行账户信息；

（6）单击“提交”按钮。

2. 派安盈（Payoneer）

如果卖家的当地货币不受亚马逊卖家货币转换器的支持，而且卖家无法在亚马逊建有平台的国家开设银行账户，可以借助网上的多种资源处理卖家跨境收款事宜。

（1）介绍

Payoneer 成立于 2005 年，总部设在美国纽约，是万事达卡组织授权的具有发卡资格的机构，为支付人群分布广而多的联盟提供简单、安全、快捷的转款服务。数千家联盟以及数百万收款人的加入，使得 Payoneer 已成为支付行业的领先者。Payoneer 的合作伙伴涉及领域众多，并已将服务拓展到全球 210 多个国家。Payoneer 卡的存在大大方便了自由职业者以及外贸人士的生意往来，是很多人境外收款的必备工具。

Payoneer 俗称 P 卡，目前是亚马逊收款类官方唯一的合作伙伴，有美元、欧元和英镑三种币种的账户，日元收款服务即将上线。它让跨境卖家直接收款至自己的 Payoneer 账户；在资金入账后即可立即以人民币提款至本地银行，或通过 Payoneer 预付万事达卡全球消费或取现。各币种均支持多平台店铺，个人和公司身份均可申请。另外，Payoneer 现在分有卡账户和无卡账户两种，有卡账户管理费每年 29.95 美元，无卡账户则不需要年费。Payoneer 转账无汇损，提现到境内需 1～2 个工作日，结汇无限制。

（2）收款流程

Payoneer 与亚马逊合作，为亚马逊货币转换器不支持地区开户的账户提供收款服务，并且可以在美国平台和欧洲平台使用。例如，在美国平台上营销但没有美国和欧洲银行账户的中国卖家，可以通过在中国开户的银行账号，收到亚马逊的货款。具体流程如下。

① 在线注册 Payoneer 账户并获得美国收款账户。

② 进入亚马逊卖家后台，选择“设置（Setting）→账户信息（Account information）→添加收款方式（deposit method）→选择卖家所在国（Home Country）”。如果选择了美国之外的国家/地区，请前往“货币兑换付款协议”，单击协议并阅读协议。最后将美国收款账户信息填写到“收款方式（deposit method）”中。

③ 亚马逊资金将会自动下发到 Payoneer 账户。

④ 通过人民币转款到中国当地银行。

（3）取款费用

Payoneer 提供灵活的收费标准，根据不同的服务和合作对象而有不同费用标准。其费用结构为：账户管理年费+入账手续费+提现手续费。

① 入账：Payoneer 对美元入账收 1%手续费，累积入账 20 万美元则入账免费；欧元和英镑入账无须手续费，免费入账。

② 提现：对人民币结汇和外币电汇收取 1%～2%手续费，1～2 天到账。新用户提现费率为 2%，随着累计入账的金额增加而减少，最低可降到 1%（累计入账 300 万美元）。有卡用户也可以选择使用 Payoneer 卡在 ATM 机上取现或消费，但万事达卡国际组织会收取汇损。

Payoneer 收费说明如表 9-2 所示。

表 9-2 Payoneer 收费说明

项目	明细	收费	优惠说明
账户管理年费	账户及附属服务 Payoneer 预付万事达卡	$29.95	Payoneer 账户注册免费； Payoneer 预付万事达卡，收取 29.95 美元/年
入账手续费	美元入账	1%	累积入账 20 万美元后，从下笔开始入账免费
	欧元、英镑入账	免费	免入账费
	平台入账	免费	Wish、Lazada、Linio（拉美地区电商平台）、Newegg（新蛋网）等平台免费两小时即时到账，更多平台对接敬请期待
提现手续费	人民币/港币结汇 香港外币电汇 （1～3 天到账）	1%～2%	新用户提现费率为 2%，随累计入账量自动调低提现费，累计不限时间、不限币种： 累计入账 50 万美元，提现费率降低为 1.8% 累计入账 100 万美元，提现费率降低为 1.5% 累计入账 150 万美元，提现费率降低为 1.2% 累计入账 300 万美元，提现费率降低为 1%
	使用 Payoneer 预付万事达卡在 ATM 机上取现或进行 POS 消费	0～3.15USD+货币兑换费/跨境费	POS 刷卡免费，ATM 取现每笔 3.15 美元 若您交易的币种不同于卡片币种，或交易发生地不同于卡片签发国家，将被收取兑换费或跨境费。汇损率不超过万事达卡市场汇率的 3%

注：适用于 Payoneer 美国/欧洲收款账户服务。

（4）账户设置

① 首次登录卖家账户后，亚马逊在卖家平台的页面会自动提醒卖家设置结算银行信

息。卖家可以单击右上角的“设置→存款方式→添加银行账号”来管理存款银行账号，如图 9-1 所示。

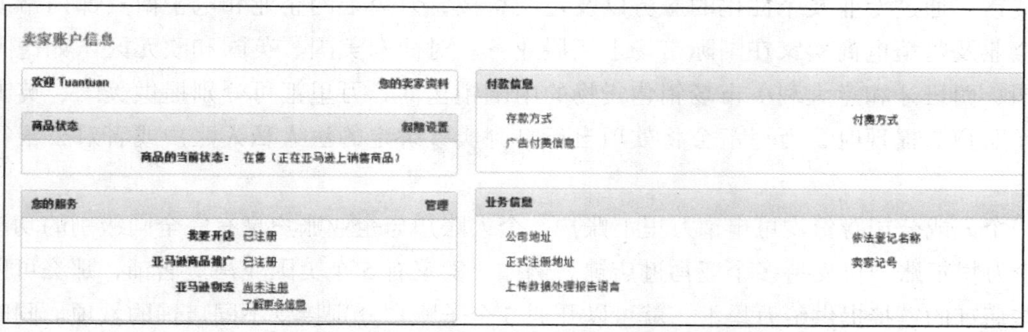

图 9-1 亚马逊存款银行账号管理

② 我们以北美开店为例，选择为亚马逊添加存款账号。如果选择银行所在国为中国，亚马逊会自动弹出合作 Payoneer 的申请链接，如图 9-2 所示。单击注册 Payoneer，填写好相关信息后，等待 Payoneer 的审核。

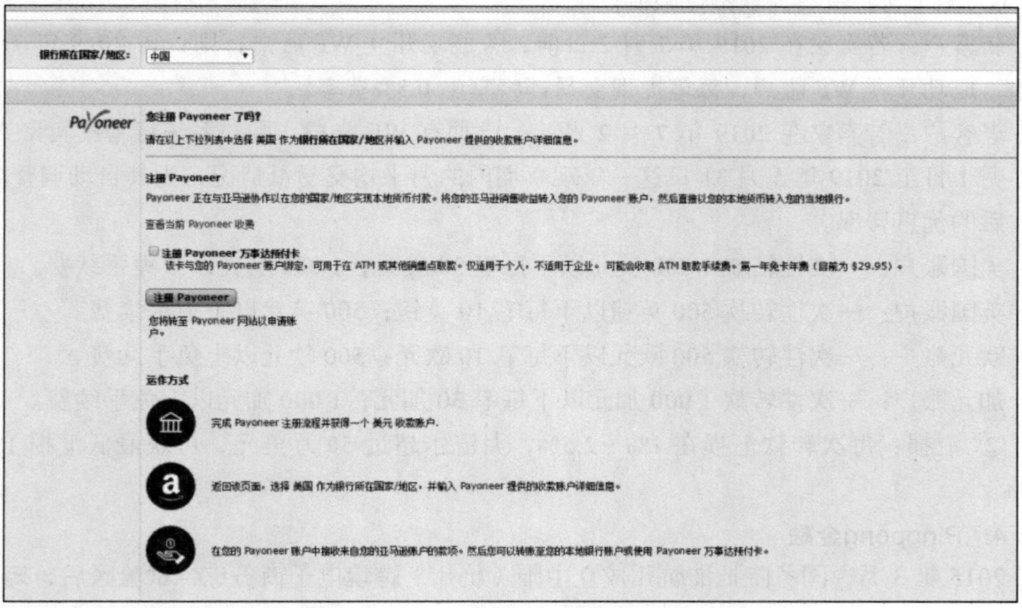

图 9-2 亚马逊平台绑定 Payoneer 收款

③ Payoneer 审核通过后，会向注册邮箱发来一封确认邮件，并提供卡号等信息。

④ 重新选择银行账户所在地为“美国”，把 Payoneer 邮件提供的银行信息填写在亚马逊页面，完成收款账户的绑定。

3. 万里汇（World First）

（1）介绍

万里汇（World First）是一家注册于英国的顶级国际汇款公司，在英国、美国、澳大利亚、新加坡、中国有办公室，提供 24 小时中文电话服务。自 2004 年起，万里汇通过提供比传统银行更有针对性的专业服务，成功为 100 000 名个人和企业客户兑换过 600 亿英镑。通过专业及个性化的服务以及定制科技，万里汇的企业和电子商贸部门帮助中小企业及跨境电商卖家在国际市场上拓展业务。对面向美国、英国和欧元区（如德国、法国、西班牙和意大利）市场销售货物的中国销售商，万里汇可分别提供美国、英国和欧元账户。提现时，万里汇会将款项自行打到卖家绑定的法人私人账户或者对公银行账户里。

个人或公司身份均可申请万里汇账户，个人账户与企业账户享有完全同级别的功能。一个万里汇账户可支持多个亚马逊店铺。例如，卖家有 5 个美国亚马逊店铺，那么可以将这些店铺的链接提供给万里汇，就可以开通 5 个子账户分别接受不同店铺的款项。同时，收到的款项可以转换为任何货币提到香港或内地，且没有 5 万美元的外汇管制。万里汇作为一个外汇公司，可以在货币转换的过程中提供高于市场价的汇率。

（2）收费

万里汇收费标准如下。

① 无年费，没有提款额度限制。

新客户：若卖家在 2019 年 7 月 2 日前，未成功开立 WF 账户，则：自 2019 年 7 月 2 日起，成功开立 WF 账户，每笔提现交易都将享受 0.3%费率。

老客户：若卖家在 2019 年 7 月 2 日前，已拥有 WF 账户，则：系统将考察卖家 2018 年 6 月 1 日至 2019 年 5 月 31 日这一年观察期内的月平均交易量情况，为其自动调整活动生效后的优惠费率。

美国账户：一次性转款 1 000 美元以下每笔 30 美元；1 000 美元以上免手续费。

英国账户：一次性转款 500 英镑以下每笔 10 英镑；500 英镑以上免手续费。

欧元账户：一次性转款 500 欧元以下每笔 10 欧元；500 欧元以上免手续费。

加元账户：一次性转款 1 000 加元以下每笔 30 加元；1 000 加元以上免手续费。

② 汇损：每次转款汇损在 1%～2.5%，月流水超过 50 万美元，可获最低汇损 1%～1.5%。

4. Pingpong金融

2015 年 3 月，国务院批准杭州成立中国（杭州）跨境电子商务综合试验区后，筹备 2 年拥有“中国血统、美国背景”的跨境支付平台 PingPong 金融顺势在杭州应运而生，并同时在美国开设了分部。目前，使用 PingPong 金融进行收款的亚马逊卖家在杭州、深圳、广州、上海、江苏都有分部。PingPong 金融在美国取得美国 FinCEN（美国金融犯罪执法局）签发的货币服务企业执照，按照美国金融机构标准接受监管，业务方案经过合作商业银行从中国总部到境外机构的多重合规检验。因此，PingPong 金融既能够保障卖家亚马逊境外收款账号的安全，同时也能保障从银行收款到资金回国的整个系统安全可靠。表 9-3 对比了亚马逊平台这三种第三方收款方式的适用性与收费标准。

表 9-3 亚马逊平台三种第三方收款方式

	万里汇	派安盈	PingPong 金融
申请资质	个人/公司身份均可申请	个人/公司身份均可申请	公司身份可申请，通过企业主体账号为该企业下面的其余个人店铺开设账号，不支持没有公司营业执照的个人独立申请账号
安全性	老牌支付公司，接受美国、英国政府，以及我国香港特别行政区政府监管，安全有保障	Amazon 官方推荐，安全、快速。老牌支付公司，接受美国、欧洲政府监管。持有 MSB US 以及 E-MoneyLicense（金融监管牌照），人民币结汇并受中国国家外汇管理局监控，也是 Amazon 官方推荐的安全的收款方式	接受 FinCEN（美国金融犯罪执法局）监管，受中国和美国政府监管，作为国内本土企业也得到了当地政府的支持，美元账号由中国四大银行在美国的支行签发
手续费到账时效	唯一收费 1%～2.5%汇损费用，无开户费，无管理费，无年费，T+1：隔天到账	有卡账户有卡片管理费 29.95 美元，无卡账户免管理费。美国初始账户入账收 1%，银行转款转出时收 2%，无汇损，无结汇限制。欧元、英镑账户入账免费，只有使用银行转款到当地时收取 2%，无汇损。按照累积入账金额系统自动给予手续费永久优惠，最低只需要 1% 官方告知：2～5 个工作日，普遍 1～3 个工作日到账，最快时当天到账	无入账费，管理费，所有客户每笔提款收取 1%手续费，无汇损及其他费用 正常 1～3 个工作日，最快当日到账
开户费用	免费申请	免费申请	免费申请
卡的性质	后台在线账户管理，有独立客户经理管理账户	后台在线账户管理，有卡账户配套万事达美国银行卡	后台网银账号
亚马逊账号	可以绑定多个 Amazon 账号	可以绑定多个 Amazon 账号	可以绑定多个 Amazon 账号
提款方式	自行汇至卖家绑定的法人私人账户或者对公银行卡	ATM 取现+网上自助转款	网上自助转款到对公账户或法人的私人账户

资料来源：作者根据各公司的公开资料整理。

9.2 速卖通平台结算方式

9.2.1 速卖通平台的收款规则

1. 不法获利规则

不法获利是指卖家违反速卖通规则，涉嫌侵犯他人财产权或其他合法权益的行为。速卖通认为的不法获利类型有：（1）诱导买家违反正常交易流程获得不正当利益；（2）刊登或者提供虚假的商品、服务或者物流信息骗取交易款项；（3）账户关闭后仍然注册、使用其他账户的。速卖通平台对于不法获利的行为，一律给予关闭账户的处理。

2. 付款规则

速卖通给卖家放款需要同时满足两个条件：（1）买家确认收货并同意放款；（2）平台查到货物妥投的信息。

对于卖家使用 TNT、UPS、FedEx、DHL、EMS 等五种物流方式发货的，系统会自动核实物流情况。在买家收货期内，系统核实物流妥投且妥投信息与买家收货地址信息完全一致时，会自动提醒买家在 7 天内确认收货，如超时未确认收货则 7 天后自动确认收货并放款给卖家；在买家收货期内，如果系统核实显示货物有投递到买家国家的物流信息，只是未显示正常妥投，只要买家确认收货且卖家能够提供物流出具的妥投证明，系统也会放款给卖家。

对于卖家使用其他物流方式[航空包裹、SF（顺丰）]发货的，系统设定的收获超时时间为 30 天（除卖家延迟收获期的订单外，此类订单发货期以实际延长后的期限为准）。若买家未在规定时间内确认收货，系统将自动确认买家收货，并核对物流状态。若物流妥投则给卖家放款；若未妥投（不包含货物退回的情况），系统会将该笔订单冻结 180 天，在此期间客服人员会不断与买家联系以询问收货情况。

为确保平台顺利查询货物妥投信息，卖家应注意保留发货过程中的所有单据，如发货单、收据等凭证，建议保留 6 个月以上；保持与快递公司或者货代公司的联系，若卖家选择的运输方式的物流官网上长时间无法查询到货物妥投信息，应督促快递公司或者货代公司进一步了解货物的物流状态；保持与买家的联系，提醒对方及时确认收货并同意放款。

3. 付款时间

速卖通根据卖家的综合经营情况（如纠纷、评价、退款等数据指标）评估订单放款时间。一般放款时间有以下 3 类：发货后 3～5 天进行放款；买家保护期结束后（买家确认收货或者买家确认收货起超时再加上 15 天）放款；发货后 180 天放款。速卖通的放款方式如表 9-4 所示。

表 9-4　速卖通的放款方式

账号状态	放款规则			
	类型	放款时间	放款比例	备注
账号正常	提前放款	发货 3 个自然日后（一般 3～5 天）	70%～90%	比例根据账号经营表现有所不同
	一般放款	买家保护期结束后	100%	无
账号关闭		发货后 180 天	100%	无

9.2.2 速卖通平台的收款方式

国际支付宝是支付宝为从事跨境交易的国内卖家建立的资金账户管理平台，包括对交易的收款、退款、提现等主要功能。使用国际支付宝的客户群体主要是速卖通（AliExpress）、阿里巴巴国际站会员；支持的币种目前只有人民币和美元两种。

1. 国际支付宝的交易流程

国际支付宝的简易交易流程为：确认订单—买家付款—卖家发货—买家收货—卖家收款。买家确认放款之后，系统会自动查询订单中货运跟踪号的状态，如状态正常，订单款项将会自动支付给卖家，订单结束。

2. 国际支付宝银行账户的设置

第一，用户可以从“提现账户管理”页面中，人民币或者美元账户信息中的设置银行账号入口到达设置银行账户功能页面；或者到我要提现→提现到银行账户设置功能，进行银行账户的设置。

第二，用户可以在此添加美元或者人民币账户提现银行账号。

第三，用户可以设置三个美元账户提现银行账号，美元账户提现银行账号需要区分是个人账户还是公司账户。

3. 国际支付宝的收费

国际支付宝的费用包括以下几个部分。

（1）平台费用。国际支付宝（Escrow）服务对卖家的每笔订单收取3%（中国供应商会员）或5%（普通会员）的手续费。这两种手续费目前是全球同类支付服务中最低的费用。

（2）提现费用。美元提现金额必须大于16美元且有15美元的手续费；人民币账户提现不收取手续费。

4. 国际支付宝的收款币种

买卖双方在通过国际支付宝进行交易时，若买方支付的是美元，则卖方收的款可以是美元也可以是人民币，具体收款方式如表9-5所示。买家通过信用卡支付时，国际支付宝会按照买家支付当天的汇率将美元转换成人民币支付到卖家的国内支付宝或银行账户中；买家通过T/T银行汇款和PayPal支付时,国际支付宝将支付美元到卖家的美元收款账户中。

T/T（Telegraphic Transfer）是指电汇，即汇出行应汇款人申请，拍发加押电报\电传或SWIFT（银行结算系统）给在另一国家的分行或代理行（即汇入行）指示解付一定金额给收款人的一种汇款方式。T/T是国际货款结算的基本方式之一，在大型货款交易中使用较多。

Moneybookers（网络电子银行）是一家极具竞争力的网络电子银行，它诞生于2002年4月，是英国伦敦GatcombePark（加特科姆公园）风险投资公司的子公司之一。2003年2月5日，Moneybookers成为世界上第一家被政府官方所认可的电子银行。Moneybookers电子银行里的外汇可以直接转到我国国内的银行账户里，其最大的优势在于不用申请美元支票，可由多个国际中介公司提供兑换人民币的业务。另外，也可以直接把美元、欧元转账到客户国内的外币存折或卡上，如中行的“本/外币一本通”或招行的一卡通借记卡等。

Boleto（巴西支付方式）的全称是Boleto Banc，是巴西地区主流的现金支付方式，受巴西中央银行监管的巴西官方支付方式。客户可以到任何一家巴西银行、ATM机、Caipiao网点或使用网上银行授权银行转账。

QIWI是俄罗斯领先的支付服务提供商，它运营着俄罗斯最大规模的自助购物终端设备，以及提供在线支付和手机支付服务，是俄罗斯最大的自助购物终端及网络支付平台。

WM 的全称是 WebMoney，是由成立于 1998 年的 WebMoney Transfer Techology 公司开发的一种在线电子商务支付系统，其可以在包括中国在内的全球 70 个国家使用。WebMoney 系统中有不同货币的电子钱包：WMR—俄罗斯卢布、WMZ—美元、WME—欧元、WMU—乌克兰格里夫纳、WMB—白俄罗斯卢布、WMG—存放在认证存储区的黄金仓储单、WMV—预付费的越南盾。它是俄罗斯较为主流的电子支付方式，在俄罗斯各大银行均可自主充值取款。

表 9-5　　速卖通常见的支付方式

支付方式	主要流通国别	特点
信用卡（Visa Card/master card）	速卖通主流的支付方式	开通 3D 密码
借记卡	全球流通	
T/T 银行汇款	全球流通，速卖通用得很少	大额交易较为方便
Money bookers	欧洲主流的支付方式	在线支付
Boleto	巴西主流的支付方式	在线支付，支付限额 1～1 000 美元
Qiwi Wallet	俄罗斯主流的支付方式	地位相当于支付宝，支持西联汇款
Web Money	俄罗斯	

9.3 Wish平台的结算方式

9.3.1 Wish平台的收款规则

1. 付款的政策、基本原则

所有在发货前被要求退款的订单都不符合付款条件，即如果卖家明知道该订单被取消还强行发货，Wish 平台不会对该订单进行付款。对于 Wish 平台来说，满足以下条件的订单可以被正常付款：（1）将货物发出且必须为有效订单；（2）在系统中将有限订单标记为已发出，也就是在系统里发货；（3）提供对应订单的有效运单号。

2. 付款时间与付款方式

凡是已经配送成功的订单在确认妥投后将立即转为可支付状态，即 Pay-on-delivery；如果无法确认妥投，订单将在标记为发货的 90 天后才能被放款。

Wish 平台在每个自然月的第一天对前一个月的有效订单进行付款。付款方式有 3 种：（1）派安盈（Payoneer），中国账号或者国际账号；（2）易联支付（PayEco），只需要一个中国的银行账号，最便捷；（3）Bill.com 的电汇或者支票支付，其中电汇支付只针对美国的个人账户。

9.3.2 Wish平台的收款方式

1. 派安盈（Payoneer）

卖家需要登录 Wish 卖家后台，在“Payment Setting”（付款设置）下的提供商选项中选择 Payoneer，并单击“注册”。在线注册完成之后，Payoneer 账户就和 Wish 完成了绑定，平台将会根据卖家的选择将货款定期转到 Payoneer 账户中并立即入账，同时卖家也会收到入账通知邮件。

当卖家在 Wish 平台上完成 Payoneer 账户绑定后，系统将会以邮件的方式通知并告知其专属的 Payoneer，然后万事达将会通过 DHL 从美国寄出。DHL 发出后，卖家将会收到 DHL 跟踪号码的通知邮件，寄卡时间为 4～7 个工作日。卖家收到卡后，要激活并完成身份验证。

2. 易联支付（PayEco）

PayEco 提供跨境人民币支付业务，采用银联国际的汇率。其中跨境人民币支付业务是由中国人民银行广州分行于 2013 年 1 月在全国先行推出的，在对外电子商务 B2B、B2C 贸易中，以人民币作为支付结算货币。2013 年 1 月，PayEco 经相关的跨境人民币支付业务申报，成为跨境人民币支付业务首批先行服务机构；易联支付于 2013 年 1 月 4 日完成全国首笔第三方支付机构跨境人民币支付交易。其明显的优点有 3 个：第一，直接用人民币结款，款项直接划到国内银行账户，无须 PayEco 账户；第二，到账时间仅需 1～3 天；第三，手续费是总款项的 1%。

3. Bill.com

使用 Bill.com（美国云支付平台）进行付款活动的基本步骤为：第一，输入姓名、企业名称、邮政地址、邮件、手机号码等信息进行注册；第二，当 Wish 平台收到款项时，Bill.com 既可以提供电子转账，也可以提供支票；第三，一般 ACH 处理时间是 3～5 个工作日，每笔收取费用 0.49 美元；美国或者国际纸质支票则需 5～21 个工作日不等，每笔收取费用 1.49 美元。

9.4 客服

9.4.1 电商客服

1. 电商客服简介

电商客服是指以客户为导向，为其提供服务并使之满意。从广义上讲，任何能够提高客户满意度的内容都在客户服务的范围之内，一般国内客服的沟通方式是电话或者即时沟通工具。更具体地说，电商客服是承接客户咨询、订单业务处理、投诉，并通过各种沟通方式了解客户需求，与客户直接联系以解决问题，一般跨境电商客服的沟通渠道是电子邮件或者电话。

2. 电商客服知识储备

（1）熟悉主营产品的内涵和外延，能够提供专业而又全面的产品信息咨询服务，从产品相关系数到使用说明再到常见问题的解决，都要熟练掌握。

（2）了解相应平台买家购买的流程、支付方式，常见问题及解决方法，以便指导买家进行购物。

（3）熟悉平台费用体系以及产品定价公式。

（4）熟悉常用物流渠道的到货时间和查询方法。

（5）熟悉常规问题的解决方法，流程化解决一般性的问题。

（6）熟悉境外买家的消费习惯和消费性格，如购物时间、忌讳、热门节目等。

3. 电商客服工作内容

（1）售前客服。售前客服是指在订单成交之前，为买家购物提供相关指导，包括购物流程、产品介绍以及支付方式等。在产品方面，售前客服应该熟悉产品的功能和兼容性、相关细节明细、包裹内件详情等；在产品交易方面，售前客服应掌握付款方式和付款时间等交易流程；在物流方面，售前客服应该熟悉运送地区和运送时间、能否提供快递、能否挂号等物流信息；在费用方面，售前客服应掌握合并运费、批发购买、关税、是否能优惠等费用信息。

（2）售后客服。售后客服在产品销售之后，为客户提供订单查询跟踪指导、包裹预期到货时间咨询以及产品售后服务对接工作。售后客服的工作内容主要有 3 个部分：第一，查找产品有没有送达的原因。产品没有及时送达的原因可能有下单漏下、仓库漏发、货运丢失、客户地址不对、相关信息不完善以及海关安检、清关等。第二，与产品描述不符。产品的不符分为货不对、货对，东西不符合、货对，东西也符合，但与客户预期不符 3 种情形。第三，其他主动售后服务。例如，联系客户告知付款状态，订单确认和处理的相关信息；分阶段联系客户提供包裹物流状态信息；不可抗力导致包裹延误、物流滞后等相关通知；对问题产品同类订单主动沟通联系；新品热卖产品推荐及店铺营销活动邮件推送。

9.4.2 售后评价

1. 售后评价

买家在收到货物后，会根据产品、物流问题进行评价。如果产品与描述一致，物流也及时，客服服务态度好，就会留下好评；如果产品与描述不一致，物流不及时，则会留下中差评。无论是好评还是中差评，卖家都要及时跟进与回复，做好售后服务工作。

2. 信用评价

信用评价是指交易的买卖双方在订单交易结束后对对方信用状况的评价，包括五分制评分和评论两部分。信用评价的买卖双方可以根据实际情况互相评价，其中就包括卖家分项评分。对于速卖通来说，卖家分项评分是指买家在订单交易结束后以匿名的方式对卖家在交易中提供的商品描述的准确性、沟通质量及回应速度、物流运送时间合理性三个方面的服务做出的评价，是买家对卖家的单向评分。所有卖家全部发货的订单，在交易结束 30 天内买卖双方均可评价。对于信用评价，如果双方都未给出评价，则该订单不会有任何评价记录；如果一方在评价期间做出评价，另一方在评价期间未评，则系统不会给评价方默认评价。

3. 好评率和商家信用积分的计算

若相同买家在同一个自然旬内对同一个卖家只做出一个评价，则该买家订单的评价星级则为当笔评价的星级；若相同买家在同一个自然旬内对同一个卖家做出多个评价，则按照评价类型分别汇总计算，即好中差评数都各计一次；在卖家分项评分中，同一个买家在一个自然旬内对同一个卖家的商品描述的准确性、沟通质量及回应速度、物流运送时间合理性三项中某一项的评分计算方法如下：平均评分=买家对该分项评分总和/评价次数。值得注意的是，以下3种情况不论买家给出差评还是好评，仅展示留评内容，都不计算好评率即评价积分：（1）成交金额低于5美元的订单；（2）买家提起未收到货纠纷，或纠纷中包含退货情况，且买家在纠纷上升到仲裁前未主动取消；（3）运费补差价、赠品、定金、结账专用链、预售商品等特殊商品的评价。

4. 其他

好评率=6个月内好评数量/（6个月内好评数量+6个月内差评数量）；

差评率=6个月内差评数量/（6个月内好评数量+6个月内差评数量）；

平均星级=所有评价的星级总分/评价数量；

卖家分项评分中各单项平均评分=买家对该项评分的总和/评价次数。

9.4.3 处理售后服务

1. 买家未收到产品时的纠纷

买家未收到产品时的纠纷处理步骤应为：第一，查看纠纷原因；第二，搜索详情；第三，判定是接受纠纷还是拒绝纠纷。具体的操作步骤可以分为以下两步：第一，通过站内信向买家解释；第二，向平台提交拒绝的理由，即如果有充足的证据表明买家已经收到货，那么向平台提交相关的物流单据以拒绝买家的投诉请求。

2. 产品质量的纠纷

产品质量纠纷的处理步骤应是：第一，分析纠纷的原因；第二，判定是接受纠纷还是拒绝纠纷；第三，提供一定的解决方案。与之相对应的操作步骤为：第一，与买家协商，了解买家的真实诉求与不满；第二，如果真的有销售方质量问题，应同意买家提出的解决方案。

9.4.4 客户维护

客服的工作内容可分为两个部分：一个是维护老客户，另一个是开发新客户。以速卖通为例，老客户的维护途径主要通过速卖通的邮件营销、WhatsApp（瓦次普）、Skype等聊天工具营销。在维护老客户时，要注意营销的频率应该与客户的等级成正比关系，即客户的等级越高，发的邮箱数或者聊天频率应更多或频繁。在发送邮件时，邮件内容应包括此次发邮件的主题、促销原因、表达对客户支持店铺的感谢，最好是提出个性化的客服信息。

开发新客户可利用社交媒体进行推广营销，推广方式可以选择添加兴趣标签、互动、图片和短视频等。

复习思考题

1．亚马逊、速卖通、Wish 三个跨境电商平台在付款方式上各有什么特点？

2．跨境电商支付手段除了书中提到的，还有哪些是比较常用的？

3. 跨境电商平台在进行售前服务和售后服务时，存在哪些对平台不利的风险？该如何避免？

小组活动

1．以小组为单位，分别在亚马逊、速卖通、Wish 三个平台上进行实际操作来体验三者在注册、支持货币等方面的异同。

2．除了书中的三个平台，再找一个跨境电商平台来分析收款和货币方面的特点。

课外延伸

课外延伸

跨境电商
支付流程

练习题

第 9 章

第 3 部分
跨境电商运营策略

第 10 章

新品发布策略

学习目标

了解新品发布的基本步骤和流程。

了解在亚马逊平台上架商品前需要准备的内容。

掌握在亚马逊平台新品发布首月的运营策略及注意事项。

学会应用本章知识在亚马逊平台发布并运营新商品。

关键词

新品发布　竞品分析　工厂订货　上架信息　店铺运营

经过前期的一系列准备，商品终于进入发布阶段。这时卖家需要制定相应的发布策略，为后期新品的顺利运营打下基础。本章将以亚马逊平台为例，详细介绍新品发布的整个流程，包括发布前的准备以及发布后的运营。通过本章的学习，大家将了解新品发布策略制定的基本流程，掌握商品上架前需要准备的相关内容及上架后店铺运营的注意事项。

10.1 上架前准备

商品的上架并不仅仅是将商品上传到销售平台这么简单，而是需要做好一系列的准备。在上架新商品之前，卖家需要对其进行前期的数据调研、商品备货和上传材料的整理。

10.1.1 前期的数据调研

1. 上架时间

上架时间的选择主要是基于对该类商品近一年 listing 的监测，卖家应当综合自身的情况和市场的销售规律选择适当的上架时间。卖家可以顺应市场规律在销售旺季推出自己的商品，也可以选择更冒险的销售淡季上架商品。如果卖家对自身的定位为大卖家，且对本次推出商品的竞争力充满信心，可以优先考虑旺季销售，凭借自身所具备的市场优势，有效推出新品，进一步巩固市场地位。如果卖家对自身的定位为小卖家，可以考虑逆销售旺季进行新品上架，这样可以让自己面临更小的市场竞争压力，却有更大的可能获取更多消费者的关注，从而为之后销售旺季的促销盈利打下一定的市场基础。

2. 竞品分析

商品上架前的竞品分析主要是针对同板块上架的商品进行的，因此卖家首先要了解同板块（一般精确到 3 级目录）内上架的商品主要有哪些。一般来说，对较小的板块选取历史销量排名前 50 的商品即可。找到相应竞品后，卖家接下来便可以进行商品页面评论（Review）、自然搜索排名、每次点击付费（CPC）广告排名、站外推广等各方面的比较。通过对同期竞品进行比较，卖家便可以确定自身在商品上架时的宣传重点以及销售策略。

（1）商品评论增长情况

商品评论作为考察一件商品的核心指标之一，反映了一个商品的出单情况，对卖家来说具有很好的参考意义。一般而言，亚马逊的留评率为 10%，即每多出 1 个评论将多出 10 单，卖家可以据此对商品出单量有一个大致的估算。不同类别的商品会有不同的销售寿命，因此出单量可能会存在差异。但一般而言，评论量在 500 以上的商品竞争压力巨大。

亚马逊的商品评论是历史累计的，因此得到的出单量也为该商品上架以来的历史累计量。卖家也可借助软件查看商品编码报告，了解商品评论的每日增长数量，从而对商品的竞争力走势做出更好的判断。

（2）自然搜索排名

商品的自然搜索排名对商品的销售也有着极大的影响，卖家应该逐一搜索上架商品准备设定的关键词，对比搜索结果中排名靠前的商品，比较其自然位和广告位的排名差异。

（3）每次点击付费广告排名

CPC 是“Cost Per Click”的英文缩写，中文名称为每次点击付费广告。当用户单击某个网站上的 CPC 广告后，这个站的站长就会获得相应的收入。通过调查竞品 CPC 的排名情况，卖家可以了解相应竞品的补货情况、价格趋势和参加活动情况，据此调整自身商品上架后的销售策略。

（4）站外推广情况

除了关注竞品在站内的推广情况，卖家还应关注竞品在站外的其他推广方式，如网络测评师、产业相关网络红人的网络推销。

（5）配套工具

“工欲善其事，必先利其器”。现在市面上有很多供跨境电商卖家使用的信息收集软件，如 keepa 插件、ASIN spector、JS、ASINSPY、sellerOS[跨境卖家操作系统（平台）]工作室等。卖家可以根据自身的需求和操作习惯，熟练掌握和运用其中的 1～2 个即可对竞品进行较为全面的分析。

（6）竞品分析的目的

卖家在进行竞品分析时一定要牢记，竞品分析的目的是通过分析竞争对手的操作手法，标定目标竞品，跟踪竞品表现，进而进行卡位，直到打败目标竞品。卖家所有的分析都应该为打败目标而服务，因此上述方法和工具只是起着借鉴的作用，卖家可以通过自身的理解在上述内容的基础上增加、改进，以更好地实现打败目标竞品的目的。

10.1.2 工厂订货

1. 订货数量

卖家从厂家订货时，首先要参考市场上同类商品的销量以确定自身的需求数量，其次要根据商品特质判断其在运输过程中的损耗，最后要考虑商品一旦出现滞销而产生的存储或退货成本。卖家应综合上述因素确定自己最终的订货数量。

2. 物流方式

物流方式主要有海运、空运、快递等，不同的物流方式有着不同的特点。卖家选择物流方式时，应考虑商品自身的特性，如易碎性、保鲜时长、大小规格、是否易受潮等。在保证商品能够安全运达的基础上，卖家还应考虑物流的成本问题，经过综合考虑选择高效且优惠的物流方式。

3. 样品

卖家在订货之前，还可以要求厂家寄送样品。收到样品后再订货，一方面可以对样品有一个深入的了解，另一方面可以将样品作为厂家发送货物的标的，以确保厂家发送货物的品质。

10.1.3 上架信息准备

1. 定价

商品的价格是卖家销售商品决策中最重要的一环。卖家在为商品定价时，既要及时了解市场中类似商品的价格波动范围，也要充分考虑自身商品的特点，同时还要明确商品在市场中的竞争优势，以确定应该使用的价格策略。当然，在考虑这些因素之前，卖家要详细了解整个销售流程中将要产生的成本和费用，以确保卖家能够获取符合预期的利润空间。

2. 商品文案

商品的信息展示文案是消费者获取商品详细信息的唯一渠道，因此卖家要尽可能将与商品相关的重要信息以简洁明了的表述方式在文案中体现出来。卖家可以参考至少 10 家的同类商品的文案，但应该注意突出表现自己商品的特色，以便与同类其他商品区分开来。

3. 图片

消费者往往会根据看到的图片对产品形成第一印象，因此商品图片的质量是影响商品销量的重要因素。卖家可以参考销量最高的同类商品的文案图片，了解消费者关注的兴趣点，再根据自身商品特点确定应该展示的商品图片及内容。

平台展示图片通常会有数量限制，因此卖家要充分利用图片，阐述商品细节，体现商品亮点。商品图片通常需要包括商品细节图（详述重点细节，1～2 张）、功能图（突出商品卖点，2～3 张）、场景图（表现产品使用场景，1～2 张）、尺寸图（通常带参照物，1～2 张）、全家福（囊括所有型号商品，1 张）。当然，除了这些常规图片外，最重要的还是主图的选择，通常主图最能展示卖家想要传递给消费者的卖点。

4. 关键词

关键词也是跨境电商卖家吸引消费者的重要信息。很多消费者会根据自己的需要进行关键词检索，以提高购买效率。因此，卖家的关键词需要广泛而又准确。要做到这两点，卖家首先应建立自己的关键词词库，词库中要包含同类商品的热门关键词以广泛获取消费者的点击，还要包含体现商品特色的关键词以准确吸引目标消费者的注意。

具体来说，卖家首先可以利用相关软件检测竞争对手的关键词设定和商品流量，据此形成关键词词库。接着从词库中按消费者关注重点的顺序形成标题，形成的标题尽量要突出清晰的特色，以促使目标消费者迅速确定目标商品。

10.2 上架第一周

10.2.1 完成亚马逊品牌注册

亚马逊品牌注册是面向要在亚马逊平台上注册其品牌的品牌所有者的一项计划，该计划可实现更好的品牌控制和营销功能。品牌注册包括详情页面上的图文版品牌描述、亚马逊头条搜索广告以及亚马逊品牌旗舰店等。头条搜索广告和亚马逊品牌旗舰店的相关内容在第 8 章已经详细介绍，这里我们主要讲述详情页面上的图文版品牌描述的内容。

图文版品牌描述可以使品牌所有者修改品牌商品编码的商品说明字段。卖家可以通过添加独特的品牌故事、高质量的图片以及文字展示描述商品功能。将图文版品牌描述添加到商品详情页，有助于提高商品的转化率，增加流量和销售额。

1. 完善商品描述，以提高转化率和销售额

卖家利用详细的商品图片和其他文本提供更全面的商品描述，有助于吸引更多的买家，并通过解决他们的常见问题来推动其更快做出正确的购买决定。商品描述可以包括商品详情信息页上未涉及的商品详细信息和功能，为买家提供更多详细的信息。这样不仅可以帮助买家做出购买决定，而且可以防止卖家承受销售损失。

2. 添加品牌简介，以提高买家对品牌的认知度

提供独特的品牌简介有助于提高品牌知名度，并赢得买家的信任。同时，也能为卖家

的品牌赋予独特的价值主张，并提高重复购买率。

在详细信息页面的图文版品牌描述（EBC）部分添加有关品牌独特故事的内容，可以帮助卖家将品牌价值展现给买家。值得注意的是，提交的内容不能是唯一的品牌故事内容，必须包含一些商品内容。此功能面向已通过 Amazon 的品牌注册流程，被批准为品牌所有者的卖家。一旦被批准为品牌所有者，卖家将有资格把图文版品牌描述添加到作为批准的品牌目录的商品编码中，但不能向不属于卖家品牌的商品编码中添加内容。

10.2.2 完成商品上传

在上传商品之前，卖家首先要找到商品所销售的品类，查看其是否需要审核，如需审核则必须进行销售申请。亚马逊严禁销售非法商品或在受限商品政策中说明的其他商品，必要时官方系统可能会移除被允许在网站上销售的商品。卖家在发布商品前，应该仔细查看并了解官方政策，以免影响销售及账户安全。当卖家使用“添加新商品”发布商品时，亚马逊官方可能会要求提交相应资质，通过审核后才可以开始销售。在线销售时，提供高质量的图片至关重要，因为买家在无法实地查看和触摸实际商品的情况下，只能依赖商品图片进行判断。这时卖家可借助第三方图片提供商，了解他们的解决方案是否可以满足买家的需求。

10.2.3 完成商品详情页

亚马逊对商品详情页的要求是简明，所以卖家在创建优化商品页面时，一定要明白每一步的核心意义和操作方法有没有争取到最大核心价值。例如，商品主图应该对买家具有足够的吸引力，以提高买家对商品的兴趣；而详情图则需要把商品的全面细节展示出来，包括卖点的展示、功能性的描述、场景图的展示以及尺码的补充。另外，卖家还要注重商品信息本地化和完整性，注意当地消费者的购买习惯，注意习惯用语、尺码等。

10.2.4 赢得黄金购物车

商品上架第一周的目标主要是吸引消费者流量，因此获取黄金购物车是一种不错的方式。卖家可以利用亚马逊自动定价功能设定规则，使商品价格在设定的范围内自动调整以赢得黄金购物车。具体操作可以参考以下内容。

（1）商品上传第一周，对于购买不留评的订单，可通过抽奖送赠品、测评的方法提高留言评价数量。

（2）实施测评计划，保证销量的连续性，前期保证 20%的留评率。

（3）问答（Q&A）准备。设定问题能消除消费者对商品的疑虑，保证每天增加 1 个问答，保持链接的活跃性，或是增加商品评论，在问答和评论中埋入关键词和卖点。

（4）开启点击付费广告。一般而言，卖家可以先选择自动广告，然后根据商品的销售情况再选择向固定的消费群体精准投放广告。

（5）申请秒杀，与账户经理建立畅通的合作渠道，进行沟通以寻求支持并争取相应的流量资源倾斜。

（6）A+页面制作。A+页面是对店铺或者品牌定位的阐述和展示、商品销量和受欢迎程度的展示、商品的好评和差评的完善以及店铺的售后处理。简单来说，A+页面就是让消费者对卖家商品、店铺及品牌产生信任和认可。当消费者感觉店铺和商品很靠谱时，就会主动排除同类商品竞争对手，选择购买该店铺的商品。

（7）准备优惠券。卖家还可以通过向消费者发放限时优惠券的方式吸引流量。一般而言，抵减金额给消费者留下的印象比打折更深刻，更容易吸引消费者。

10.3 上架第二周

10.3.1 准备亚马逊物流

使用亚马逊物流可以帮助卖家提升商品的浏览量和曝光率，触及优质亚马逊 Prime 级会员，提高转化率；同时还可以帮助卖家降低成本，亚马逊物流支持灵活的付费模式，无最低费用、设置费或月租金，以最大限度地便利买卖双方，大幅度提高买家满意度和后台绩效。另外，亚马逊还会帮助卖家为买家提供 7×24 小时的专业客服支持，处理订单、拣货、包装和发货，使买家可享受适用的亚马逊免费配送和加急送货。

请参照第 7 章跨境电商物流中的亚马逊物流操作流程。

10.3.2 收到首个订单

卖家收到首个订单后，面临的问题主要是如何处理新订单、如何与买家进行很好的沟通以及如何处理退货。当买家购买卖家商品时，卖家可以在订单管理页面看到订单详情并进行相应处理，包括配送服务、打印标签和装箱单以及取消订单。

对于自发货的订单，订单生成后可以在后台订单管理中看到订单详细信息；获得订单号后，在订单处理页面单击“确认发货”按钮，填入订单跟踪号以及相关物流信息，保存结束，这个订单就视为已被处理；对于亚马逊物流的订单，卖家则不需要做任何操作，亚马逊会负责商品的装拣、打包、配送。

系统默认发货时间是两天，这个发货时间可以在后台进行设定，卖家如果超过设定的发货时间发货，将会影响及时发货率。同时，卖家必须在订单日期 30 天内向亚马逊确认订单发货；否则，亚马逊将自动取消订单，而且即使卖家已配送订单，也不会获得付款。在第 30 日截止日期前一周，卖家可以在管理订单中看到一条警告（请在限定日期前确认发货，以免订单被取消）。如果在发货（没有单击确认发货）之前，买家以邮件方式提出取消订单的请求，可以先联系买家，咨询取消订单的具体原因，如果买家执意要取消或没有回复，并且开启了取消订单的申请，就在订单处理页面单击取消订单按钮，关于取消原因选择买家取消就可以，这样不会影响卖家绩效。如果已经单击确认发货，可以让买家单击拒收，并在订单管理页面给买家退款，建议尽早退款以免产生差评。

10.3.3 每日工作

商品上架后第二周工作的目的，主要是在第一周吸引流量的基础上获取进一步增加和稳固流量。第二周的具体操作可以参考以下内容。

（1）保证每天持续有单，以获取 Amazon choice（亚马逊精选）或者 Hot new release（新品上市）推荐位，从而有效稳固产品的流量。

（2）文案微调：找到热门点击广告里的关键词，将它们融入搜索关键词、标题、物品特性、商品描述。

（3）可以邀请已购买消费者进行评论，保证商品评论数量至少为 10 个。

（4）准备抽奖活动（Giveaway）。进行 3～4 轮抽奖活动，中奖概率不要太低，使未中奖的客户可以凭折扣码底价购买，以保证销量。

（5）发放优惠券（Coupons）。发出的优惠券至少 8 折且有效期持续 1～2 周，这样可以有效提高短时间内的流量。

10.4 上架第三周、第四周

10.4.1 继续营销推广

商品推广又被卖家称为“关键词广告”，是一种利用关键词匹配用户搜索，在亚马逊平台上精准定向展示商品的广告形式，按实际点击次数收取费用。因为其靠近消费者购买的决策终端，更容易增加销售机会，主要包括亚马逊头条搜索广告、亚马逊品牌旗舰店以及秒杀等其他营销推广方式。详细内容参考本书第 8 章内容。

10.4.2 关注账户绩效

卖家指标状况一览旨在为卖家提供在客户满意度方面表现的摘要信息。它会显示卖家在订单缺陷率、取消率和迟发率方面是否达到了亚马逊的绩效期望值，在各个领域的绩效将被总结为“好”“一般”或“差”。具体指标说明如下。

1. 订单缺陷率

此项指标是指收到负面反馈、亚马逊商城交易保障索赔或服务信用卡拒付的订单占到所有订单总数的百分比。

负面反馈即 feedback，后台更新时间为 30 天、90 天、365 天。亚马逊商城交易保障索赔，是指未收到购买的商品，或收到的商品与卖家描述存在重大差异，或卖家未能根据亚马逊的商品退换货政策处理退货申请，或者买家按照买卖双方之间的协议退还了商品，但卖家收到商品后未按照协议规定办理退款。服务信用卡拒付，是指当买家对某笔向其银行信用卡扣款的购买提出异议时，亚马逊将此情况称作信用卡拒付请求。欺诈拒付意味着买家声称自己根本未购买商品，这通常与欺诈性买家使用盗窃的信用卡相关。服务信用卡拒付率等于相关时间段内收到服务信用卡拒付的订单数除以该时间段内的订单总数。此项指标与订单相关，并且以百分比的形式表示，是订单缺陷率指标的三大组成要素之一。

2. 配送前取消率

此项指标是指在相关时间段内，用卖家在确认发货前取消的卖家自行配送订单数除以该时间段内卖家自行配送订单总数得出的数值。在计算此项指标时，亚马逊会考虑卖家不管是何种原因而取消的所有订单。

3. 迟发率

此项指标是指在相关时间段内，未在预计发货日期之前确认发货的卖家自行配送订单数除以该时间段内卖家自行配送订单总数得出的数值。订单延迟确认发货可能会导致买家联系次数增加，并对买家体验产生负面影响。

4. 有效追踪率

计算有效追踪率时，亚马逊首先会计算发货时提供了有效追踪编码的包裹数量，然后除以发货并确认的包裹总数。仅当追踪编码具有至少一次承运人扫描记录时，才被视为有效。亚马逊要求卖家自行配送 95%的包裹提供有效追踪编码。

5. 准时送达率

准时送达率显示买家在预计送达时间之前收到卖家配送包裹的百分比。计算此数值时，要基于已确认的追踪信息进行。由于亚马逊使用货件追踪来计算准时送达率，因此还会显示所有包裹的有效追踪率。

6. 退货不满意率（RDR）

退货不满意率用于衡量买家对退货处理方式的满意度，指未在 48 小时内获得答复、被错误拒绝或是收到买家负面反馈的有效退货请求所占的百分比。

7. 客户服务不满意率（CSDR）

该项指标用于衡量买家对卖家消息回复的满意度。当卖家回复买家时，亚马逊会在回复的下方提供面向买家的调查：“这是否解决了您的问题？”买家可以选择“是”或“否”。客户服务不满意率，即是回复为“否”的票数除以回复总数所得的百分比。

10.4.3 每日工作

商品上架第三周、第四周的工作目标是，在第一周、第二周工作的基础上进行客户的日常维护。具体操作可参考以下内容。

（1）制定销售目标。关注产品排位，根据销售目标的完成情况和商品的实时排位情况确定下一阶段是否需要采取促销手段。

（2）销量稳固。可以通过平台的秒杀活动、参与折扣活动等方式增加销量、提升排名。

（3）文案优化。包括商品评论和 Q&A 问答的整理，对销售情况不好的商品需要进行大幅度调整，但注意频率不要过高。

（4）优化广告。主要目的是排除无效流量，可以通过开启手动广告、精准投放等方式，将转化率控制在 20%～30%。

复习思考题

1. 请对商品“女士 T 恤”进行如下新品发布的准备。

（1）前期的数据调研：包括上架时间、竞品对比分析。

（2）工厂订货的安排：推测订货数量、选择合适的物流方式。

（3）上架信息的准备：包括定价、商品文案、图片和关键词。

2. 针对以下商品发布首月内可能出现的问题，提出解决方案。

（1）商品页面点击率极低；

（2）商品留评率不足 5%；

（3）商品页面点击率一周内迅速下滑；

（4）商品页面点击率转化为销量的不足 20%。

小组活动

1. 在复习思考题 1 的基础上，设计商品“女士 T 恤”的新品发布和运营方案。

2. 扫码观看视频“后台商品报告”，学习利用报告来分析销售业绩、访问量，并把握新的商机。

商业报告

练习题

第 10 章

第11章

产品页面优化策略

学习目标

了解产品页面的浏览量。

利用易得客软件分析产品的定位。

掌握页面优化的具体策略。

尝试运用优化策略提高产品的综合竞争力。

关键词

浏览量　优化策略　搜索优化　描述优化　价格优化　图片优化

电商平台不能提供给消费者对产品的触觉和感觉体验，那么产品页面就是消费者了解产品的第一直观感受。商家吸引消费者眼球，增加浏览量的关键就是将视觉效果最大化。因此，产品详情页面优化对于商家的客户流量就显得尤为重要。一般来说，商家基于后台对店铺浏览量及销售产品曝光率的分析，从标题搜索、图片、描述、价格等四个方面优化产品页面，以获取更多流量，从而提高产品曝光率。

在完成注册和产品页面设计等一系列基础准备工作后，就进入了能检验前期工作有效性的关键环节——销售。卖家可以通过页面详情、关键词搜索和定价优化，让产品更有竞争力。本章将以亚马逊平台为例，为大家展示进行页面优化的具体策略和操作。

11.1 浏览量的查询

在确定优化策略之前，卖家首先需要对产品页面做一些关于浏览量的初步分析。查看商品浏览量的方式为：通过亚马逊卖家后台上方的报告（Reports），在下拉框中选择经营报告(Business Reports),在页面左侧选择产品销售与产品流量(Detail Page Sales and Traffic by Child Item)。其中的Page Views指的是亚马逊顾客浏览页面的次数，可以查看在亚马逊上销售产品的曝光率。通过这一数字，卖家可以更加准确地了解哪些产品容易被顾客看到、哪些产品需要提高曝光率。另外，卖家还可以利用Sessions（浏览用户数）查看在24小时内浏览页面的顾客数量。

转换率公式：转换率=曝光率×点击率

11.1.1 曝光率很高，点击率低

曝光率高意味着广告设置的关键词基本上都是热搜词，而点击率低意味着顾客对产品本身不是特别感兴趣，不愿意单击查看详情信息，即产品对他们的吸引力不够。在这种情况下，卖家就需要对产品的标题、主图、价格等进行优化提升。

11.1.2 曝光率和点击率都很高，但是没有转化

很多产品的广告展示位置好，曝光率和点击率都很高，但是销量基本没有变化，问题出在哪呢？曝光率和点击率都很高说明设置的关键词精准，发挥了广告最基本的作用，接下来的实质转化率则来源于商品详情页面，最终要靠产品本身来促进顾客消费。商品详情页面优化内容繁多，只有关注商品详情页面的每个细节，才能够让它表现得更出色，从而助力爆款的打造。

11.1.3 没有曝光率，也没有点击率

经过一段时间对数据的有效分析，导致这种情况的原因可能是广告投放没做好，可能是关键词太火爆导致广告位被挤到非常远的位置，可能是关键词太冷门导致没有多少顾客搜索点击，这时卖家就需要考虑调整关键词或者提高竞价，监控各种不同的关键词数据，及时做出调整。

这一系列分析和改进的最终目的都是提高转化率。卖家只有不断地筛选数据较好的关键词，不断地优化产品详情页面，才能够获得更高的转化率；并且转化率越高，亚马逊平台对产品推荐的概率越高，同时也会把更好的展示位置和时间留给产品，从而增加顾客看到产品的机会。这样就能形成一个良性循环，促进销量不断增长。

11.2 标题搜索优化

买家的时间非常有限，因此卖家要将产品标题设置得短小并亲切。第一，卖家要想办

法精简标题，同时保持其影响力。由于在搜索时，直接显示的并不是完整的标题，在移动端标题只会显示前 80 个字符，因此卖家要仔细斟酌前一半的标题内容。第二要加入关键搜索信息。试着想想买家搜索商品标题会使用的词，并以买家最有可能使用这些搜索词条的顺序，在标题中使用这些关键词。

一般来说，亚马逊平台上一个较好的标题需要包含以下内容：品牌名称、系列、材料或主要成分、颜色尺寸和数量。卖家要定期审核，确保标题得以优化。标题优化主要有以下六个维度：买家搜索词与产品标题关键词的匹配度（展现）；产品核心关键词与系统的匹配度；直通车推广核心关键词的匹配（优、良词）；产品标题影响产品销售的精准度；产品标题影响产品的曝光度；产品标题关键词影响产品的销量。

11.2.1 标题的公式

（1）服装类产品名称格式：[部类]+[商品名称]+[尺寸和颜色]+By [品牌]

例如，TRF 女装柔软触感开衫小号纯色　By ZARA 牌

（2）电视/音响类产品名称格式：[品牌]+[系列名称]+[型号名称]+[规格]

例如，HUAWEI　Sound X 蓝牙音箱　AIS-BW80H-00　165×165×203mm

（3）食品类商品名称格式：[品牌]+[商品类型]+[尺寸/样式/风味]+[数量（如适用）]

例如，特仑苏纯牛奶 250ml×16 包/箱全脂牛奶

11.2.2 关键词设置

登录亚马逊卖家后台，在库存（Inventory）栏下选择管理库存（Manage Inventory），进入页面后单击行动（Actions）下拉栏的增加细节键（Add Details），可以对每一个产品进行信息的添加和关键词（Keywords）的设定。

关键词是整个产品详情页面最核心的部分，直接决定着页面的流量。关键词越精准，流量就越精准；关键词搜索量越高，可获取的流量就越多；关键词写得越多且不重复，流量入口在一定程度上就会越多。关于关键词的设定，往往包含以下几个要点。

核心词：产品的名称、所属类目，甚至是品牌名称，是买家在主动搜索的时候往往会直接输入的词。

属性词：表示产品的特定属性，影响排行和点击率。包括颜色、长度、风格、款式、包装、品牌、销售等属性，用于区分该产品与其他产品的不同之处。

流量词：能给产品带来流量的词。流量词也称长尾词或促销词，针对一些特别的群体而定制，如服务定制，包括产品来源、供应链、全网最低价等。另外，还有一些体现特色的词汇。

在撰写页面详情前，卖家需要先积累一批关键词。下面是一些快速查找关键词的技巧。

1. 通过翻译工具寻找突破口，使用近义词和同义词作为关键词

当不清楚产品的译文时，使用翻译工具可以快速找到几个同义关键词。一般常用的翻译工具有谷歌翻译、百度翻译、搜狗翻译、有道翻译，也可同时把通过几个翻译工具获得

的译文合并在同一个页面上，以便同时提取关键词。可以利用翻译工具和相应的词典检索一些同义表达的不同方式，如英美式拼写 airplane or aeroplane；还可以用不同的表达方式描述同一个产品，体现产品不同的特征，如描述裤子时可以加上休闲裤 pants or slacks。

2. 找出同行产品，参考同行文案

找到关键词后，可以直接在亚马逊上搜索同行的产品，提取他们所使用的关键词。另外也可以使用一些插件，如 JungleScout（亚马逊产品调研工具）、Unicorn Smasher（亚马逊选品工具）、AMZplanet（插件），批量获取标题后，再在 Excel 表格中进行提取。借助这些插件，能够将同行的产品详情，包括标题、卖点和描述批量抓取下来，进而为撰写要点描述提供参考。除了在同行产品中获取关键词外，还可以利用 Q&A 和 Reviews 提取关键词，了解顾客的需求，如图 11-1 所示。

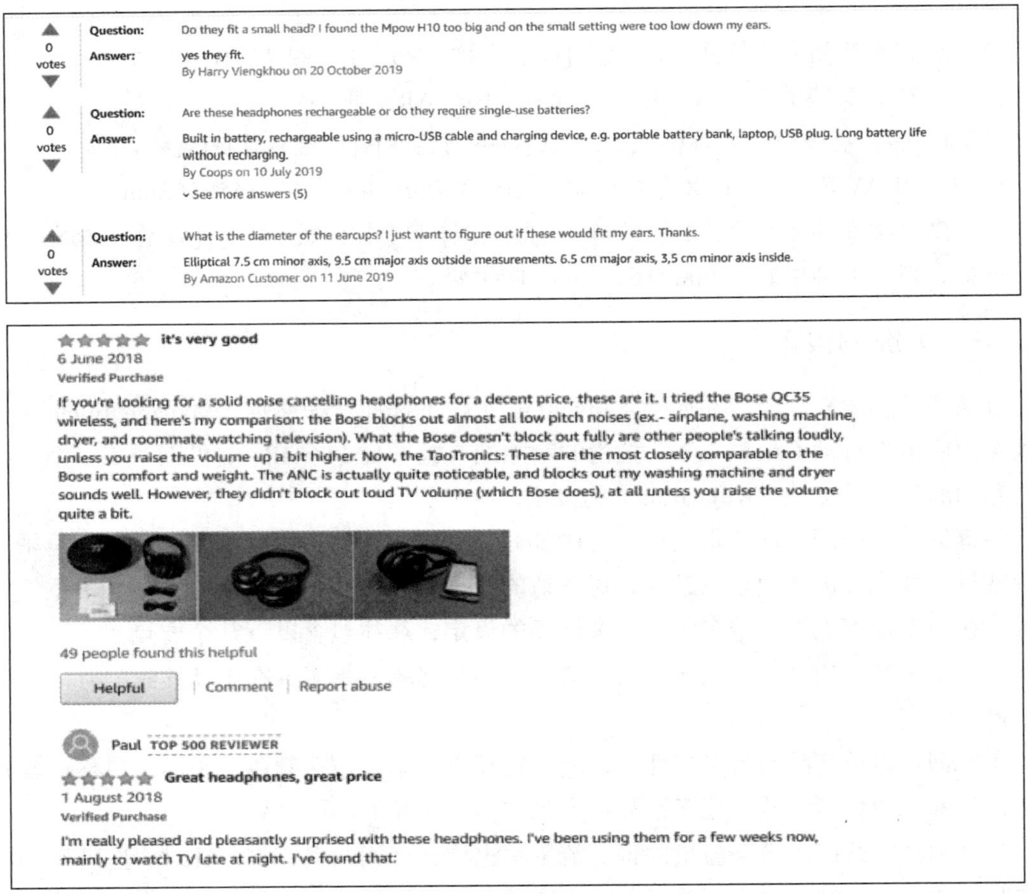

图 11-1　利用 Q&A 和 Reviews 提取关键词

3. 在其他电商平台或者广告报告中收集流行趋势词

这种方法适用于标题优化，产品的标题是需要根据产品的排名和流量的情况进行适当优化的。在产品上架之后卖家利用站内广告推广了一段时间，能从报告中得到关键词表现的反馈，这时再根据报告来优化页面，对页面整体会有很好的提升。

在设定关键词的时候，要注意以下几个要点。

（1）如果一些词汇已经出现在产品标题中，则不必再次添加到搜索关键词中。

（2）不要为搜索关键词加引号，因为只有在顾客也添加引号的情况才能被搜索到。

（3）关键词有大部分内容重叠时，需要做适当的重组。例如，对耳机的关键词经筛选后，确定以下都是优质关键词：wireless headphone，bluetooth headphone，wireless earphone，要是直接放进标题中，wireless 和 headphone 就会显得重复，这时需要重组成 wireless bluetooth headphone 和 active noise cancelling earphone 这两个关键词。

11.3 图片优化

在亚马逊平台上通常以 3 种形式来展示图片：产品主图+副图、A+页面和 Review 客户展示图片。采用产品主图+副图模式，主图会直接展示在搜索结果中，副图会出现在详情页面中，主图和副图一起向消费者传递最直观的产品信息，以便消费者对产品形成初步的感性认识。当然，如果图片出色，初步的感性认识就会转化为强烈的购买欲望。A+页面既可以展示图片，也可以配以文字说明，对文字与图片进行协调。卖家可以在这些图片中使用小道具来展示概念。Review 客户展示图片一般不可控。

11.3.1 主图+副图优化

选择图片时可以参考以下公式：1 个主图+6 个副图，即整体图（主图）+功能图（副图 1）+特写图（副图 2）+细节图（副图 3）+尺寸图（副图 4）+场景图（副图 5）+包装图（副图 6）。

（1）主图（见图 11-2）简洁大方，展示了产品的整体外观，图片背景必须为纯白色。

图 11-2　主图

（2）功能图（见图 11-3）直观准确地说明产品用来连接或者兼容相关设备，可以进行适当形象的表述，特别是加入一些关键参数。

（3）特写图（见图 11-4）把亮点、卖点突出，对局部进行特写，当然还可以添加一定的效果，以直观反映产品亮点。

图 11-3　功能图

图 11-4　特写图

（4）细节图（见图 11-5）基本上把所有功能、结构、配件等都标注了出来。一些电子产品或者内部结构复杂的产品，可以采用内部结构放大的渲染图来展现。

（5）尺寸图（见图 11-6）用数据量化，避免实物与图片相差太大。注意尽量符合本土单位习惯，找一些参照物进行对比，借助手势、参考物等让产品更加具象化。

图 11-5　细节图

图 11-6　尺寸图

（6）场景图以场景给人一种代入感，从而引导消费者购买、使用产品。

（7）包装图需要展示产品相关配件及原始包装。

11.3.2　A+页面图片优化

A+页面的图文版产品详情页面，通过额外的图片和文本进一步完善产品描述部分。这种页面看上去简单，实际上会对亚马逊“页面转化率”产生深远影响。它把亚马逊产品页面上的产品描述变成了展示品牌和产品优势的黄金位置，充分体现了品牌、产品细节甚至公司理念。但是，并非所有卖家都可以使用 A+页面，只有成功完成亚马逊品牌保护注册（Brand Registry）的卖家才行。创建 A+页面会增强买家对产品、店铺或者品牌的信任和认可。所以，如何创建一个值得信任、温情的 A+页面以提高转化率，是每个卖家应该认真思考的问题。图 11-7～图 11-9 所示的这款 Bose Headphones 的 A+页面是一个典型。

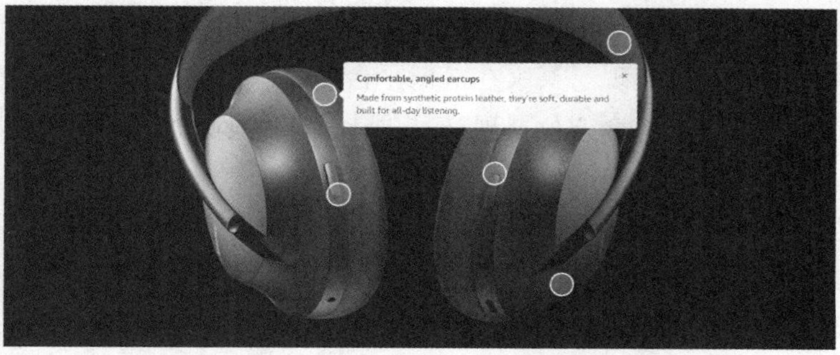

图 11-7　按钮与文字配合说明

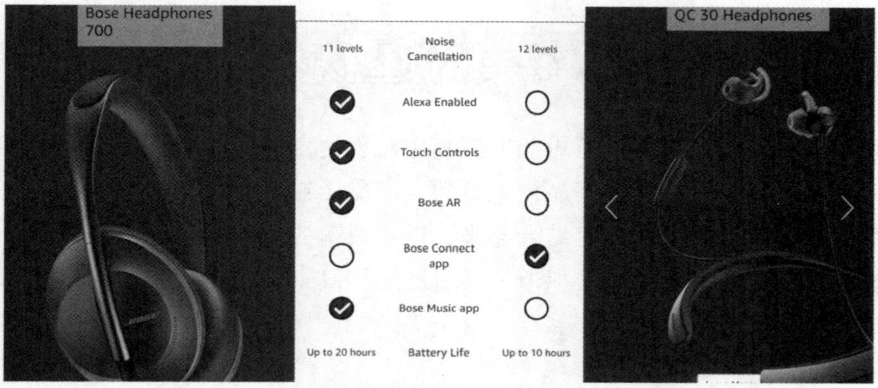

图 11-8　不同产品的对比明细

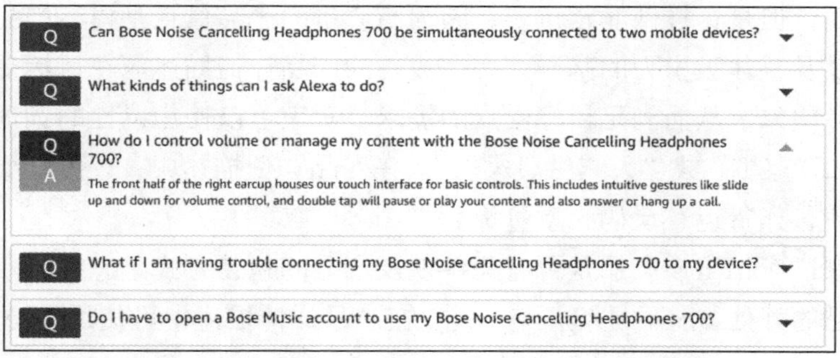

图 11-9　Q&A 的独特设计

具体来说，优化 A+页面主要是从以下两个方向考虑的。

（1）选填属性。因为平台处于不断发展完善的过程中，除自定义属性部分，卖家可根据实际情况编辑平台上一些未设定的属性。如果产品的卖点不能通过必填属性来体现，那么可以通过自定义属性来体现。如果是可填可不填的属性，建议不填，以免买家搜索时难以匹配，使流量丧失。

（2）优化详情页。其主要包括 4 个要点。

第一，图片上杜绝有文字。这样会影响买家读取信息，降低其购物体验。

第二，不要过分修图。尽管视觉效果绝佳的图片能带来更多的点击率和购买量，但是过分修饰图片会直接导致买家产生较高的期望值，买家收到实物若与期望不符，更容易失望，如此轻则给予卖家差评，重则投诉卖家并要求退换货等。

第三，多角度、全方位展现。买家在电商平台购物只能通过视觉来判断产品，完全没有触觉体验。因此，多角度、全方位展现产品可让买家更多地了解产品，就等于给买家吃了一颗定心丸。

第四，参数详尽，包装得体。产品的参数越详细，越能体现卖家对产品的熟悉程度，买家越会自然地觉得卖家“很专业”，值得信赖。包装方式既体现了卖家的经营实力，也说明了其对物流的熟悉程度，打包好的产品呈现在买家面前，会使买家有“已经拿到实物”的感觉，从而刺激买家购买。

11.4 描述优化

可以说，产品描述是卖家最有可能发挥其主观表达意愿的部分。建议卖家在撰写产品描述时，先考虑品牌情怀故事、产品信息参数、产品关键词、产品独特性、品质保证和包装信息几个方面，然后把这些内容结合起来，以小段落的方式呈现，如此就会形成一个不错的产品描述。这样既有利于系统抓取，又有利于提高订单转化率。

11.4.1 给买家留下印象

一个成功的产品详情描述，可以吸引买家，并使其做出购买行为。刊登全面信息可能需要花一些时间，但是这样做非常重要，因为高质量的产品信息是提高产品在亚马逊平台上的可发现性以及整体吸引力的基础。一个成功的产品详情描述应在目标受众头脑中创建一个生动的产品印象，从而满足目标受众的需求。卖家可以使用感性的词语，让买家与产品建立联系，如“有机”或“天鹅绒般柔软”。在商品详情描述中，还可以添加额外信息以及更精准的详情，如货运、尺码、重量等。

另外，卖家还应指出该产品是否有配件以及产品的包装方式是怎样的。注意一定要写下购买你的产品的好处，而不是解释其功能。在产品详情描述中可使用关键词 2～3 次，切忌过度使用。

11.4.2 使用副标题和要点

卖家不要呈现一个冗长的段落，而要利用副标题将内容断开，使其更容易被迅速扫描。产品要点是呈现功能特性的很好办法。亚马逊测试显示，有效的要点可提高销量，因此使用的产品要点越多，卖家的产品刊登就越好。呈现产品要点时可以遵循以下做法。

（1）重点介绍产品最突出的五个功能特性；

（2）保持产品和描述的一致性；

（3）强调来自标题和产品详情描述的重要信息，加入重要特性（如尺码）；

（4）写成片段方式，不要在结尾处使用标点符号；

（5）不要把价格放在要点或推介中。

11.5 价格优化

11.5.1 产品自身优化

亚马逊通过市场动态的变化来对产品的整体表现进行排名和推送的布置。卖家无法确切抓准其到底是怎样运作的，只能在平常的运营当中将自己的产品予以优化，并努力提高排名，为自己销售创造更多利润。产品自身优化主要包括以下两个方面。

（1）对于多个库存单元（SKU）产品，将出单数最少的产品价格设置得低一些，以刺激买家浏览购买。如果买家按照价格由低到高搜索，就很容易看到该产品，从而提高产品曝光率。

（2）合理设置批发价格，刺激买家购买一定数量及以上产品（重量在物流规定范围内）。使用批发价（Bulk Price），在单个原价基础上给予一定的折扣，实际是将一部分国际物流费用优惠让利给买家。

卖家会发现自己的产品在旺季可能波动比较大，这是因为旺季有大量的产品都处于优化提升中，而市场的风向也在实时变动，卖家的产品在竞争当中自然会受到自身利润估算、库存成本、产品品牌知名度等要素影响，进而作用于卖家的产品销售出单上。当旺季暂时告一段落时，卖家就可以继续总结经验并进一步做出优化。

11.5.2 参考竞品价格

卖家在为产品定价的时候，通过市场分析可以模拟一个价格区间，同时查看其他同类产品卖家的销售数据，就能够找到市场的需求缺口，挖掘买家的消费潜力，从而提高自己产品的销量。卖家利用分析软件易得客分析市场上产品上架时间的分布（见图 11-10），可以估计销售的淡旺季，由此对价格做出季节调整。

定位产品所处的价格区间，结合其他卖家的销量和竞争对手的数量，最终优化产品的价格，如图 11-11 所示。

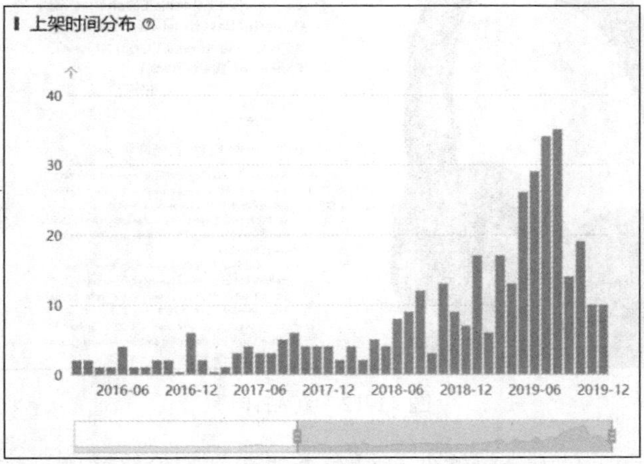

图 11-10　上架时间的分布

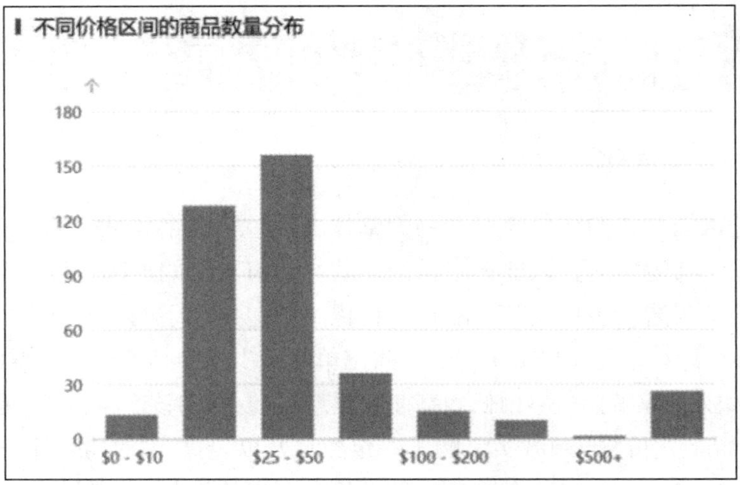

图 11-11　不同价格区间的数量分布

11.5.3　巧用价格临界点

买家在购物时往往会有一个心里预算，通常以数字 0 或 5 作为价格的临界点。因此，将产品价格设为$10 不如设为$9.99，这样会让买家觉得没有超过预算，从而提高下单的概率。这是目前许多商家进行产品定价时常采用的策略。

复习思考题

1. 试比较图 11-12 和图 11-13 所示两个商品的标题，对各部分内容进行归类，并提出相应的改进意见。

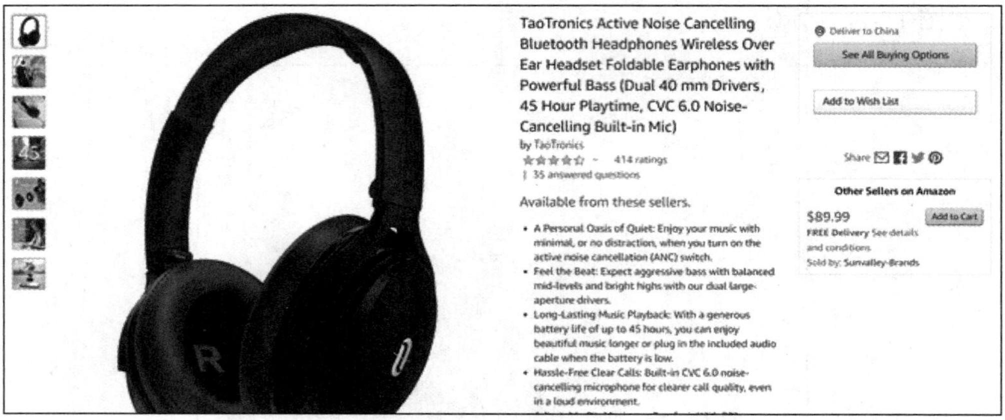

图 11-12　商品详情

2. 针对一个选品，利用分析软件易得客查找选品的价格区间、评论反馈等信息。

3. 如何综合利用优化策略提升产品的转化率？

图 11-13　商品详情

小组活动

优化的主、副图主要由哪几种类型的图片组成？请你和小组成员一起浏览亚马逊、速卖通平台，找到对应的主图和副图，并优化你们自己产品的主图和副图。

练习题

第 11 章

第 12 章

品牌管理策略

学习目标

识记企业战略和品牌建设的概念、作用以及品牌建设的关键。

了解亚马逊平台的品牌备案制度。

掌握亚马逊平台的品牌申请流程并应用在实际的品牌备案工作中。

关键词

企业战略　品牌建设　亚马逊品牌备案　Anker

12.1 企业战略与品牌建设

12.1.1 企业战略

企业战略是指管理人员为达成企业目标所采取的行动。对于企业而言，首要目标就是为企业所有者及股东创造最高的企业价值。最大化企业价值表现为追求企业长期盈利能力最大化及利润增长。盈利能力可以通过净利润与公司总投资资本的比值获得。利润增长可以通过不同时期净利润的增长百分比加以衡量。通常情况下，盈利能力越强，利润增长比例越大，企业价值提升得越快，企业所有者及股东权益也就越高。

企业管理层可以通过控制成本、提升产品价值等战略方式提高产品的价格；同样也可以通过扩大现有市场规模来增加销售或者开发新市场等方式提高利润增长率。例如，扩大境外市场有助于管理层提高企业盈利能力及企业长期利润增长率。

12.1.2 战略选择

在全球市场上竞争的企业主要面临着两种竞争压力，即降低成本的压力和地区调适的压力。这两种竞争压力对企业实现区位经济和经验效应，充分提升产品品质以及企业内部转移能力和技术产生着重要影响。对降低成本的压力做出反应，要求企业尽力将其单位成本最小化；相反，对地区调适压力做出反应，则要求企业为不同的国家提供差异化的产品和营销策略，以迎合各国不同消费者的兴趣与偏好、满足分销渠道以及政府政策等所产生的多样化需求。

在竞争激烈的全球市场，企业要应对降低成本这一压力，就要努力降低其价值创造的成本。例如，制造商通过选择最佳区位大量生产一种标准化产品，以实现规模经济、区位经济和学习效应。另外，企业可能会通过将一些业务外包给低成本的国外供应商来试图降低成本。而地区调适压力来源于多方面，包括消费者在兴趣与偏好上的差异，基础设施与传统实践的差异，分销渠道的差异，东道国政府的要求差异。企业要应对地区调适这一压力，就要为不同的国家提供差异化的产品和营销策略，以消除这些影响因素，最终改善企业的成本结构。

企业降低成本的压力和地区调适的压力之间的差异影响着企业的战略选择。企业一般采用四种基本战略进入国际市场并在国际市场中竞争：全球标准化战略、跨国战略、国际战略和本土化战略。而各种战略的适用性取决于降低成本和地区调适两种压力的大小。

1. 全球标准化战略

采取全球标准化战略的企业强调的是提高盈利能力，通过规模经济、学习效应及区位经济实现成本的降低，其生产、营销和研发活动都集中于若干有利的区位。全球企业一般不随地区条件而改变其供应的产品和营销策略，以免提高成本；相反，全球企业喜欢在全世界销售标准化产品，以便基于规模经济和学习曲线获取更大的效益。同时，它们往往还利用其成本优势在世界市场上使用其进攻性定价策略。

当成本降低的压力巨大而地区调适的压力轻微时，这一战略最为有效。这些条件在许多工业品行业越来越普遍，它们的产品往往能够满足普遍需要。例如，在半导体行业全球标准已经出现，并且为标准化的产品创造了巨大的需求。但是这些条件在许多消费品市场中尚不存在，因为这些市场对地区调适的要求仍然很高。

2. 本土化战略

采取本地化战略的企业强调的是通过改变产品或服务来增加利润，其要在不同的国家市场上提供与其消费者兴趣与偏好相适应的产品。当各国消费者的兴趣和偏好差异较大且降低成本的压力不太高时，本土化战略是最合适的战略。企业按当地的需求改变其供应的产品，可以在当地市场上提升其产品价值。客户定制服务限制了企业降低成本的能力，然而一旦地区客户定制服务实现的价值提升有助于更高的定价，就能够很快让企业收回其高成本。

与此同时，企业还要注意控制成本。企业追求本土化仍需要高效率，只要有可能，就应该通过其全球影响力获得一定的规模经济。

3. 跨国战略

当企业同时面临巨大的降低成本的压力和地区调适的压力时，会发生什么情况呢？答案是追求一种所谓的跨国战略。具体来说就是：通过区位经济、规模经济和学习效应降低成本；通过区域市场解决地方差异问题以实现产品差异化；通过在公司全球营运网络的子公司间实行技术流动实现技术的扩大效应。但是，实现产品差异化以适应不同市场的需求将会提高成本，从而与降低成本的目标背离。例如，福特曾尝试使用跨国战略，却发现很难实施。

20 世纪 80 年代，在面对与日本小松和日立等低成本竞争者的竞争压力下，卡特彼勒公司不得不寻求更成本节约的方法。而各个国家在基础设施建设和政府管制上的不同，使得卡特彼勒公司必须对地方需求做出反应。为了应对成本压力，卡特彼勒公司重新设计了产品，通过应用许多相同的零部件，并在有利的区位投资建造几家大规模的零部件制造厂，来满足全球需求和实现规模经济。同时，卡特彼勒公司还在全球每一个市场的装配厂都增加了集中制造的零部件以增添地区产品的特色。卡特彼勒公司通过采取这一战略获得了全球制造的许多效益，同时又通过为各国市场提供差异化产品很好地应对了地区调适的压力。卡特彼勒公司从 1979 年开始采取这一战略，到 2000 年成功实现人均产出翻番，大大降低了其总成本。相比而下，小松公司和日立公司因仍采取以日本为中心的全球战略而渐渐丧失了其成本优势，将市场份额拱手让给了卡特彼勒公司。

对于企业来说，改变其战略姿态去建造一个能支持跨国战略的组织是一项复杂而又困难的任务。这项任务之所以复杂而又困难，是因为建造一个有活力的组织结构和控制系统来管理这个战略的贯彻问题会导致跨国公司越陷越深，最终无功而返。

4. 国际战略

当企业拥有成本压力和地区调适压力都比较低的有利条件时，采取国际战略更有利于其发展。企业可先为国内市场生产产品，再根据其他地区情况稍作改变，将产品销往世界各地。这些企业不同于追求全球标准化战略的企业，它们不会面临激烈的竞争和降低成本的压力，其产品能够满足消费者的普遍需要。

追求国际战略的企业都遵循类似的向国外市场扩张的发展模式。它们往往把产品开发职能集中于母国，同时又在各个有业务的主要国家设立制造与营销职能。随之产生的重复会增加成本，如果企业没有面临降低成本的强大压力，那么这种成本的增加就不算什么。虽然它们也可能会同时采取一些本土化的产品和营销策略，但通常很有限。在大多数国际公司中，总部对营销和产品策略都保持严密的控制。

12.1.3 品牌建设的基本概念

1. 品牌的含义

任何产品都有通用名称，即品名。此外，产品还应该具有商业名称，即品牌。美国市场营销协会对品牌所做的定义是：一个名称、名词、标志符号，或者它们的组合，其目的是识别某个销售者或某个群体销售者的产品或服务，并使之同竞争对手的产品或服务区别开来。如今，品牌已经成为一种产品或服务区别于其他同类产品或服务的主要标志。对于提供网络零售服务的 B2C 电子商务企业来说，要在产品同质化严重的激烈的市场竞争中获得长足发展，进行品牌建设是必由之路。从本质上来讲，电子商务企业品牌的根本就是电子商务企业对其所提供的产品或服务的一种承诺，那么品牌建设的核心就是保证产品和服务的质量。

2. 品牌的基本要素

电子商务企业品牌的基本要素包括差异性、关联性和认知性。

差异性是电子商务企业品牌必须具备的，指必须将企业所提供的产品或服务与其他同类企业区别开来。其最终表现为市场定位与其在用户心中关键词的关联度，如“全品类、全网最低价、优质高价、个性化网络产品”等。

关联性是指电子商务企业所提供的产品或服务必须与用户的生活息息相关，使用户能够在日常生活中与电子商务企业品牌关联起来。

认知性是指电子商务企业品牌被潜在用户认知的程度。当用户认为电子商务企业所提供的产品或服务有价值时，就会产生购买行为。品牌的认知性在传统营销领域通常用知名度和指名度衡量，即不仅要有知名度，还要让用户指名消费。

3. 品牌建设的基本概念

品牌建设（Brand Construction）是指品牌拥有者为使企业品牌的良好形象深入消费者内心，提高企业产品知名度，而对品牌进行设计、宣传、维护的思想和行为。品牌的拥有者是指品牌建设的主要组织者，其参与者则包括消费者、渠道、媒介、竞争品牌等所有的利益相关者。品牌建设具有狭义和广义之分。狭义的品牌建设，仅指创建和运用产品品牌和服务品牌；而广义的品牌建设，则包括品牌资产建设、口碑管理、信息化建设、营销渠道建设、客户拓展、媒介管理、品牌影响力管理、市场活动管理等内容。

12.1.4 品牌建设的作用

1. 增加企业的凝聚力

凝聚力不仅能使企业的员工产生自豪感，增强员工对企业的认同感和归属感，还有利于提高员工素质，以适应企业发展的需要，更能使员工愿意留在企业，以主人翁的态度工作，产生同舟共济、荣辱与共的思想，从而关注企业发展，为提高企业竞争力不懈奋斗。

2. 增强企业的吸引力与辐射力

好的企业品牌会使外界人羡慕、向往，不仅提升投资环境价值，还能吸引人才，从而使资源得到有效集聚和合理配置。企业品牌的吸引力是一种向心力，辐射力则是一种扩散力。企业拥有很强的辐射力，有利于提高企业的美誉度和知名度。

3. 是提高企业知名度和竞争力的一种文化力

这种文化力是一种无形的巨大的推动企业发展的力量。企业实力、活力、潜力以及可持续发展的能力集中体现在竞争力上，而提高企业竞争力又同提高企业知名度密不可分。一个好的企业品牌将大大有利于企业知名度和竞争力的提高。这种提高不是来自人力、物力、财力的投入，而是来自“品牌”这种无形的文化力。

4. 是推动企业发展和社会进步的一个积极因素

企业品牌不应停留在美化企业形象的层面，而应成为吸引投资、促进企业发展的巨大动力，进而促进企业像包装商品一样包装好自己并拿到国内甚至国际市场上“推销”。

12.2 亚马逊品牌备案制度

12.2.1 什么是品牌备案

品牌管理

“亚马逊品牌备案”（Amazon Brand Registry）适用于制造或销售自有品牌商品的卖家，目的是使制造或销售自有品牌的卖家能够在亚马逊平台上管理自己的品牌并上传自己的商品。制造商可在“亚马逊品牌备案”中备案他们的品牌，同时注册为品牌所有者。

对于以下卖家来说，进行品牌备案是正确的选择。

（1）卖家生产自主品牌的商品（Traditional manufacturers）；

（2）卖家拥有私人品牌（Private label brand owners）；

（3）卖家定制或制造手工商品（Creators of custom handmade products）；

（4）卖家作为品牌经销商，持有品牌持有者书面授权（Authorized brand distributors）。

卖家可以通过亚马逊平台，为一个或多个品牌备案。但需要注意的是，以下品类目前在亚马逊平台无法申请品牌备案：书籍、影像制品、视频、DVD、娱乐收藏品、体育收藏品及二手商品。

12.2.2 为什么要进行品牌备案

1. 增加商品详情页面的可信度

注册成为品牌的商品详情页面能够让卖家完全掌握自己商品详情页面的名称、描述、图片以及其他细节，同时也可以减少商品详情页面关键字的配对错误，从而让买家更精确地搜寻到。

2. 保护品牌，防止跟卖

在亚马逊平台上，如果一款商品热销，那么这些热销商品就会被其他卖家跟卖，并通过借助这些热销商品的商品详情页面增加自链接，从而增加他们的商品曝光率及流量。但是如果卖家进行了品牌备案，就可以很好地防止发生商品详情页面被篡改及跟卖的情况。

3. 可以使用GCID取代UPCs及EANs

注册品牌让卖家可以使用 GCID，即全球目录编号（Global Catalog Identifier，由 16 个字符数的字母、数字组成，不包含空格或连字符）来取代 UPCs（通用产品代码）以及 EANs

（国际物品编码）。相比之下，GCID 与 ASIN 的不同之处在于，GCID 与商品直接相关，而 ASIN 则与商品详情相关，会发生变化。因此，GCID 是独一无二的，在哪个国家都一样；而 ASIN（亚马逊标准识别号）在不同的国家会有不同的数值。另外，官方的 UPC 费用较高，而进行品牌备案后就可以不需要 UPC 上传商品详情页面，从而省下购买 UPC 的费用。

4. 对商品拥有更多的控制权

当一款商品被很多卖家跟卖后，其编辑权由跟卖卖家的级别或者卖家是否拥有购物车等因素决定。跟卖的卖家拥有编辑权时，就可以更改被跟卖商品详情页面的链接和商品资料，如增加子链接、更改图片、修改原有的 Logo 等。若卖家在亚马逊后台进行品牌登记，则可以有效防止这一现象发生。

5. 申请商品加锁，防止商品资料被改

如果申请品牌之后仍有被跟卖的情况，卖家可直接发信给亚马逊，说明该品牌是自己店铺的专用品牌，所以其他任何卖家都不能更改，并要求亚马逊封锁更改链接的权限，仅限品牌持有卖家使用。

12.2.3 品牌备案的申请流程

要完成品牌备案的申请，卖家需注意以下事项（见图 12-1）。

（1）显示品牌的商品包装图片。

（2）在商品上显示品牌的商品图片。

（3）展示卖家品牌或商品的有效网站链接。

如果卖家是在亚马逊上申请品牌所有权的经销商或代理商，则还需要上传来自制造商或品牌所有者的授权书。

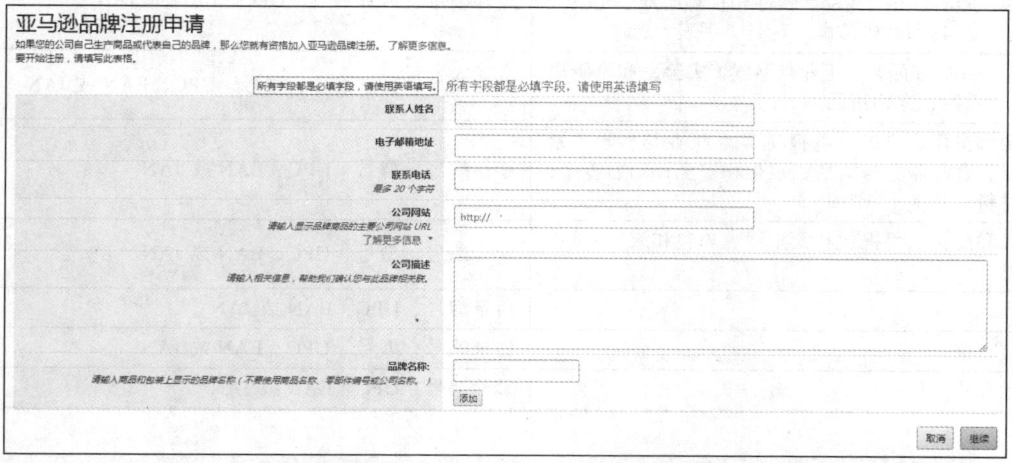

图 12-1　亚马逊品牌注册申请网页图

进行品牌备案的具体步骤。

第一步：登录卖家平台，在搜索栏中输入“brand registry”（品牌注册）后按回车键，此时会出现一系列的搜索结果，从中找到“List Your Products in the Amazon Brand Registry”

链接并单击进入。

第二步：进入“List Your Products in the Amazon Brand Registry”页面后，下拉至底部，找到“Amazon Brand Registry”链接并单击进入。

第三步：进入“Amazon Brand Registry”页面后，找到“Apply to register your brand”链接，单击进入填写申请信息页面。

第四步：按照相关要求填写完整并上传好图片后，单击“Submit”提交申请。提交成功后，会收到亚马逊成功提交的提示。一般亚马逊会在1～3个工作日内于后台以“case”的形式回复，卖家需要多注意并及时跟进。

为了确保将GCID分配给卖家的商品，卖家需验证商品信息是否包含品牌名称（区分大小写）和已选择的关键属性。在品牌注册过程中，卖家需要选择一个关键属性，即卖家品牌商品的已有商品编码。在卖家“品牌注册”的申请获得批准后，卖家还需为每一品牌商品的属性提供一个唯一值。如果卖家的品牌商品有UPC、EAN或JAN（日本通用商品编码），可选择其中的一个作为关键属性。

合格的关键属性对商品而言是唯一属性，且绝对不会改变（卖家需要确保提供的关键属性值对其所有商品而言都是唯一的，否则卖家的商品将无法在“品牌注册”中注册，而且卖家在亚马逊创建或更新商品时会收到出现错误的消息或者无法发布商品）。分销商和买家应该能在卖家的包装、网站或目录中轻松发现该属性。表12-1所示为按照分类列出的合格的关键属性列表。

表12-1　合格的关键属性列表

商品分类	合格的关键属性
汽车配件、美容化妆、手机和配件、礼品卡、个护健康、照明、办公用品、软件和视频游戏、轮胎和车轮、工具和家居装修、玩具、手表	零件编号、目录编号、UPC、EAN或JAN
母婴、家居和园艺、工业与科学（实验室和科研用品）、乐器、宠物用品	零件编号、目录编号、型号、UPC、EAN或JAN
摄像和摄影、电脑、电视/音响、工业与科学（紧固器、食品服务与清洁、卫生和安全；动力传输；原材料；其他）、杂项	零件编号、型号、UPC、EAN或JAN
服饰和配饰、手提包和太阳镜、箱包和旅行用品、鞋靴	款式编号、型号、UPC、EAN或JAN
食品	目录编号、UPC、EAN或JAN
珠宝首饰	目录编号、型号、UPC、EAN或JAN
运动和户外休闲	零件编号、UPC、EAN或JAN

12.3 成功案例

亚马逊平台上有一个品牌，在短短几年内就成长起来，其移动电源、充电器、蓝牙外设以及数据线等智能数码周边产品，目前已遍及美国、英国、日本以及欧洲多国等。取得巨大成功的该品牌，一直作为一个神话存在，成为众多亚马逊卖家膜拜的对象。更让人振奋的是，该品牌给“中国制造”烙上了新的印记，让世界对“中国制造”有了新的认识。它就是Anker，一个经由跨境电商平台发展起来的中国制造的全球品牌。

12.3.1 Anker的发展历程

从2011年至2019年，Anker（安克）发展成为一个细分领域的知名全球品牌，并成立了北京、深圳、美国、日本分公司，形成了“1+4”的国际化架构体系。其发展历程如下。

2011年1月，前Google工程师阳萌（Steven Yang）在美国加州创立了Anker品牌，并聚集多位来自Google的技术、市场、管理精英，开始在美国市场销售Anker智能数码周边产品。

2012年6月，Anker凭借优质产品和服务获得美国Amazon“2012年度假日销量冠军”；2012年12月，Anker在北美移动电源领域成为领导品牌。

2011—2013年，Anker先后进入英国、德国、法国、意大利、西班牙、加拿大、日本、澳大利亚、非洲、南美洲等市场开展业务。

2013年6月，Anker成为全球最大的Amazon品牌；2013年11月，Anker研发了PowerIQ（智能快充）技术，允许充电产品智能识别、广泛兼容设备，并为设备提供安全范围内的闪电充电速度。

2014年，Anker蝉联Amazon移动电源销量冠军。2014年11月，Anker入驻美国连锁超市Staples（史泰博），全面拓展线下销售市场。

2015年4月，Anker在法国与家居用品商家IKEA建立合作关系。

2015年，Anker正式进入中国市场，并分别在京东和天猫开设Anker官方旗舰店，并被Amazon评为“最受好评品牌”的中国品牌。2015年5月，Anker与滴滴出行达成合作，车载充电器入驻部分城市高端系列专车；2015年9月，Anker与洲际酒店集团（IHG）达成合作，为其中国区旗下所有皇冠假日酒店及度假村提供Anker充电产品。

2016年1—2月，Anker营业收入为2.46亿元，净利润为2 575.3万元，并于2016年7月正式申请新三板挂牌。

2017年，Anker在“Brand ZTM 2017年中国出海品牌30强”榜单中位列第8名；并且入围美国电商研究机构Internet Retailer（互联网零售商）评选的Internet Retailer“年度全球电商奖”。在截至2017年3月的12个月内，仅在美国移动电源市场就创造了3.6亿美元的价值。而这些移动电源背后的品牌绝大部分都是不知名的，如Kamashi（卡玛仕）、Jackery（户外品牌移动电源、便携储能电源公司）和iMuto（移动电源公司）。

2018年，Anker将第三代半导体材料——氮化镓应用至消费电子充电领域。

2019年，Anker入选2019福布斯中国AIoT（人工智能物联网）百强企业榜单并获评国际智能品牌；截至2019年6月底，Anker累计获得授权专利478项。

12.3.2 Anker的成功要素

Anker 目前在全球拥有超过 2 400 万用户，主要分布在北美、日本和欧洲。Anker 2014 年、2015 年电商营业收入分别为 7.46 亿元、13.02 亿元，净利润分别为 1 197.10 万元、1.61 亿元。自 2011 年创立至今，Anker 为什么能实现连续多年的翻倍增长呢？是什么成就了 Anker 品牌的火箭式成长？当我们从一款产品的基本要素进行分析时，答案便一目了然。可以说，外观设计、实用功能、耐用品质是这类产品的基本要素。

在外观设计方面，Anker 3350 毫安的 mini 移动电源是一个典型。这款产品最大的特点就是外观新颖，做成类似口红的形状和大小，有蓝、粉红、银、金和黑等五种颜色可选。其中，黑色款仅售 9.99 美元，拥有超过 17 000 条评论，四星级以上评价近 90%，销量高居 Camera Flash Accessories（相机闪光灯配件）品类第一。

在实用功能方面，Anker 的五口 USB 充电器是另一个典型。五个接口，可以满足多个设备同时充电的需求。更重要的是，Anker 研发了 Power IQ 技术，能够自动识别设备，实现了对不同设备均能以最快的速度充电。这就是 Anker 和其他普通充电器的区别。智能家居巨头 Nest 总裁 Tony Fadell 有一次接受华尔街日报采访时提到，他拥有两个 Anker 五口 USB 充电器，一个放在卧室给手机和平板充电，另一个放在自行车上给车灯充电。可见，这款产品在美国很受欢迎。

在耐用品质方面，Anker 也非常自信，提供 18 个月的保修期，而其他大多数竞品的保修期是 12 个月。

一个品牌成功与否的关键就是产品的“品质”，而产品品质过硬正是电商品牌 Anker 取得成功的原因。对一款产品来说，靠低价抢占市场的策略可能赢得了一时，却很难持久地占有市场。Anker 有超过 100 名工程师在产品的研发部门，而这些人都在全球顶尖的科技公司如华为、西门子等工作过，能确保 Anker 在产品技术、设计和质量上保持全球市场领先地位。

Anker 在产品设计成型后，会不断与欧美客户和研究公司交流探讨以吸收他们的意见。Anker 内部产品开发拥有一票否决权，他们追求的是把产品做到最好。在中国卖家中少见的是，Anker 将鸡蛋完全放在同一个篮子里，即只做一个品牌，因此对职业道德的要求很高，严守着各个平台的要求和政策，既不苟且也不冒法律风险。因为只要 Anker 这个品牌一翻船，阳萌就会全盘皆输。

高效物流保证 Anker 的产品在消费者下单后三天内就能到达消费者手中。Anker 所采取的策略就是运用 Amazon FBA 的物流服务，将产品从中国运送至美国 Amazon 仓库后，让 Amazon 来处理仓储和物流，保证当地快速到货服务，给消费者带来很好的消费体验。

12.3.3 Anker的商品详情页面

对于靠电商起家的品牌来说，除了有品质作为打造品牌保障的基础外，在 Amazon 平台上，产品标题、产品图片、产品描述以及站内外营销都对能否打造成功品牌起着决定性作用。

1. 产品标题

以 Anker 卖得最好的移动电源为例（见图 12-2），在标题的撰写中，Anker 极尽优化移动电源的功能，既包含了核心关键词（Power Bank），又包含了关联性非常密切的关键词（Portable Phone Charger），还包含了品牌名（Anker）、特性词（13 000mAh，PowerIQ），同时为了对搜索关键词进行拓展，又加入了能形成相关搜索的品牌关键词（iPhone，iPad，Samsung Galaxy，有不少顾客会进行类似于颜色 Black 的搜索）。Anker 的标题设置对产品特性极尽优化，用心思考，注重打造。

图 12-2　Anker 产品标题

2. 产品图片

Anker 的主图，严格按照亚马逊对产品图片的要求，以白底为背景，让产品的整体外观有很好的展现，且立体感十足，给消费者以很强的视觉冲击力，从而激发他们的购买欲（见图 12-3）。而副图中，既有特性细节图，又有场景图、外观尺寸对比图、产品拆解图以及包装图，让消费者在读图的过程中，对产品功能一目了然，几乎无须阅读特性说明和产品描述，就能够做出适用与否、购买与否的判断。

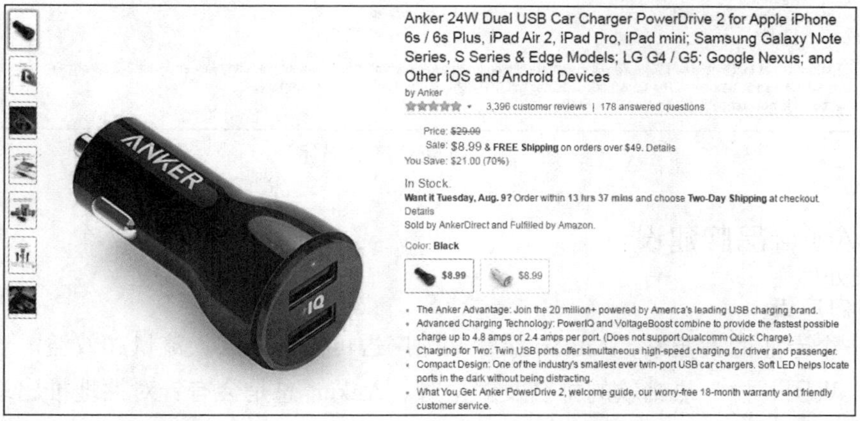

图 12-3　Anker 产品图

3. 产品五大特性

亚马逊要求厂商填写产品的五大特性（Bullet Points），以便消费者能快速了解产品。而这五大特性也要完全从消费者注重的角度出发，用简单明了的叙述直击消费者关切的重点。因此 Anker 在描述中强调了产品的容量和对消费者的友善服务，超长 18 个月质保、PowerIQ 快充科技、受到大众认可、小巧易于携带却有超大电池容量（能使 iPhone6 通话 14 个小时）。这些特性是搜索常见关键词，有助于产品在搜索排名中脱颖而出。

4. 产品描述

一个消费者能够从搜索结果进入产品页面，继而经过浏览图片、标题、评价、五大特性等一直到阅读产品描述，说明对你的产品已经有了非常浓厚的兴趣。而一个优质的产品描述，对客户的最后购买能起到至关重要的推动作用。

Anker 的产品描述，仅就页面而言，整洁大方，粗体部分重点概括，正常体内容详细表述，而段落之间的空行又能让人不压抑、不局促，排列有序、错落有致，进一步深化了消费者对产品的印象。图 12-4 所示为 Anker 的另外一个热销产品蓝牙键盘，产品描述都从消费者角度出发思考，为消费者展现了使用这个产品的情境，如可以很舒适地打字、键盘反应快速、省电到可以三个月换一次电池等。另外，很多卖家认为产品描述只能用文字很不友善，其实 Amazon 还提供给商家付费服务，可以图文并茂。但 Anker 热销产品并没有在产品描述上使用图片，证明产品描述图文并茂不见得是提高销量的保证。

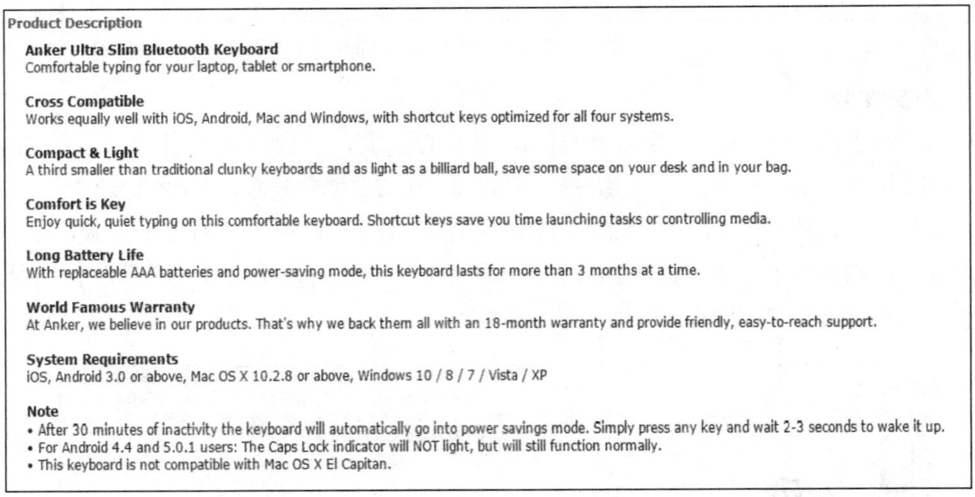

Product Description

Anker Ultra Slim Bluetooth Keyboard
Comfortable typing for your laptop, tablet or smartphone.

Cross Compatible
Works equally well with iOS, Android, Mac and Windows, with shortcut keys optimized for all four systems.

Compact & Light
A third smaller than traditional clunky keyboards and as light as a billiard ball, save some space on your desk and in your bag.

Comfort is Key
Enjoy quick, quiet typing on this comfortable keyboard. Shortcut keys save you time launching tasks or controlling media.

Long Battery Life
With replaceable AAA batteries and power-saving mode, this keyboard lasts for more than 3 months at a time.

World Famous Warranty
At Anker, we believe in our products. That's why we back them all with an 18-month warranty and provide friendly, easy-to-reach support.

System Requirements
iOS, Android 3.0 or above, Mac OS X 10.2.8 or above, Windows 10 / 8 / 7 / Vista / XP

Note
- After 30 minutes of inactivity the keyboard will automatically go into power savings mode. Simply press any key and wait 2-3 seconds to wake it up.
- For Android 4.4 and 5.0.1 users: The Caps Lock indicator will NOT light, but will still function normally.
- This keyboard is not compatible with Mac OS X El Capitan.

图 12-4　Anker 产品描述

12.3.4　Anker品牌建设

1. 站内广告

作为一个专业的大卖家，Anker 深知站内广告可以带来巨大流量和效益。当有新品推出或者为了巩固、拉升热销款的排名及销量时，Anker 总是会有针对性地推出站内广告。站内广告指向精准，搜索群体的购买意愿高，转化率也高，是自然流量之外打造爆款最重要的利器之一。

即便已经是移动电源龙头厂商，Anker 在站内广告中仍占有一席之地。图 12-5 展示的是 Portable Charger（移动电源）的搜索结果，大家可以发现排在最前面的广告是 Anker 的产品广告。Anker 本身在这个品项中已经排名第一，再使用站内广告来带动它同类产品线的销售，可以利用特定品项排名在前的优势提高品牌整体的销量，从而占据整个品类。

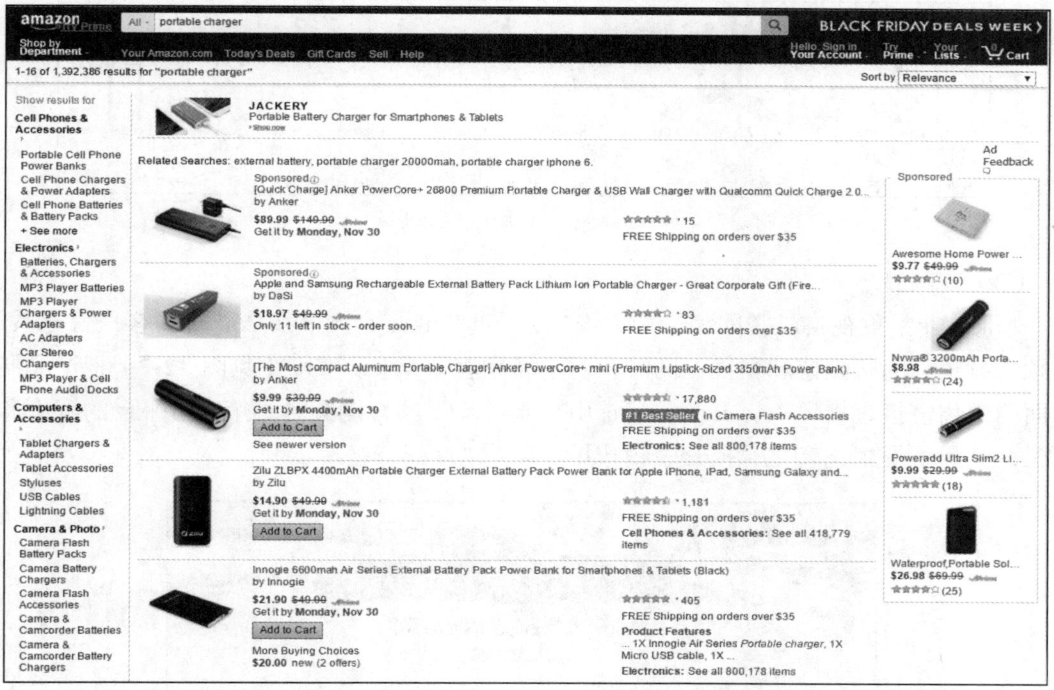

图 12-5 Anker 站内广告

2. Top Reviewer点评

Anker 每推出一款产品，并且在产品上线之初，往往都是 Review 先行。Anker 会通过自己的客户管理系统，向老客户发出大量的新品，引导他们做出有利于品牌的产品评论；同时，在亚马逊站内，Top1 000 Reviewer 也是 Anker 非常重视的宣传渠道，通过大量投放试用品，其新品总能在上市之初就产生大量的 Review，进而形成良好的口碑。

与此同时，Anker 也开发了软件来搜集 Amazon 上消费者的评价、产品价格变化等，以帮助产品经理掌握不同产品有哪些问题，并且预测哪些产品在未来会有最大的消费者需求。透过电商平台对消费者进行精深的研究，能够让 Anker 快速调校旧产品并迅速推出新品。Anker 每星期都有 2～3 个新品发布，而新品库存通常在两个月内就能销售一空，消费者的具体评价也都维持在 4.5 颗星以上（见图 12-6）。

3. 站外营销

（1）搜索引擎广告

Anker 因时因势地在 Google 等搜索引擎上投入一定比例的广告，对品牌宣传和流量转化起到了一定的作用。

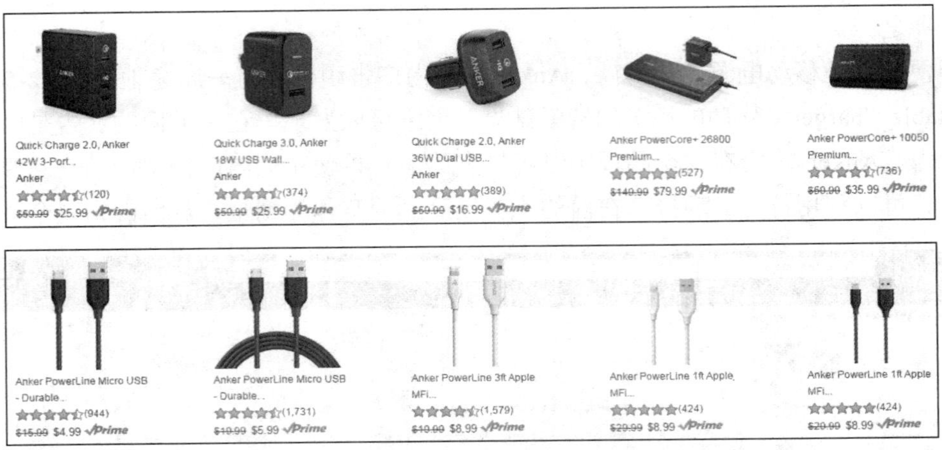

图 12-6　Anker 产品图

（2）官网展示

Anker 非常重视自己官网和论坛的维护，通过 Anker 官网以及 Anker 的客户管理系统，让顾客有较强的归属感和黏性。同时，对于新顾客，Anker 官网（见图 12-7）把产品展示页面的销售链接直接导入 Amazon 店铺中，既消除了顾客购买时对第三方平台的疑虑和不信任，又累积了销售转化，提升了销售排名。

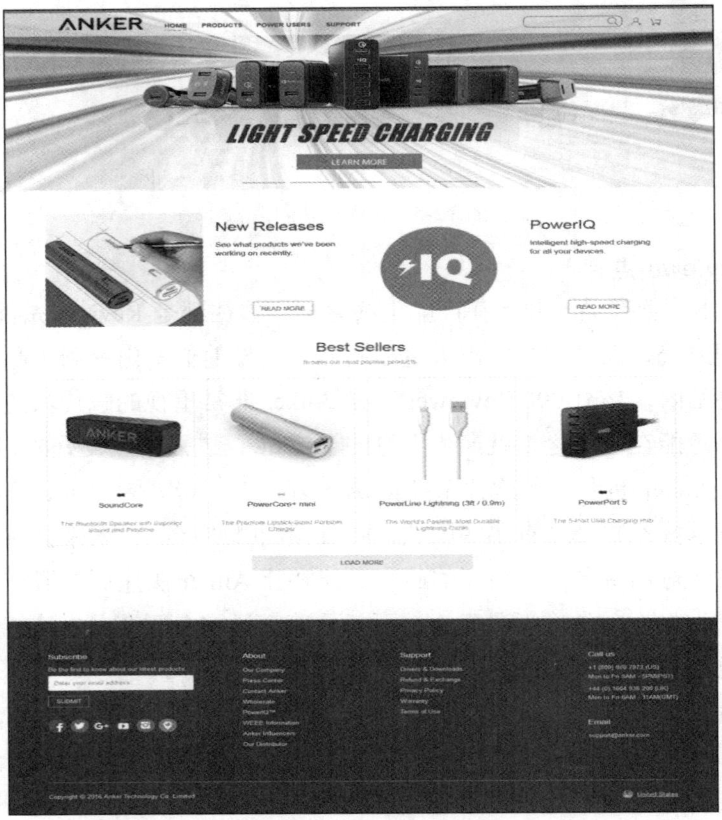

图 12-7　Anker 官网图

（3）社交网站

Anker 认为站外流量的转化质量与站内有相当大的差距，所以并没有在社交平台上做特别的推广。

Anker 的成功在于对产品品质的坚持，并通过跨境电商平台来直接面对消费者，获取消费者对产品的反馈，增进自己的产品研究调查，并投入在新的产品研发与工业制造上，最后搭配行之有效的营销手段。正是这些缺一不可的能力，打造了新的“中国制造”品牌，使其赢得了消费者的信任。

复习思考题

1. 企业战略的概念是什么，有哪些种类？
2. 品牌及品牌建设的概念是什么？
3. 在亚马逊网站上进行品牌备案有哪些好处？
4. 作为一个卖家，你从 Anker 的成功案例中能获得什么启示？

小组活动

1. 请以小组为单位，设想一下你们的品牌战略。
2. 扫码观看商业策划书的基本要求，完成小组的一次创业计划书。

商业策划书

练习题

第 12 章

参 考 文 献

[1] 瓦特. 东南亚电商市场分析报告. 2018-11-29.

[2] 查尔斯希尔. 国际商务[M]. 北京：中国人民大学出版社，2014-02-01.

[3] 加里阿姆斯特朗. 市场营销学. 北京：机械工业出版社，2016-05.

[4] 曲亮. 跨境电商亚马逊开店实战宝典[M]. 北京：电子工业出版社，2019：174-197.

[5] 亚马逊. 亚马逊头条搜索广告（Headline Search Ads）的重要性与使用方法. 2017-08-16.

[6] 亚马逊新卖家广告实操指南. 2019-06-17.

[7] 速卖通大学. 跨境电商：阿里巴巴速卖通宝典[M]. 北京：电子工业出版社，2015：140-158.

[8] 纵雨果. 亚马逊跨境电商运营从入门到精通[M]. 北京：电子工业出版社，2018：155-162.

[9] 刘东明. 跨境电商实操攻略：运营策略+技巧工具+实战案例[M]. 北京：人民邮电出版社，2018.

[10] 于霏. 跨境电商：亚马逊运营实战宝典[M]. 北京：电子工业出版社，2018.